本成果受到中国人民大学2022年度
"中央高校建设世界一流大学（学科）和特色发展引导专项资金"支持

新·闻·传·播·学·文·库

互联网新闻学
基本范畴与中国情境

Journalism Studies in the Digital Age
Fundamental Issues and Chinese Context

王 斌 / 著

中国人民大学出版社
·北京·

前　言

中国是信息技术深入发展与应用的重要地域，中国新闻业正在新媒体技术的渗透下在新闻生产、分发、消费等诸多方面发生深刻嬗变，在此背景下新闻学的研究对象、研究理念、研究范式、研究方法等都在随之而变。近年来，"互联网新闻学""数字新闻学""用户新闻学""算法新闻学"等新的领域兴起，激活了新闻研究的理论体系，物质性、可供性、情感转向、关系转向等新视角的引入给新闻学研究提供了全新的研究议题，也对新闻学的学术话语体系起到了推动创新的作用。需要注意的是，我们既需要拓展新闻学研究的"增量"，也需要迭代新闻学研究的"存量"，也即在引入全新视野和话题的同时还应该检视新闻学原有的学术逻辑和学术生产模式，考察其是否有必要发生转变以及发生何种转变，由此才能实现新闻学作为一个学科在整体意义上的创新发展。本书即是从新闻研究的本体论转换出发，对于其带来的理论前提拓展和核心任务重构等连带反应做一个初步探讨，以展示新闻研究在新媒体时代面临的系统性变革。

一、如何看：我们对新闻研究变革的基本认识

在科技迅猛发展的时代背景下，各个学科领域都处于不同程度的变革之中，要找到新闻学的创新发展路径，首先需要对新闻学所处的方位有一个基本的廓清。

第一，新闻学发生的变革并非是全新的，而是新闻业与社会

环境不断深入交互引发的持续震荡。新闻研究在发源期是为了归纳和解释当时新闻业的实践，其发展历程显示出该学科对新闻业有显著的路径依赖效应。当新媒体技术可以给社会机构赋能、给公众赋权以后，原来由职业媒体主导的新闻业变为参与性的、扩散了的、网络化的互联网新闻业，新闻学的视野也从职业化媒体转向更为多元的行动主体，新闻研究中的诸多核心命题如新闻价值、新闻真实、新闻专业性、新闻职业权威与边界等都在被改写内涵。技术因素成为当前新闻业的核心变量，但新闻学研究的变革并不是只为了研究新兴技术在新闻传播中的使用，而是依然需要把技术嵌入在更广阔的社会政治经济文化系统中去考察新闻传播现象，依然要遵循人文社会科学研究的基本要求和理论旨趣，唯此才能避免新闻学研究的创新走向单纯对新技术的关注。

第二，如何看待新闻研究的变革，需要从表层的观点争鸣推及更为深层的认识论差异。与传统模式的新闻业正处于衰落之中形成鲜明对比的是，有关新闻学危机与创新的学术话语近年来呈现激增状态，新闻研究在整个媒介与传播研究领域中的活跃度不降反升，但讨论新闻学新特征、新方向的逻辑理路较为繁杂，指向完全不同的层面，在关注这些话语所表达的观点时，更需要分析其背后的学术语境。比如在国内学界讨论较为热烈的县级融媒体中心和建设性新闻，大量研究是在描述新闻业态变化和分析操作流程，在其职业理念、社会思潮和学理脉络方面进行的开掘较为有限。事实上，这些新话题不应只是涉及对传媒业某种创新趋势的关注，对其讨论的多样性和深度也体现出研究者对"社会治理"语境下媒体与政府及公众关系的认知方位差异，对其持推崇、审慎、疑惑甚至批判性的研究立场也反映了对新闻学研究本身的认识论多样性。互联网带来的是新闻业底层运作逻辑的触动，对于新闻研究来讲也需要有相应的认识论的跃迁。在建构新闻学面向互联网时代的新知识体系的过程中，对于学术脉络、学术语境、学术内在逻辑的辨识与梳理如果不够自觉，可能我们提供的依然是"显性知识"和"表层知识"。

第三，如何实现新闻研究的变革，学者们正在逐步展开对多种路径的分析，但对于讨论的逻辑起点尚没有较为明晰的共识。当新闻实践发生巨大变化时，如果原有的理论、方法与知识体系无法通过局部修订实现对重大现实问题的回应，意味着这个领域需要有新的研究范式的出现。范式创新带来的变革是系统性的，首要的就是突破对已有学科场域、理论资源和知识储备的依赖。至于具体的突破点和突破路径从哪里入手，学者们关注新闻机构、新闻用户、新闻平台等不同方面的具体问题，也从各自的角度提出了建议和策略，特别是近年来出现了一批理论视角新颖的新闻学实证研究，展示了切入变革中的新闻业所包容的多种可能性。但是从整体上看，新闻学研究的创新之路还没有明确的、系统性的考量，学术界的共同目标是什么、有哪些重要的研究任务、如何进行优先级的安排、不同路径的通约性如何发掘，以及各自的异质性如何互鉴等等，都缺乏充分的探讨。诚然，学术创新究其特质来说是一种自发自为的涌现而非人为的规划设计，但是如果在认识上缺乏对学科走向和研究范式的自觉性，可能就会阻滞新闻研究创新开展的水准、层次和成效。

二、如何想：互联网情境下的新闻学本体论

在逻辑起点上来看，对于新闻学这门因应新闻业发展而兴起与演化的学科，其创新任务首要的就是建立互联网时代新闻传播的本体论，确立新社会环境、新技术条件下新闻学的研究范围和理论范畴。基本范畴对于学科的建立、成熟与完善发挥着基础性作用、确定性作用。要建立中国新闻学知识的自主性，首先需要对本体问题进行充分的识别、厘清和"深描"。尽管当前人们对于新闻和新闻业的理解和界定发生了很大变化，但是新闻学侧重于应用性对象领域的学科底色没有发生根本动摇。

新闻研究首要关注的是新闻业本身，新闻学的首要任务是考察、分析与解决中国新闻业的现实问题，去解释与阐述中国新闻传播的现实情境与运行特征，以此为基础再去开拓延伸性的议题和进行理论建构。目前的新闻学知识体系杂糅而且扁平化，学科的主体性体现不足，学术话语过于抽象，缺乏本学科特有的概念与命题等等，这些都与新闻学远离了新闻实践特别是当下深刻变革的互联网新闻业实践这潭"活水"有关。新媒体时代的新闻学要想焕发活力，必须重新回到新闻学的本体也即再次嵌入到复杂生动的新闻实践，与当下新闻业本身的现象、问题、机制、影响等进行再度连接，从中提炼和转化学术研究问题。

面对蓬勃发展的技术和技术催化下的新闻传播，我们当然可以着力于用全新的理论、概念和逻辑去架构一整套新的知识，但我想强调的是，重返新闻学的本体论，通过反思与延展既有研究对象亦可以更深入地理解新闻传播的数字化现实。经典新闻学研究的基本对象是新闻事实，把事实和报道作为理论前提，由此延伸确立出一系列新闻学的问题域，如新闻价值、客观性、真实性等等。在互联网环境下，新闻学的研究范围应当注意合理拓展，既包括新闻事实，也包括围绕

新闻事实展开的新闻活动情境，从关注抽象化的新闻事实到关注新闻借由互联网的链接、联通和参与所勾连的日常生活。

譬如，在新冠疫情的特殊背景之下，我们既可以看到新闻作为一种知识和作为一种交往途径对社会各界的联结作用和塑造认同的潜质，同时也会发现重大新闻事件在社会人群中传播的碎片化现实，以及部分公众对公共事件的明显的认知盲区。尽管在这样的特殊议题下，主流媒体与自媒体、平台媒体、机关媒体等在一些报道主题上实现了难得的"同频共振"，但是无论新闻生产的多元主体如何去运作及协作，我们都不得不面对这样的基本事实：在新闻传播的最后一公里，反映在新闻接收者一端的实际情形是人们在移动化和社交化的环境下接触新闻的时候融入了很多情境性因素，当把家庭聊天、朋友分享以及个人起居娱乐、情绪氛围等因素带入新闻接触时，媒体的议题设置和铺垫效应（priming）、框选效果（framing）都被极大地稀释和降解了。这些偶遇式的情境因素对互联网用户对一个公共事件的全面认知产生了复杂的、中介性的影响。从这个意义上来讲，在新媒体环境下，由于新闻分发的多样化和各种要素的耦合，使得人和新闻之间的接触点与接触模式有了更多的随机性可能。因此，传统的新闻研究建立起来的一整套关于接收效果以及新闻的社会影响的知识，可能都要有所反思和调适。这就像多米诺骨牌的第一环，媒介接触的方式、接触到的信息量以及接触到的信息分布都发生变化以后，很多结论要做相应的重新验证和讨论，由此才能产生新知。

在前互联网时代，情境因素也是存在的，但是研究者可以简化甚至淡化这些存在，把受众的媒介接触看作是比较有目的、有规律、可清晰描摹的行为。互联网带来的连通性和参与性使得传播中的偶然性因素增多，多种情境彼此的影响能够发生，或者说情境的丰富度和可见度在提升，体现得更充分、更可感可知。因此，我们面对的最重要本体之一"新闻事实"已经不仅是一个客观存在对象，而成为被中介的事实、被情境化的事实。这时候，我们就要反思和调整原来的研究路径与研究策略，以适应互联网时代新闻业发展中对于情境的凸显，要考虑如何察觉、识别、分析、理解与解释这些互联网新闻传播中的情境因素，要考虑把情境因素带进来后将会使原有的理论体系和基本命题产生什么样的连锁反应，这就是从本体出发给学术研究带来的"起底"式的重思效应。

正是在这个意义上，笔者提出了互联网新闻学这个概念（对其解释详见本书第一章）。需要说明的是，它指向的不只是通过互联网媒介而传播的新闻现象，而是侧重于关注新闻学核心议题在互联网情境下的迭代和拓展，实质上讨论的是互联网时代的新闻研究、互联网情境下新闻学整体性的新面貌。这涉及对于互联网的理解：在现时代，互联网不仅是一种传播媒介，也不仅是一种技术手段，更是一个社会运行的底层逻辑架构、生产与再生产的组织方式，是对既有的社会关系、社会格局、社会资源和社会观念具有重构性的力量。截至2022年底，我国网民规模已达10.67亿，互联网普及率达75.6%，网络新闻用户规模达7.83亿，占网民整体的73.4%，互联网逻辑已经全面渗透到政治、商业、娱乐、人际沟通等方方面面，在这样的场景中，我们的新闻传播活动置于互联网语法、互联网思维、互联网生态之中运行。这样一来，新闻学的研究对象发生了很大变化，原来使用一些挪用的抽象概念来归纳总结新闻业务工作的学术模式也需要与时俱进。如何洞察和认识当下正在高速演化的新闻实践，从其复杂情境中提炼和转化学术研究问题，是新闻学实现创新发展的关键工作。

当然，对于新闻学的新面貌，学者们会有不同的理解，对学术表述和推进策略也会有不同的偏好，这也说明大家审视和观察新闻学未来发展时在关注点和立足点上的多样性。本书使用互联网新闻学这一表述有两方面考量。第一是考虑到讨论新媒体时代社会现实时人们的惯用法。比如在法律、金融等领域有互联网法学、互联网金融等类似表述。尽管互联网时代的具体技术不断革新，从早期的web 1.0门户网站到现今的区块链、元宇宙，但现实中新闻业与技术的融合是分散式、差异化存在的，并非所有新闻产品和新闻业态都嵌入了最新的数字化技术，也不是所有新闻内容都已置于人工智能和算法推送之下，新闻用户、媒体机构和传媒管理制度在不同面向有不同序列和不同程度的互联网化，只讨论智能化或数字性并不能涵盖中国新闻业的现实，因此使用互联网新闻学更具有包容性，也与本书意在讨论作为整体的新闻学这一主旨更为相符。第二是考虑到借鉴国外学术语汇时的中国语境。新闻学在欧美国家和在中国的发展历程有所区别，其学科建制化程度也不同，学界面临的具体问题有共通之处但讨论问题的原委却不尽相同，在对于新闻学的变革上面也体现出视野和进路的差异。国际上的新闻传播学知名刊物组织了多次关于新闻研究的专题研讨，但对新媒体与新闻研究的关系尚未形成共识。即使对于近年来热议的数字新闻（digital journalism），欧美学者们在一些基本面向上也尚无定论，我们从大量的实证文献中可以看到的是南美、非洲、东亚等地既有新闻业在理念和运作机制上的异质性在互联网时代的进一步彰显，可谓"同一个问题，不同的声音"。国际学界对于新闻研究如何变革的认识分歧也是在其与中国不同的社会文化及学术设定中展开的。简言之，国际上兴起的"数字新闻学"（Digital Journalism Studies）和基于中国新闻业发展现实及中国新闻学体系创新所进行的新闻学研究既有共同点又不完全对等。在持续跟踪国际学术动态十年后，笔者使用了"互联网新闻学"这一更具有涵盖力和对话性、更贴近中国新闻传播现实的表述。

当前，新闻学学术创新的话语较为繁杂，尽管各种话语看起来较为离散，但是在笔者看来这也反映出新闻学研究内在的活力得以焕发，并且其内核在稳步聚焦，主要的研究力量能够有效对话乃至协作。一方面，学界目前对于新闻学应发生整体性的创新已有相当共识，所以这些学术称谓并没有带来学术交流上的隔阂；另一方面，鉴于目前在新媒体环境中新闻学的经验研究蓬勃发展，林林总总的学术发现尚需要进一步概念化、学理化、系统化，在对话中构建知识体系，这一任务的重要性和迫切性远远大于对于某个学术术语本身的选用和辨析。因此，不论使用哪种术语，更关键的是在新术语之下具体研究了什么和如何研究的，也就是如何做的问题。

三、如何做：本书的研究思路与内容构成

第一，本书的核心立意是系统考察新闻学的核心议题在新媒体时代的变与不变，在厘清经验事实的基础上搭建三重对话关系。第一重关系是新闻实践与新闻研究之间的对话关系。工业时代形成的有规律可循的现代新闻业正成为一种变动不居的实践谱系，在与社会、技术、文化等多重环境不断进行交互并实现自我迭代，我们需要考察新闻实践变革给学术研究提出了什么样的经验基础和理论命题。第二重关系是互联网时代的新闻研究与经典新闻学知识体系之间的对话。尽管经典新闻学本身在逻辑体系、知识密度、范式方法等方面还不够完备，但自从大学建立新闻院系开展专门化的研究以来，其历经百余年发展已经可以提供一个参照系，我们需要分析二者之间的延续与变革分别发生在哪些议题、哪些范畴、哪些节点，判别学科变革的程度、性质和趋势。第三重关系是国际研究视野和中国实际情境之间的对话关系。21世纪以来，国际学界的新闻研究在整个媒介与传播领域中迸发活力，学会、学刊、学者、论著不断推新，但其问题域和学术旨趣与中国新闻业、中国新闻学并不完全一致，我们既要关注国际上的新概念、新视角、新方法，同时更要细究中国的互联网场域中新闻业的新形态、新机制、新社会影响。本书在研究中特别注意特定议题在中国的实践情况，让一些新概念和

新话题能在中国情境中落地讨论。

第二，本书的基本思路是从本体论意义上梳理和架构新闻学在新时代的基本范畴。也即从互联网时代中国新闻传播的现实场景入手，厘清本体层面的一些基本事实，系统梳理新闻学已有的研究对象，如新闻从业者、新闻机构、新闻用户、新闻职业理念、新闻生产等在互联网时代发生了哪些基础性变化，延伸出哪些新内涵或新话题，对原有新闻学理论知识如何进行调适或建立新的知识。这一思路比较简朴，并没有"新瓶装新酒"，就新而言新，背后的道理也很简单：任何学术研究都是在有限时空、有限目标之下的有限任务，面对新闻学知识体系重构这样的宏大任务更需要有设计、有步骤地逐渐推进。笔者认为，新闻学的一个"美丽新世界"或许是存在的，但它不是推演出来的，更不是憧憬出来的，而是从现存世界演化而成的。探讨互联网时代的新闻学，其基本逻辑路线应当是首先全面系统梳理互联网环境下新闻实践的基本原则、原理、方式方法，然后深入分析新闻传播现实给新闻学基本命题带来的新内涵和新挑战，再者充实和完善新闻学的本体论、认识论、方法论，最后才有望初步搭建基于新社会环境和新技术条件的新闻学知识体系纲要。

既然不能毕其功于一役，学者们关注的侧重点和安排的任务优先级自然有所不同。第一步是考察存量变革，处理与原有新闻学相关的问题；第二步是考察增量变革，考察新技术条件下产生的全新问题，这两步基本完成以后可以产生本体论层面的一些积累和共识；第三步是在统合视野中考察作为一个整体的新的新闻学其研究对象、理论命题、概念与范畴、视角与方法等方面的系统性的内涵，这一步最值得期待的成果是新闻学的认识论更新。本书的主要工作是探讨了第一步任务，以及第二步任务的一部分。当然，这些研究任务实际上是交织发生的，并且互相制约和影响。本书的思路着眼于可行性，在对未来新闻学和未来新闻业抱有想象力的同时，先从实质性的可捕捉可分析的实然层面入手开展工作。正如约翰·罗尔斯在《正义论》中所指出的，"定义与意义分析并不占一个特殊的地位：定义只是建立理论的一般结构的一个手段，一旦整个结构设计出来，定义就失去其突出地位，它们随理论本身的兴衰而兴衰"。

第三，本书的分析框架是将互联网新闻学的本体范畴分为三个层次：作为文本的新闻、作为行业的新闻、作为社会系统的新闻。其中的每个分析层次又包含多种研究单元。作为文本的新闻相对聚焦微观方面，指涉新闻作品、新闻产品，在本书中重点从其生产、分发和消费这三个单元来考察。作为行业的新闻相对聚焦中观方面，指涉新闻机构及其运营、新闻人及其理念，在本书中重点从新闻职业理念和新闻业新业态这两个单元来考察。作为社会系统的新闻聚焦宏观方面，指涉新闻体制和制度，在本书中重点从数字化技术引发的新闻运行体系创新来考察。这三个层次之间互相关联，每一个层次内部的单元之间也互相关联，并且，不同层次和不同单元的具体议题都内蕴着自身独有的学术脉络、传媒现实和变革趋势，也都嵌套着适用于该议题、该单元、该层次的理论视角和认识论方法论，由此，研究层次和研究单元及其分析视角和认识论方法论构成了既分立又关联的新闻学研究议程。需要说明的是，本书将研究议程中的议题和议题产生的情境同等重视对待，既分析学术问题本身或实践当中出现的新现象本身，同时也分析学术问题的理论脉络或实践问题的现实场景，把历史的、场域的、生态的意涵落实在分析当中。

第四，本书的主要内容是从基本范畴和中国情境两个维度探讨互联网时代新闻学本体论。其一，所谓"基本范畴"，是说这些议题是基础的，无法回避的，不论在何种新闻业态和新闻学术中都是应该直面的基底问题。同时，也意味着它们是开放的，在未来的新闻学研究中会有新的内容和新的内涵。本书所讨论的只是一些范例性的议题，并非基本问题的全部内容和对其回答的所有答案。基本范畴内各层次各单元的研究进展和成果分布也不均衡，主流媒体转型是近年来从顶层设计到社会公众都关注的问题，业界学界在新闻生产和新闻业态方面投入较多精力，也富集了较多成果，而关于新闻用户的研究则滞后于现实发展。事实上，笔者关于新闻价值、新闻使用、新闻体制的研究还在进行中，这些内容还不成熟，因而没有全部纳入本书中。其二，所谓"中国情境"，是指这些议题在中国社会发展阶段中和中国新闻业历史脉络中的方位，其在当下所呈现出的面貌，以及其具体的动因和机理。新闻编辑部如何看待和采纳数据分析、算法分发是否导致个体认知窄化、传受关系如何影响新闻真实、平台媒体和传统媒体如何双向融合等问题虽然是国际性的新闻业症候和新闻研究热点问题，但是国外学者的概念和话语并不能代替我们对中国现实的实证分析。英文刊物中的新文献具有很好的启发性，但不必然对中国新闻传播有良好的解释力，更进一步说，在中国，互联网深入影响新闻生产分发乃至舆论生成及社会认同的程度和范围远超过多数国家与地区。可以说，我们研究的不仅是"中国问题"，而且也是世界问题，中国的互联网新闻业不应被只从"世界例外"来审视，更应从"世界的一部分"来考察。当然，本书对于中国情境的开掘也是初步的，并没有对这些方面都做出同等程度的刻画，这也正是本书作为一种探索性、框架性成果的不足。这一思路的合理性和可持续性，还需要在后续研究中继续检验和完善。

第五，本书的工作基础包括几年来在专业媒体与新媒体机构大量调研得到的一手资料，对传媒从业者和新闻用户的访谈，对互联网新闻作品/产品的分析，以及国内外学术刊物和会议中发表的学界前沿文献。作者在前期调研和分析的对象包括《人民日报》、新华社、《新京报》、澎湃新闻、腾讯网、今日头条、海淀融媒等多种类型的媒体机构，还赴美国走访了包括彭博社和Politico在内的十几家传统媒体及原生网络传媒，了解其数字化转型和运营实践，这些经历为本书的写作提供了可靠的经验基础。在笔者参与筹办新媒体创新案例推选活动、参加互联网新闻传播作品评鉴、组织互联网新闻学相关会议等过程中，业界学界的朋友们分享了来自一线的真知灼见，给了本书写作不少启发与印证。

笔者从2013年开始着手更新新闻学的教学内容，2014年开始追踪国际上新闻研究的新动向，十年来持续思考新的新闻业新在哪里、新的新闻学新在哪里、经典的新闻学知识体系话语体系学术体系与新的新闻实践及新闻研究应该如何对话等这几个"大问题"，自己能提供的答案也一直在变化，时而清晰时而模糊。对于解答这些问题所面临的高度不确定性，我想可能是源于这个领域的特质。与其他较为成熟的学科领域不同的是，经典新闻学的知识逻辑尚未充分建立，而互联网新闻学遵循的是迭代逻辑，也即理论和方法的创新孕育于实践问题之中，问题演化的复杂性决定着知识生产的面貌和走向。换言之，从经典新闻学到互联网新闻学的发展路径不是线性延展的。因而，本书把互联网新闻学建基于本体论的开掘，首先要对具体领域的具体问题有具体回答，在寻找答案的过程中再去考虑如何建立方法论、更新认识论。所以对于一个新兴发展中的领域，其基本范畴、分析框架、研究范式的确立并非能一蹴而就，在此仅作抛砖引玉，将所做的探索进行梳理和汇报。

在今天的互联网环境中，新闻学的研究对象已经在发生迭代，基于它们产生的理论逻辑推演与实证研究思路也会发生相应的变化。换言之，当新闻学的经验基础和理论前提发生变动以后，整个学术体系架构和学术探究方式都要随之而变。从互联网情境下的新闻传播实践出发，系统梳理基本问题的状况，这只是新闻传播学知识体系创新的第一步，接下来还需要在问题域的生成、核心概念的确立、理论视角的丰富、研究方法论的更新等多项学术任务方面持续深入地推进系统性工作。如果不能在系统性方面有所考量和践行，新媒体时代新闻学的创新可能也会面临新知识无法有效积累、新兴范式之间不能有效对话、新思路与老体系难以互鉴的局面，根基不稳，行之不远。我们面对快速迭代的新闻业，同时也需要迭代新闻学，谨慎反思与清理其传统、悉心谋划新的战略任务、扎实开展各方面的具体经验研究，这是新媒体时代新闻研究者群体协力才能完成的系统工程。希望本书能为此贡献一份绵薄的力量。

目 录

第一章　互联网新闻学：构建新知识体系的探索 …………………… 1
　　第一节　新闻教育困境与知识体系转型 ………………………… 2
　　第二节　互联网环境下新闻学的反思维度 ……………………… 5
　　第三节　新闻学新知识体系的构建路径 ………………………… 17
第二章　互联网新闻业的新闻生产 …………………………………… 24
　　第一节　原创型媒体的新闻常规重塑 …………………………… 24
　　第二节　聚合型媒体的生产流程再造 …………………………… 34
　　第三节　从做新闻到用数据的新闻编辑部 ……………………… 42
第三章　互联网新闻业的新闻分发 …………………………………… 62
　　第一节　平台型媒体的分发运作机制 …………………………… 62
　　第二节　算法推送新闻与个体认知窄化 ………………………… 68
　　第三节　传统媒体与平台媒体的关系建构 ……………………… 77
第四章　互联网新闻业的新闻消费 …………………………………… 90
　　第一节　数字化环境中的新闻消费特点 ………………………… 90
　　第二节　参与的受众与隐蔽的"深后台" ……………………… 107
第五章　互联网时代的新闻职业理念 ………………………………… 127
　　第一节　传受关系视野中的新闻真实 …………………………… 127
　　第二节　新闻透明性的理念、内涵与限度 ……………………… 142
　　第三节　新闻职业角色的理论争辩 ……………………………… 150
　　第四节　新闻职业角色的内涵拓展 ……………………………… 157

第六章　互联网时代的多元新闻业态……………………………… 175
第一节　大数据新闻与行业认知更新…………………………… 175
第二节　短视频新闻与微观语境生产…………………………… 182
第三节　众筹新闻与协作式社会化生产………………………… 193
第四节　非营利新闻的模式及可持续性………………………… 199

第七章　互联网时代的新闻运行体系……………………………… 217
第一节　新闻算法生态的治理理念与路径……………………… 217
第二节　中国式现代化与新型主流媒体建设…………………… 230

后记 ……………………………………………………………………… 244

第一章　互联网新闻学：构建新知识体系的探索

当下的互联网环境呈现出移动化、社交化、智能化交互影响的特征，在这个历史的也是技术的时点上看，新闻学作为一个学科面临着新的挑战。一方面，新闻传播的形态越来越多样，新闻业在社会中的实际影响越来越大，新闻研究与社会、历史、文化、互联网技术等的关系勾连越来越多，新闻学的知识创新有充分的潜质；但另一方面，什么是新闻、新闻价值的判定依据什么方法、如何看待作为职业规范的新闻客观性等等经典新闻学的问题不再有明确而唯一的答案，新闻学原有的概念、议题、结论在新的社会环境和新的媒介环境下越来越难讲清楚，新闻学知识似乎更难以对新的实践进行解释和引领。

新闻学作为一套知识体系、一种研究领域，在国内的发展沿袭着一种以规范性知识为主的路径，不仅是党报理论中的规范性部分沉淀成为新闻学知识的重要内容，西方新闻学知识在被引介到国内的教学科研中以后，也被框定为以规范性知识为主的面貌（典型代表是把"传媒的四种理论"作为"西方新闻学"的主要知识进行介绍分析），而对其主要观点和结论背后的理论前提、认识论、方法论、经验证据以及这些新闻学知识赖以生成的现实社会条件和学术思潮背景缺乏充分的探讨和理性的反思。特别是一些教科书把这些规范性知识默认为是整个新闻学的主要面貌和"知识地图"，影响了专业从业者对新闻学的认知框架和学科印象，新闻学似乎成为一种抽象的、静态的知识信条，既与生动发展的新闻业现实没有充分互动，也鲜有开展其他各学科的演进中都必不可少的学术史、知识论意义上的梳理和省思。

本节旨在从一个侧面对新闻学知识的这种"路径依赖"现象进行反思：从当下的新闻传播现实状况出发，探讨原有的新闻学知识在当下的社会条件和媒介环境下面临着怎样的"失灵"场景，进而反思新闻理论与新闻传播现实之间这些矛盾的存在表明了新闻学知识体系在建构逻辑上有什么样的"盲点"，以及我们应该如何结合新闻教育的困境去完善和迭代新闻学知识体系。

第一节　新闻教育困境与知识体系转型

新闻学学科目前面临的问题，一方面是研究的问题，另一方面是教学和人才培养的问题，科学研究需要提供原创的知识，为学科发展注入创新的能量，而教学和人才培养需要把研究成果转化为学生的能力和素养，涵养他们面对新问题、解决新问题的本领。从基础层面来讲，新闻学的转型当然寄希望于一项项具体研究的深入开展所提供的创新成果作为支撑，但同时，学术体系、学科体系的发展也依赖于对现有成果组成的知识体系进行创新，新闻学知识体系是这个学科科学性的直接体现，也是年轻一代接受新闻教育的直接来源，然而现有的新闻学概念、逻辑、知识架构等方面与已有的相当丰富的学术资源和实践资源呈现出不相匹配的状态，这是笔者认为新闻教育面临的一个迫切而重要的问题。[①]

一、新闻教育的"供给侧"乏力

当前，新闻教育面临"骨感"太强的现实。一方面，现实社会中以互联网媒体和公民新闻为代表的新的新闻传播现象越来越多，另一方面，能够解释、分析这些现象的理论工具、方法和现成的学理论断又相对比较匮乏，新闻学还是以传统的新闻机构、新闻生产、新闻从业者为核心组织起来的一套知识体系。

在新闻学教学层面，知识体系的历史路径依赖非常明显。就本科层面而言，体现在有关知识较多依赖原有的党报理论模式而缺乏对历史语境的激活和对当下现实的延展。党报理论的创立和发展有其对应的中国共产党新闻实践的历史环境，尽管其中的核心理念一直在延续和与时俱进，但是得出具体结论的媒介现实已经有较多变化，理解这些具体提法需要对历史语境有深入细致的了解。在相当多的教材中只见其结论而难见对其生成语境的梳理和引入，所以学生听了以后拿今天的新闻现实去套原有的理论是有困难的。新闻学教学面临一种外热内冷的情

[①] 对于新闻教育面临的问题，有很多讨论，例如新闻教育与新闻业界的关系不够密切，其中的一种典型观点是高校教学内容跟不上业界现在的现实发展、大学培养的新闻人才无法适应媒体需求等。笔者认为这类观点存在很多谬误，对新闻教育乃至高等教育的理解较为狭窄，对此并不认同，但本书讨论的重点不在于此类问题，而是新闻教育本身应该做而做得还不够的方面，其中一项就是对新闻学知识体系的梳理、架构和呈现。

形：很多新闻院校启动了"部校共建""卓越人才计划"等项目计划，改善了硬件设施，开展了系列活动，做了不少工作，但实际上根据笔者走访了解的情况，学生对新闻学课程的抬头率、兴趣点、认可度往往没有明显的相应提升。

在新闻研究层面，新闻学研究面临视野约束的问题。目前，新闻学研究对互联网新闻为代表的新现实的认知还未能形成体系性的洞察，主要有两个方面的原因。第一是已有研究的社会视野相对欠缺，较多沿袭媒体中心主义的视角展开，主要关注主流媒体的内容、人员、影响等等方面，对机构性、建制化以外的媒体即更广泛意义上的社会场域中的媒介的关注和研究有限，比如自媒体、政务媒体、平台型媒体、算法与数据等等新闻场域中的新行动者。第二是已有研究的比较视野相对欠缺，目前的新闻学研究较多将视野放在国内这个特定媒介体系中展开，或者是以既定的主要媒体机构为默认研究对象，对新闻真实、新闻客观、新闻从业者的职业认同等同一个问题放在世界范围内不同政治环境、经济条件、媒介体制的比较下来分析的较少。而跨国、跨体制的比较新闻研究领域富有潜力，可以生发出诸多有深入探究空间的议题（单波，林莉，2016）。由于身处其中而不自知，研究者对新闻现象的深层结构性因素发掘得不够，新闻研究容易限于就事论事甚至是经验总结和政策解读的层面，影响了对研究问题进行分析和解释的丰富性和深刻性，不利于形成多维度的分析视角。

二、新闻学知识体系亟需充实

上述新闻教育困境折射出的是新闻学知识内在的逻辑问题。

第一，在理论维度方面，一些新闻学论著和教材中呈现的理论知识较为欠缺时间标度和空间维度。现有的新闻理论知识较为缺乏时间和空间的边界限定，所做出的诸多命题在表述上是全称判断、在逻辑上则是高度抽象的，貌似放之四海而皆准，难以看出其生发的历史时期、实践的地域范围、成立的社会条件。其实不仅新闻理论受到挑战，传播理论也有类似问题，在教学中把沉默的螺旋、议程设置等理论变为绝对"定理"，重点放在了解释和记忆它们的核心观点，而忽略了这些理论（或假说）提出的社会背景和研究者的问题意识。学术研究的历史情境被抽离，学科知识既与现实有一定距离又没有还原出其作为一种思维训练素材的生成情境，因而难以受到95后、00后们的青睐，同学难以从这样的理论教学中获得研究问题能力和分析问题能力的提升，只好关注新闻传播中的一些显问题、浅问题，对现象进行描述而没有深入的分析。

第二，在知识类型方面，新闻学介绍的主要是"弱知识"。一是知识外延经历着迅速扩张，但"这些知识不是按照统一的话语语法生成的，造成知识生成逻辑的混杂，来自不同学科方位的知识之间难以实现话语逻辑上的自洽"（张涛甫，2015）。二是知识内核缺乏必要的反思和升级，对现实生活的解释力捉襟见肘，成为僵化的知识信条。比如新闻学必然会讲新闻人的工作，除了工作内容和工作流程，还应该涉及职业意识、职业认同、职业角色扮演，以及延伸讲解到新的工作内容和流程如何影响职业观念，如果只讲前者就无法理解和分析一部分职业新闻人在新媒体环境下的离职、创业等"转场"行为，也就把新闻学知识降维成了仅仅是关于新闻工作基本情况的职业知识和行业知识。再比如讲新闻生产，除了讲清楚经典的新闻生产研究所揭示的时间常规、空间常规、消息源常规、新闻价值的协商等基本结论，还要引入如下思考：新媒体时代新闻生产的基本流程是什么？这其中的主要权力关系有没有发生改变？算法应用到新闻生产之后会引起前述主要结论发生怎样的连锁反应？等等。对于新闻价值、新闻真实、新闻生产、新闻工作等这些新闻传播的基础问题，如果没有基于学术研究梳理出立体的、有深度的内容体系的时候，新闻教育只能把新闻学变成新闻理论、新闻业务、新媒体、媒介经营管理等各种内容都有一点的一个大杂烩。新闻学对本领域核心议题的学理性解读不够深入、不够充分，也不够有说服力，这是新闻学知识体系存在的一个很大问题。

综上供给与需求两方面的对比，当下新闻教育面对的一个基本现实是，新闻学的社会需求广泛强劲和学科智识供给不足形成了较大的张力。尽管新闻传播专业的毕业生中，就职于传统意义上的机构性媒体[①]的人数开始减少，机构性媒体在社会中的影响力也在收缩，但从另外一个更宽泛的角度来看，新闻传播适用的领域非常广泛，特别是就基于事实性信息达成意见协商、舆论引导、社会认同的层面而言，在转型社会中为政府、企业、NGO 等所共同需要。无论是在美国还是在中国，从历史发展来看，新闻学科的诞生都与一个职业的发展相对应。基于记者、编辑或出版人的工作需求、工作流程、社会角色等需求，新闻教育提出了一系列的知识诉求，包括具体操作技能、行业运行原理和职业理念。但现在新闻职业本身正在发生剧烈变化，所以基于职业需求建构出来的学科体系也体现出较

[①] 本书提到的机构性媒体，有时也被称为建制内媒体（institutional media）、传统媒体（legacy media），一般是指由职业化的人士运营的、有明确的组织架构和生产流程的、有盈利的媒体，具备专业化、制度化、商业化/市场化的特征。

大动荡。因此有些新闻教育工作者提出，应该把新闻教育从职业教育、行业教育拓展为素养教育、通识教育、公共教育。

今天，新闻专业在国内就业的面向在变广，这是因为我们对于新闻教育的理解在发生变化：新闻教育不只是为媒体机构培养职业型人才，更是培养基于新闻事实进行发现、核实、表达（包括了文字的、数据的、视觉的、虚拟的各种形式）的人才，对新媒体环境下的信息传播现象具有认知力、理解力和批判力的人才，对于社会公共沟通有整体性的洞察力和参与力的公民，追寻这些理念培养出来的人才在一个转型期社会和信息化社会中会有很大的价值实现空间。但新闻教育能够与时俱进的前提是它首先要处理好自身的内在问题，重思对新闻传播基本原理的合理建构，强化新闻学知识的逻辑性和适用性。

第二节　互联网环境下新闻学的反思维度

新闻学知识体系的内在逻辑还不够严整、外在的用户界面还不够友好，这是学科发展的历史路径造成的，与多种因素有关。本书关注的是如何能在新的传播现实中撬动其变革，改进新闻学知识体系的合理性和适用性。互联网已成为社会运行的底层构造，互联网的嵌入性、参与性和开放性等特征给新闻业带来了很多新的可能。这些特征也为我们理解和分析互联网新闻业提供了更多的认知框架、认知角度、认知策略，从而可以对现有新闻学当中一些核心命题进行迭代、完善，将经典新闻学拓展为互联网新闻学。[①]

需要说明的是，本书所指的互联网新闻学不是互联网"的"新闻学，并非某些研究所提倡的"网站新闻学""手机新闻学""客户端新闻学""智能媒体新闻学"等传播介质意义上的分支新闻学或新领域新闻学，而是互联网环境下新闻学的新面貌。换言之，互联网新闻学并非一个与经典新闻学彻底不同的、全新的研究领域，它关注的是新闻学基础议题在互联网环境下的新形态、新机制、新影响等新内容。笔者提出"互联网新闻学"，并非为了建立某种新学科的建制化目标，

[①] 本书所用的互联网新闻学在内涵上接近于英语文献中的 Digital Journalism Studies（常被译为数字新闻学或数字新闻研究）。由于数字新闻业在中文语境中更多被理解为与数字技术有关的新闻业，相对而言，互联网新闻业更有涵盖力，既包括了直接在数字技术影响下进行的新闻生产、分发与消费现象，也包括了在数字化、移动化、社交化、智能化等多层面的互联网环境下既有新闻业的转型发展，因此本书使用互联网新闻学来表达对更宽泛意义上的新闻业的研究。

而是意在将互联网作为一种语境、一种场域，较为系统地检视新闻学既有知识体系的概念、逻辑以及方法论，进而在发掘知识增量的过程中实现新闻学在整体意义上的迭代。在互联网环境下，对新闻学原有知识体系的反思可以从其研究对象、研究视角、研究范式三个维度展开。

一、互联网新闻学更注重新闻业的情境敏感性

新闻研究的对象既包括新闻事实，更需要包括围绕新闻事实展开的新闻活动情境。新闻学的研究范围应当注意适度拓展，从关注抽象化的新闻"事实"到对经由新闻勾连的日常生活的还原。

在经典的新闻定义中，把事实和报道作为最基础的关注对象，由此延伸确立的一系列新闻学的问题域也与事实及其报道有关。然而，新闻事件本身是具体的、鲜活的、复杂的，在新闻学谋求"学科化""学术化"的进程中，对这些研究对象所做的必要的抽象处理也带来了相应的问题，在对抽象的事实进行讨论的同时，可能会忽略事实的生成环境和交流语境。新闻学知识体系中较为核心的一条主线是基于对事实的发现、发掘、核实和表达而组织起来的客观性、真实性、平衡策略等新闻操作规范，我们通常把这里的事实理解为客观存在的事实而不包含人对其介入的成分。但是在互联网环境下，事实的生成和传播是嵌套式（embedded）的，环境和语境不仅与事实本身难以区分甚至在构成新的事实。以微信为例，人们在获知某项新闻的时候首先看到的不是新闻本身而是微信好友在分享这条新闻时附加的个人评论、表情、留言等嵌套式信息，这些认识性的和评价性的信息与原有的新闻文本一并置入下一环节接收者的视野中，对互联网新闻用户理解特定的新闻事实产生影响。因此有学者提出"作为交往的新闻"，"用于概括社交媒体新闻高度情境化的特征，因为人们不仅利用社交媒体订阅、转发自媒体内容，而且在交往中定义新闻、生产新闻"（谢静，2016）。

嵌入性（embeddedness）是理解互联网的基本维度之一。将其引入新闻研究，带来的首要变化莫过于我们应该认识到，在互联网环境下继续观照事实的同时要重视事实对于情境（context）的敏感性。比如所谓的新闻业的情感问题是国际上新闻研究近几年来的一个热点话题，如果只把事实当作是新闻学的核心对象甚至唯一对象，那么记者报道中的情感卷入和情感劳动问题、受众在接触和使用新闻中的情感体验问题，都不能很好地融入现有的理论知识中去，也就不会引起足够的关注和深入的研究。事实上在现在的传播环境下新闻生产和情感生产是并

存的，并且互相交叉影响，情感与事实互相包裹成为人们认知世界的对象，也成为报道的对象和研究的对象。特别是在社交媒体上，重大突发事件发生时，大量首先进入公众认知视野的是事实不充分、情感较泛滥的新闻文本，简单套用客观性等知识来分析、评判这样一些新闻报道是不是新闻职业行为、符不符合新闻规范并不是很合理，由于这些既定知识的前提性条件和适用的边界没有得到明示，对新闻现象分析得出的结论也就不容易令人信服。

即使去掉互联网这一层变量，我们依然可以发现新闻学知识对情境的敏感性。这与学科的历史发展路径有关，最初的一批新闻研究都是为了总结新闻职业的操作、规范新闻工作的标准而兴起的，也即遵循一种"先有术、后有道""职业为先、学理为后"的归纳经验式为主的知识生成模式。无论是西方的新闻专业理念与操作还是中国的党报理论体系，都是从特定历史时期总结出来的抽象知识，对这些知识的理解需要回到原来的实践语境和学术研究语境中去。同时，它们还需要与当前阶段互联网环境下的新闻实践对话，激活学生对普遍性命题的兴趣和对当下现实进行理性分析的能力。因此，中国新闻学的知识体系建构，需要有理性自觉，对基于历史阶段框架而书写的那些新闻知识，应该给予历史情境以充分的介绍和解释，对基于理论体系框架而书写的那些新闻知识，应该结合现实情境做必要的"降维"解析，如此，才能避免新闻学知识的僵化和无力。更进一步来讲，把研究对象从单纯而抽象的事实扩展为事实和事实的情境，我们可以发掘更多值得探讨的理论维度，延展对于新闻现象的认知宽度。在笔者的教学中，新闻学的绪论除了讲清楚传统意义上的核心知识"作为事实的新闻"和"作为报道的新闻"，还会介绍"作为意识形态的新闻""作为社会机制的新闻""作为知识的新闻""作为对话的新闻"，以及前述"作为交往的新闻"等等这些对新闻业和新闻学的基础性的、前提性的多元认识。随着互联网新闻业的发展，这一认知光谱还将继续丰富。

二、互联网新闻学更注重新闻业的整体关联性

新闻研究的视角应当从以传统的机构型媒体为中心转为全面关注新闻业的行动者（actors）及其网络化实践（networked practice）。新闻学的视野应该全面反映新闻场域的系统性变革，既看到专业性新闻生产，也关注协作式新闻生产、开放式新闻生产，还要关注新闻生产与新闻分发、新闻使用/消费的互相影响，以及洞察新闻生产变革背后的支撑性因素，如数据、算法、平台、社会关系等对既

有新闻业运行的调节作用。

传统新闻业的主角是职业化程度较高的专业媒体，新闻研究的重心也是围绕媒体机构展开的，新闻学的成果聚焦在新闻生产、新闻内容、新闻的社会影响等方面，而后两者又以新闻生产为前提，所以新闻学的学科内容除去规范性的知识以外，其中学理性强的内容长期以来聚集在专业媒体的新闻生产，也即研究清楚职业化的媒体是如何通过例行的/常规的（routinized）新闻采集和制作把外部社会的大千世界转化成媒介呈现的世界。这也造成了传统新闻学的研究视角存在以媒介为中心的路径依赖。

互联网环境下新闻业的基础性变革首先体现在新闻业行为主体的多元化。传统意义上的新闻业行为主体是以新闻机构为代表的职业化、专业化或曰建制化的媒体。除此之外，随着新兴媒体在政务、商业、生活中的广泛渗透和深度使用，还有更多的行为主体涉足新闻生产（张志安，汤敏，2018）。一是机关媒体，非新闻单位开办的传统媒介或者新媒介，比如公安部门、卫生部门的"两微一端一抖"。这些单位包括政府部门、企业、非政府组织等，尽管它们并不都具有新闻采编资质，但是业务领域与公共利益密切相关，通过发布本行业、本单位的信息，实际上起到了新闻传播以及舆论引导的作用，并且对于交通、健康、司法、教育等特定领域的信息内容已经具有较强的权威性和及时性，在社会公众中已经形成了较强的信息接收习惯。二是各类自媒体，不论是个人主办的微博微信账号还是团队化运作的品牌，自媒体都已经不局限于在金融、医疗、母婴等垂直内容领域拥有话语权，而能够在与其相关的社会公共事务中快速、积极地发声。三是平台型媒体，尽管平台媒体会避免自己被公众称为或被政府部门认定为新闻机构，但事实上它们在很多时候已经介入新闻的生产和传输，尤其是平台型媒体的显著传播效能和占据信息传播"最后一公里"的位置，为用户对社会现象的认知起到了"算法把关"的信息过滤作用。

（一）新闻研究要对新闻机构以外的其他类型的行为主体分别进行深入研究

要逐次厘清各类行为主体的传播理念、社会资源、生产流程、表达风格、影响力机制等基本要素。除了上述机关媒体、自媒体、平台型媒体等在我国新闻业中已相对较为可见和成形的行为主体，值得关注的还有新闻业中随着技术因素凸显而衍生出的一些行动者，比如提供各类数据监测和分析的公司、舆情服务机构、媒体转型咨询机构等。2016年，路透新闻研究所通过调查全球130位来自传统媒体与数字媒体的管理人员，发现65%的媒体使用第三方数据分析平台Chartbeat（Newman，2016）。随着新闻业中"闯入者"的种类与数量不断增多，"闯入者"和闯入型媒体（interloper media）的内涵更加丰富。原本属于新闻业外部的，但能影响传统新闻生产的平台、技术、个人等均可以被视为"闯入者"。它们可能不再声称自己属于新闻行业，但是却实际地推动新闻业变革，例如新闻业中的算法以及被定义为社交媒体的微博、微信等。此类"闯入者"具备特定的能力与资源并能创造新价值，它们被传统的媒体机构与编辑记者接纳与使用，在新闻业的链条中拥有独特的位置。

（二）新闻研究要关注互联网环境下各类行为主体之间的复杂关联

行动主体的多元化引起了新闻业内部的结构、关系、功能发生相应变化。其中最基本的问题，也就是行动主体之间的关系问题尚缺乏足够的分析。

一方面是横向关系，各类主体间正在形成协作式、开放式的新闻生产格局。专业化的媒体机构和从业者从社交媒体获得新闻线索、新闻内容，甚至在某些情境下把 UGC 直接作为新闻的一部分予以报道呈现。同时，其他类型的主体也在打破原有的专业化媒体垄断新闻生产的格局，例如政府部门的微博"@平安北京"可以在第一时间处理突发事件、传达重要事实信息，它已经越过党报都市报的议程设置，形成公众对社会安全类议题在第一时间的基本认知。这些协作式生产、开放式生产意味着我们原有的一些基本理论的前提发生了变化。媒体的议程设置功能是假定信息从消息源流向媒体，再从媒体流向公众。新闻业传播主体的多元化使得原有的信息流和影响流被打断，议程不再是由大众媒体帮助公众设置，而是由政府机关或企业自行设置，这些机构既是新闻事件的消息源，向媒体提供新闻线索，同时也是直接面对公众的新闻发布者，消息源和公众的对接反过来又对媒体的新闻报道形成了倒逼机制，对媒体报道的时效、落点、形式等都有所影响。

另一方面是纵向关系，多元主体的行动使得新闻的生产、分发、消费各环节混杂交错。行为主体多元化的结果是新闻业各环节的互相交叉，原来以内容生产、内容分发、内容产品消费/使用等生产流程划分看待新闻业的视角开始失效。很难判断某一个主体扮演的角色是纯粹生产型的，还是纯粹消费型的。以数字化环境中的新闻用户为例，他们处于新闻消费端，但是他们打开新闻链接的时段、停留在新闻阅读上的时长、关闭某条新闻后转向哪些其他新闻等等使用行为具备了可测量、可追踪的特质，这些网络分析（web analytics）会即时传输给新闻编辑部，对新闻采编人员的新闻价值判断和新闻选择产生影响，因而消费新闻的用户其实也具有了生产的性质。

因此，多元主体参与的新闻业拥有多个信息采制节点、多条新闻生产流程线、多层信息流和影响流交错，已经成为一种网络化（networked）的实践。显然，今天的新闻学知识体系要处理的对象不止传统的经典的职业化新闻机构，而应该是互联网环境下整体意义上的新闻业。

（三）新闻研究要关注新闻业的系统性变革和作为整体的新闻业

互联网对新闻业的影响并不是简单局限于技术层面，互联网时代来临以后社会生活中个体的传播意识被激活、传播能力被赋权，个体之间及个体与群体、群体与群体的社会关系和社会交往都发生了显著变化，服务于公共沟通的新闻业也正在经历系统性的变革。就新闻业运作的模式而言，传统意义上以内容采集为核心，形成了一套严整的行业流程：大众传播媒介采用师徒制和条线的把关进行内容采集，将纷繁复杂的大千世界转化为新闻事实、新闻报道或新闻产品，然后媒体机构自己建立发行或传播的渠道进行内容分发，采用以广告为主的商业模式。然而新的行动者加入新闻业以后，在为原有运作模式增加新元素的同时，也逐步形成了其他并行的完整运作模式，常见的有服务模式（service production model）和技艺模式（craft production model）（李莉，胡冯彬，2015）。比如就服务模式而言，其以平台型媒体为基础，不直接生产新闻，但有自己的业务链条和信息传输、生产变现的流程，通过新闻聚合、算法和数据进行内容采集，通过BuzzFeed、今日头条等平台型媒体进行内容分发，采用平台流量变现、数据发掘、电商等商业模式。就技艺模式而言，通过社区、超本地、合作社进行内容采集，通过类似蓝鲸、无界等进行品牌化内容的分发，采用众筹、付费、基金、赞助、打赏等商业模式。在新闻消费方面同样出现了多样化的样态（王斌，程思琪，2018），除以上模式（见图1-1）之外，还存在其他发展中的模式。

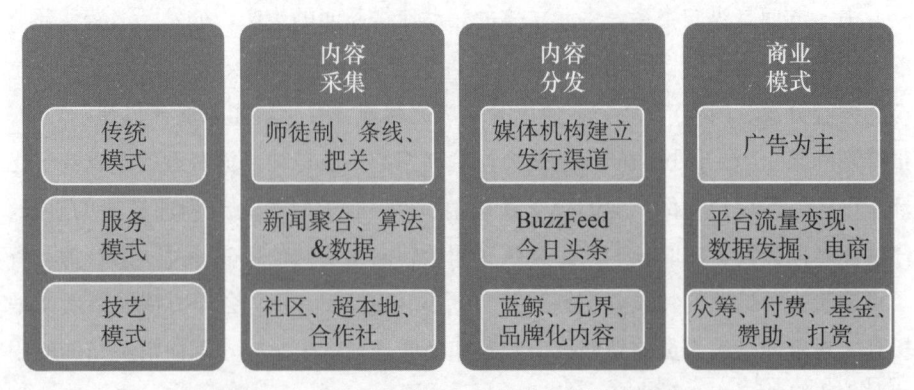

	内容采集	内容分发	商业模式
传统模式	师徒制、条线、把关	媒体机构建立发行渠道	广告为主
服务模式	新闻聚合、算法&数据	BuzzFeed 今日头条	平台流量变现、数据发掘、电商
技艺模式	社区、超本地、合作社	蓝鲸、无界、品牌化内容	众筹、付费、基金、赞助、打赏

图1-1　互联网环境下新闻业的多样化运作模式

从上述分析可以看出，互联网时代的新闻业不只是在传播介质、商业模式等方面发生了变化，而是从职业理念、传受关系到社会角色等方面都在经历大众报业诞生以来的一个重要的调适期。不管人们认为当下的新闻业是一种迥异于传统新闻业的剧烈变革，还是认为这只不过是新闻业长期以来演化发展进入一个新时期的阶段性特征，我们在新闻生产、新闻分发、新闻效果等方面积累的知识都已经不能反映复杂而生动的互联网新闻业现实图景。在面对新闻业的整体性变革时，我们应避免认知的单一维度，研究应引入新闻生态（news ecosystem）、新闻场域（journalistic field）、行动者-网络（actor-network）等更具有系统性观照的研究视角，避免（专业化）媒体中心主义的习惯思维。而且，这些新视角的引入需要结合具体的互联网新闻业场景进行细致辨识，以便更好地理解和分析研究对象。比如新闻场域与新闻生态都看重行为主体之间的关联性，但是二者的侧重点是有区别的。场域是内生性的视角，生态则是外生性的视角，用这两种不同的认知策略看待平台型媒体和机构型媒体之间的关系，会得到不同的分析结果。对于拒绝承认自己的"新闻媒体"身份、推崇自动算法、尽量不雇用新闻人的Facebook，学界使用"新闻生态系统"而不是"局内人"视角的"场域"理论对其定位，而对愿意接受新闻业监督和自身谋求新闻业"行业承认"的BuzzFeed，学界则更多使用"场域"和"边界"概念来分析，以新闻业传统的专业信条衡量这些聚合平台（陶文静，2017）。

三、互联网新闻学更注重新闻业运行的透明性

从注重新闻的传播结果到注重新闻传播过程中的意义协商和社会关系调整，从注重研究新闻业自身的职业行为规律与职业规范建构到更关注在新的社会环境中新闻职业的开放与反思及其与社会各界的对话建立，新闻研究的范式须立足于呈现新闻业主体的能动性、主体间性、行动者之间的互动等复杂层面，诉求在认识论和知识论层面的拓展，从文化的、实践的立场来丰富我们对于不确定性环境中多样化的新闻创新与转型现象的认知视域。

传统的新闻业以专业化媒体的活动为中心，社会事实的采集、社会现实的判定、社会世界的呈现都打上了媒体的烙印。不过，媒体的工作是一个"黑箱"，以新闻生产社会学（sociology of news production）为代表的一批新闻学成果尽可能地解释了这一"黑箱"的运作机制和社会影响，也延伸出了媒介批评和媒体改造运动等社会监督方式，但是囿于没有其他力量能代替专业化媒体的社会分工和

其长期积累的工作优势，新闻职业规范始终是一种局内人的讨论和促进新闻业变革的内生性的力量。新闻业包括其从业者的关键任务就是把外在的现实世界向公众的认知世界进行转换，他们凭借对此核心环节的掌控而建立起自身的社会角色和职业权威。

近年来，随着互联网技术所提供的参与性和连通性以及互联网文化带来的社会扁平化，新闻业最核心的生产机制走向开放和透明。新闻生产的"黑箱"开始以某种方式主动地或者被动地、深入地或者表浅地向社会披露，在一些热点事件中公众有机会有可能了解到新闻报道和新闻从业者的工作"后台"，人们谈论本属于新闻业自身事务的专业操作行为、职业伦理规范等成为新常态。学界已对此进行了诸多分析，如用"可视化""液态""深后台"等概念分析新闻业后台的前置和暴露及其带来的职业理念挑战和职业权威调适（周葆华，2013；陆晔，周睿鸣，2016；王斌，李岸东，2018）。在新技术提供的参与性背景下，专业化媒体日常运作的"黑箱"在社会公众中的能见度在提升，媒体行业也因而呈现某种程度的"祛魅"和专断话语权的消减。媒体传播领域的透明性所带来的研究问题并不仅仅是"披露"与"展现"新闻生产的"后台"，更深层的意义是提示我们将新闻业的行为主体与其社会实践之间的关系视为一种研究和反思的对象，新闻学要对新闻从业者和新闻机构的身份认同、工作边界、社会角色等进行考察，特别是在新闻业走向协作化生产、社会化生产的过程中上述领域被注入了新的成分和内涵之后，也牵动了新闻业作为一个整体与政治、经济等社会子系统之间的关系嬗变，这有助于人们把新闻业作为一种社会机制（social institution）而不只是一种工作种类来看待，进而提高对新闻业的反思意识和反省能力。

互联网时代的新闻业可谓是"腹背受困"：往前走，虽然有对话新闻、解困新闻、建设性新闻、社区新闻、非营利新闻等多种尝试的样态，但目前尚没有成型、成熟的新闻创新模式可以作为新的职业理念的建构来源；往后看，既有的新闻生产体系又不断在技术的浸润下不同程度地暴露在公众的审视、监督和评议之中，职业神秘感和权威不断消减。在充满不确定性和透明化的生存环境中，新闻业的人与事之变革不是小修小补，而是触及新闻业运行的底层逻辑，因此沿用原有的研究范式可能会"失焦"，新闻学有完善研究认识论的必要。如何发展新的分析框架来理解新闻业的多样化形态？如何批判性地看待并不符合既定理想规范的新闻业实然现况？如何统摄新闻业与社会之间的诸多矛盾和冲突？如何做好对新闻业自身职业建构历程的反思？研究这些问题不能只关注客体，更需要关注主体的认知和行为，关注面对客体时的主体间性，关注新闻从业者与新闻实践的互相建构。新闻业与社会的关系在调整中，这也意味着研究新闻业的范式需要随之调整。我们需要借鉴人文社会科学中几十年来面对社会变革所积累的智慧和共识，提升新闻学科对新闻传播现实的洞察力、解释力和超越力。近年来在新闻研究中兴起的文化的和实践的研究立场有效凸显了新闻业行动主体的异质性、建构性、反思性的面向，值得进一步深入应用和发展。尽管对于新闻传播研究中是否存在范式、有哪些成型的范式还未形成共识，但这并不影响本书在这里使用范式这样的表达来提示这些研究进路（approach）对于新闻学研究在认识论和方法论意义上的开拓。

第一个层面，是文化范式新闻研究的勃兴，这种考察新闻业的视域指向的是新闻业的建构性和反思性，注重对新闻业运行进行意义发掘和分析。一般来说，我们都认可这样的前提，即新闻业的运作是基于事实性信息处理的，但是新闻工作者是活生生的有主体认识的人，他们如何理解事实、如何解读事实、如何看待受众、如何看待自身的工作，这些对于新闻业的实际运作影响深远。当我们只以基于新闻事实和报道行为的立场来研究新闻业，可能会把以客观性为代表的规范性诉求作为主要甚至是唯一的认知尺度，也就难以观照到与事实性信息采制并行的意义生产和传播。

这一研究范式并非数字化环境下的全新视域，至少已经有二十多年的发展：早在20世纪90年代，学者们就开始用"阐释共同体"（interpretive community，也译作阐释社群）来分析新闻记者们面对新闻事件时的意义建构和协商活动；随着社交媒体的深入使用，媒体从业者在微博、微信、Twitter、Facebook等平台不仅可以采集新闻线索和推广新闻报道，也通过这些社交媒体部分地披露其工作情况和个人看法；最近几年世界范围内的新闻业普遍在经历较为显著的结构性调整，新闻人在职业环境中的创新、退出、转场等变动增多，其在社会环境中对职业的言说更为频繁、也更为可见，这些给文化范式的新闻研究提供了发挥空间和可行性。一方面，学者们围绕热点事件和热点时刻的新闻业话语展开了卓有成效的文化-意义层面的研究，如针对特定事件的媒体记忆、针对特定行动的从业者叙事、针对争议性问题的职业群体讨论等进行文化社群分析（张志安，甘晨，2014；白红义，2014；李红涛，2016；陈楚洁，2018a）；另一方面，面对在生产模式和社会职能扮演进入新阶段的新闻业，也可以通过对职业边界、职业权威层面的分析，从整体上对职业群体的文化症候进行描摹，特别是对其危机话语和创新话语进行解读，从"元话语"层面刻画新闻业在转型期的内在文化肌理（丁方舟，2019；潘忠党，2018；周睿鸣，2019）。文化范式的新闻研究可以阐释新闻业主体行动者的认知差异和意义协商，其所带来的视域开拓在于"聚焦探讨的问题是新闻业的社会意义、文化价值、正当性的当代重构"（陈楚洁，2018b）。

从文化建构的进路出发，我们亦可以观照到新闻研究基本问题的新面向。例如对于新闻价值的研究，一般是从事实层面的素质说和认知层面的标准说来界定的，前者认为新闻价值存在于事件本身，后者认为新闻价值存在于新闻工作者的认识当中，作为决定一件事是否成为新闻的一套系统化的评价标准的价值观念。随着数据、算法和社交关系在新闻业中应用的深入，新闻的表达及呈现环节对于新闻价值的发掘具有了实质性的影响。从专业化媒体来看，英国《卫报》与学界合作组建的"解读骚乱"（Reading the Riots）数据新闻报道，凸显了数据可视化对于揭示整体事实关系的价值；从平台媒体来看，BuzzFeed 创造的清单体可以将新闻文本塑造成全网络流行热点，通过算法强化新闻议题的可分享性（sharability），这一新闻分发的"样式"为新闻议题赋予极大的可见度，也成为其独有的媒体竞争力（王斌，李峰，2015）。因而在上述物质维度和认知维度以外，又出现了新闻价值的话语维度研究。这一进路强调话语言说对新闻价值的影响，认为新闻话语可以表达、指示、强调或突出某些新闻价值，新闻价值也应包括通过话语表达和阐释的价值，可以在新闻框架化、视觉呈现、语言风格中体现出来（Caple，Bednarek，2016）。

第二个层面，是实践范式新闻研究的勃兴，这种考察新闻业的视域指向的是新闻业的开放性、动态性，如果说文化范式的新闻研究侧重于对新闻业转型中的意义体系的描摹和解读，那么实践范式的新闻研究则更侧重指向这些意义体系背后的多种元素互动过程以及话语和行动的交互影响。社会科学研究中的实践理论主要源自布迪厄、吉登斯等学者对于整合"宏观社会结构"和"微观社会行为"的努力，他们肯定了社会行为既具制约性又具能动性的特点，试图从理念上打通主客体的融合关系。英国学者 Nick Couldry 较早将实践理论引入媒介研究领域（Couldry，2004；Couldry，2011），他提出传播领域的实践研究取向试图探究人们进行的多种混杂的社会活动、话语体系以及媒体消费，他认为，以研究取向开放性著称的实践理论特别适合于研究"不太确定的实践"（less determinate practices）。实践取向（practice approach）的研究范式要求充分注意多元的行动者根据自身情境进行的多样化的探索，这些行动与其话语不一定同步、各类实践活动也体现出差异化，因而透过这样的视域看到的新闻业不是规律化的、结构化的，而是生成性的和涌现性的，这与互联网时代社会生活本身的权变性和迭代性也是有内在契合关系的。互联网新闻业不只乎新闻生产本身，更涉及用户参与、媒介机构、技术平台、互联网治理政策等多重构成因素，符合实践理论强调多种主体互动过程的特征。驯化、中介化、行动者网络、物质性等理论视角的引入都是与实践取向的认识论密切相关的具体研究进路。

实践范式的新闻研究对于互联网新闻业的最显著启发在于其对开放性和动态性的理论自觉。首先，实践取向要求打破新闻与新闻业的先验性定义，敞开视域观察自下而上的新闻实践现象，认可新闻活动的多样性、异质性。在新闻生产走向开放和协作的大背景下，什么是新闻、什么是新闻业、谁是记者等这些基本问题都不再有唯一确定的答案，这些基本问题应该是我们研究的结果而不是研究的起点和前提。目前新闻学教科书上的概念多数还是基于大众报业时代为主要历史参照系建立起来的，用这些概念去套用在互联网新闻实践活动上，必然会有诸多不适和矛盾之处，以这些先验的立场作为出发点，会使我们对新闻业产生固化的偏颇看法。其次，实践取向关注的对象是新闻业主体怎么说与怎么做二者间的联动，需要关注话语与行为的动态变化和权变（contingent）的关系。如果用简化的方式来做个归纳，可以把传统的新闻研究视为对客观对象的研究，既包括了新闻信息的生产和流通，也包括了新闻从业者的观念和行为，其中对于主体的认知世界是缺乏观照的；而文化范式建基于建构主义的认识论，可以视为是对新闻从业者如何看待客观世界的分析，既包括他们如何看待新闻工作、新闻传播规律，也包括如何看待自身的职业身份和职业行为。实践理论的关注点更深入一步，也更复杂，它看到的是实践者如何通过他们的言行来争论和协商新闻实践的不同内容，也就是如何处理思（think）与行（act）、说（saying）与做（doing）的关系，由此我们可以看到新闻工作者的自我理解和其实践是如何错综复杂地相互联系和构成的，这才能更好地解释新闻业的新形态和新模式。因而有学者提出，新闻研究也可以被当作是探究记者如何"将其激情付诸实践"的学问（Witschge, Harbers, 2018）。正是主客观协调过程的多样性带来了互联网新闻业实践的异质性和差异化。

沿着以上两个研究范式所展现的研究视域，我们可以看到互联网环境下新闻业的底层运行中具有的开放与透明所带来的重要变革。文化范式侧重于意义的内在构造、意义的生成与呈现，实践范式侧重于如何看待意义与如何处理意义，新闻研究借此从对事的关注扩充到对人的关注以及对人与物、人与事的关系的关注，关注作为主体的人如何把意义世界和客观世界整合在一起。如果说传统的新闻研究更注重新闻业本体的研究（新闻理念、新闻生产、新闻文本等），互联网新闻学则更注重新闻业关系的研究，包括但不限于新闻业的社会角色重塑、新闻业的液态化和开放性、新闻职业身份建构、新闻业与社会的互动等议题。我们需要关注新闻媒体拥有的社会事实采集与呈现这一关键机制是如何从一项公共需求转变为一个行业的专属职业行为的，在专属化的进程中如何建立起职业边界与职业认同的，而这一专属行为和专属权威又是如何在开放性及协作性的新闻生产环境中发生重构的。新闻研究从立足行业自身、探究职业规律转向从社会外围审视新闻业的运作，从着力于建构职业权威走向搭建新闻业与社会的对话与互动。

  关于新闻业与社会的关系，是一个在新的社会条件下亟待推进研究的领域。原因就在于这一话题的研究存在路径依赖所造成的视野固化和结论局限：在规范性研究的视野中，对这一主题的展开相当程度上是对"传媒的四种理论"进行打补丁，难脱窠臼，而通过媒体体制的比较研究来理解当前的互联网新闻业又失之于宏略，对于新闻场域的新兴行动者力有不逮；实证性研究范式主要沿用结构功能主义及其调适者的立场，其分析与处理问题的层次局限于中观和微观，在理解新闻业与社会关系这样的问题上有天然的盲区，难以有突破性的作为。运用文化的、实践的认识论立场与既有的规范的、经验的新闻研究进路相结合，才能看到数字化及智能化环境下新闻业发展中形态多样的媒介创新理念及行为背后的那些内在纹理，超越单从"媒体融合"话语看待新闻业变革的局限，才能关注到新闻业的职业边界游移和职业权威重塑，以及洞察到新闻业转型中容纳的经济、政治、公众、技术等不同社会领域（domains）进行合作与创新的多重可能性，特别是能把技术因素、物质因素纳入新闻业变革的研究视野当中来。新闻业是社会的一套"文化装置"，既是一种组织形态也是一种文化形态，新闻业的转型是信息传播领域的一种系统性的社会文化实践。我们考察当下的新闻业转型需要从新闻生产层面的媒体融合迈向更广阔的视野（王斌，翁宇君，2016），关注到文化参与和公共沟通的背景变革，识别和理解新闻业转型背后的社会结构重组、社会利益调整、社会文化嬗变。

第三节　新闻学新知识体系的构建路径

从前述对新闻教育困境和新闻学知识体系的"盲区"的分析中可以看到，新闻理念、新闻职业规范、新闻生产的具体操作等新闻学知识是在行业变革中动态演进的，而且在知识迭代的同时更需关注的是生成这些知识的社会情境、学术思潮以及如何在更新这些知识的同时完善其背后的认识论与方法论。本书认为，未来的新闻学知识体系需要在问题意识、知识逻辑、知识类型、价值旨归这几方面有所推进，以便实现其在互联网环境下的迭代。

第一是要强化问题意识，通过问题意识的培养激发研究者的专业兴趣和思维深度。作为经验问题研究的新闻学科需要回答新闻业现象中的疑惑、矛盾特别是新闻实践中值得学理深究之处，形成学生认知新闻业的问题域和判别尺度，在提供分析思路和解释框架的过程中建立自身的学科底蕴。需要说明的是，新闻学的问题意识并不等同于简单地关注实践，现在部分课程热衷于对新的新闻现象的捕捉和应对，花费大量精力收集资料、展示案例、描述现实，却无法有效提升学生对新事物的认识能力和把握水平。作为一种因应职业化发展而建设起来的学科，新闻教育要观照现实，但更要有对新闻传播现象的洞察力和思考深度，否则难以超越成为职业教育的局限。

以假新闻为例，我们现有的新闻知识中主要是对假新闻的定义、种类、防治方式等进行了较为系统的梳理和评述，但这些具体的界定和措施是情境性很强的，假新闻也从最初的所谓"造假"的新闻演变为多种表现形态，更为重要的是假新闻的生成与传播对应着新的社会生活场景和社会意识、社会心理。今天我们再讨论假新闻这个议题的时候，不仅需要把新媒体环境下的新闻造假途径和事实核查的新方法、新机制归纳分析清楚，更要拓宽假新闻的分析视野，把在原有知识体系中主要从新闻生产环节和新闻职业规范的视野中看待假新闻拓展到在更开阔的社会环境中审视假新闻的生产、传播与社会后果。在技术层面，要看到UGC的兴起、社交媒体分享、算法个性化推送给假新闻的生成带来的新影响；在用户层面，要看到所谓"后真相"情境下情感认知与事实认知的交互；在媒体层面，要看到传媒业在困境中的转型和事实核查作为一种媒介创新途径正在发生的从理念到范畴的嬗变；在社会后果层面，还要看到假新闻不仅是一种对事实的认知活动，也是一种对现实的建构活动，要注意到公众赋权以后的社会话语权轮替和社会共识达成模式的变化。同时还要注意到围绕假新闻的职业话语和学术话语也在发生的转型，比如美国社会中频繁使用"Fake News"时的媒体-政治关系以及 Fake News、Misinformation、Disinformation、Post Truth 这些术语有所区别的适用对象。笔者在课堂上还会讨论到互联网"大V"治理、粉丝控评、浮生日记等与此有关的新现象，但引入这些的目的是锻炼学生的问题抽绎意识和在现象与理论之间建立关联的能力，如此可以实现学生的"沉浸式思考"，在课堂以外、学校以外遇到的新问题上逐步形成自己的分析和解释。

第二是要完善知识逻辑，要提升新闻学科的学术规范水平和逻辑自洽水平。新闻学尽管是偏向于应用性的学科，但是作为学习领域和学术领域就要讲学理、要有学术规范，要有逻辑自洽的意识和能力。新闻学的科学性长期以来处于争议之中，从知识体系的角度究其原因，主要在于一方面未能有效地把新闻现象"问题化""学理化"，无法超越实务工作提出有解释力和启发性的分析，另一方面则在于过度追求自身的完整和独特，不指涉具体的新闻现象，也不汲取人文社会科学研究的常识，孤立地自话自说，成为一种既无法"烛照"新闻业也无法与人文社会科学"通约"的"玄学"。新闻学不能形成有效的知识体系乃至学术体系，不仅是课堂上学生不爱听不爱学，长远地看也无助于培养和增强学生的理论思维，因为其知识是碎片化的、弱联结的，对思维品质的培养作用有限。知识体系的核心在于其逻辑性，从概念、判断、关系等基本元素入手，构建知识与现实的互相参映，进而对现实提出理性的批判性的分析，提升人们对现实的认知和省思。如前文所述，新闻业和新闻传播现象是在历史发展中更迭的，新闻活动的主体在实践中丰富和改写着新闻的基本内涵，因而新闻学知识体系并不是静态的、单一的纯理论构建，而是蕴含了实践逻辑、历史逻辑、形式逻辑等不同面向的生动形态。完善新闻学的知识逻辑，核心在于讲道理，让人觉得对新闻传播现象的研究言之有据、言之有物、言之有理，能够自圆其说。

需要注意的是，新闻传播业的理念、模式与特定的政治体制和历史阶段相适应，各个时期的政治制度、政党理念、政策文件与新闻职业有诸多联系，但这不意味着仅用政策文件就能去架构新闻学的知识体系、话语体系乃至学术体系，政策文件是新闻研究的对象而不是新闻学知识本身，照搬照用各时期的文件政策来解释新闻现象、建构新闻学说，无助于提升新闻学的逻辑性，反而可能带来很多人为制造的自相矛盾之处。我们从事新闻知识体系的建构，尤其应历史地、辩证地梳理和辨析中西之间以及我国近现代以来不同时期的新闻观念、制度、模式，文本等方面的异同，不能把对学术研究的探索混同于对文件政策的解读和宣传，那样很难提出富有创新意义的新闻学分析，也无助于提升"理论自信"。

第三是要平衡知识类型，充实经验性的知识、夯实新闻学知识的立论基础。迭代知识体系需要回答一个基础问题：新闻学知识应该从哪里来？我们有两种基本的路径，一种是规范性的路径，一种是经验性的路径。目前我们的新闻学知识体系是以规范性知识为主的，且这些规范性知识的基本框架源自西方的新闻学，因此在分析和解释中国的新闻业现象特别是互联网环境下的新闻传播实践时有较为明显的不合理之处。我们要提升新闻学对现实的解释力就需要在规范（应然）话语的基础上夯实经验（实然）话语，对于当下在社会转型和技术创新中经历剧烈变革的新闻业，首要的任务是运用科学有效的方法调查其运行机制并通过概念、判断、模式等理论构念来归纳其规律、特征，然后再在规范性层面进行价值判断和讨论。

近年来国内外对于互联网新闻业的研究已经有了较为丰富的实证研究成果，既有新议题和新结论，如数据新闻的生产模式、编辑部对于网络分析（web analytics）的采纳、新闻算法对公共议题的认知影响等，也有对既有知识的检验和更新，如对新闻价值内涵变化的测定、受众在社交媒体环境下对新闻真实的感知、新兴媒体中记者对职业角色扮演（role performance）的认识与实践等等，遗憾的是这些经验性知识在主要的新闻学教材中鲜有踪迹，这类对新闻学知识体系的论述依然是以规范性文献为主要基础的。比如对于新闻判断和新闻价值，我们通行的教材一般都是从抽象层面谈起其重要性，再示以具体的案例进行说明，但是对于新闻的时新、重要、反常等维度最初是如何被发掘和测量出来的，为何是这些维度构成了新闻价值的主要方面而不是其他维度，互联网环境下这些维度的重要性有何更替、新的新闻价值维度是哪些等等都是语焉不详的，事实上这些基本维度被纳入新闻学知识中都是从经验研究开始的，并且一代又一代的经验研究在完善或重写这个命题的基本结论，正如对于把关人和议程设置的研究，至今也仍在发展之中。新闻学知识中对其发展脉络、主要结论、方法论和局限性等没有梳理和解读，就无法呈现有机和立体的知识体系，没有这些经验研究作为立论基础，新闻学知识容易形成"随意得出结论"的形象，学生也不能很好地辨识在不同情境下新闻研究基本问题的变与不变。如果新闻学的知识来源仅仅是从书本到书本、从理论到理论，如果新闻学知识的生产方式主要是依靠理论演绎和逻辑推导，那么新闻学知识体系就难免呈现呆板、陈旧、难以取信于人的面貌。

第四是要明确价值旨归，新闻学要立足中国现实开展学理建设。我国的新闻学学科在升级转型中要突破原有的"内卷化""同质化"的倾向，就需要扩大其知识来源，一方面是加强与世界新闻业和国际上新闻学术的对话，另一方面是加强与中国新闻实践的结合。前者是解决学术共识问题，汲取、借鉴带有共同意义的有益经验。只有在历史时空的坐标上和跨国跨地域比较的视野中，才能培养新一代学生在新闻领域的立体化的价值观而非简单说教造成的刻板认识。后者是解决学术旨归问题。新闻学是因应一个职业而发展起来的学科，这种知识生产路径决定了其不应该是也不可能是一个建造"空中楼阁"的理论赏玩领域，它不同于社会理论（social theory）在整个人文社会科学中的价值定位。即使新闻学的研究对象和研究范式在发生变化，不再是单纯围绕主流媒体机构的新闻生产而展开，但其重要职责仍然是描述、分析与洞察我们身边的新闻传播现象。新闻学的升级与改造需要关注信息技术带来的新问题和催生的新方法，更需要以研究与解决中国问题、解释与阐述中国情境为导向，进而为新闻业的多样化和新闻研究的多元化提供可能的方案。但是研究中国问题和解释中国特色不是卡拉OK、自娱自乐，搭建新闻学知识体系的最终目标是为了让学者和从业者都能在相对抽象的层面上更深刻地理解和把握作为世界新闻业一部分的中国新闻业。因此，笔者提出的新闻学知识体系迭代也就有了一些基于中国场景的研究问题域：

例如：中国共产党党报理论的学理支撑点有哪些，这些支撑点在互联网环境下如何改变或不变，如何在这些点上与当今世界主要国家的新闻研究进行异同比较？在此比较基础上，如何在新闻生产、受众观、舆论形成、社会认同等基本议题上挖掘和探讨中国新闻业中具有与西方新闻学说"功能等价性"的基础概念？如何从社会转型看待中国特色的新闻业，中国新闻业的体制和运行机制与诸如金砖国家等其他发展中国家的差异在哪里？在媒介变革环境下，新闻业的职业化进程何处进何处退，职业边界与职业权威如何重构，其与国家、社会、市场、技术、公众等领域的规范性关系应该如何建构？数据、平台、算法等互联网要素引发的中国新闻业转型在哪些层面是世界性的"先行先试"，如何将用户控评、新闻反转、原生内容、自媒体洗稿等新媒体新闻现象转换为社会科学意义上的"实践"（practice）进行分析，中国的互联网新闻生态可能提供哪些先导性、前摄性的职业理念和规范以供分析整体意义上的数字新闻业时作为参照？

我们对于新闻学学科建设和新闻学学术发展的讨论已经持续了几十年，其中对新闻学的一些乐观看法带有美好的期待和愿景，但是如果我们把新闻学看作是一套知识体系、一种研究领域，就必须从知识社会学的意义上关注它的合理性与合法性。时代在变，新闻业在变，但新闻学的知识体系似乎没有太大的变化。这不意味着它没有问题，只是我们缺少一个时机去进行比较系统的清理和检视，去锚定新闻学的逻辑起点、探究方式、分析对象及议题，看看到底有哪些变与不变。互联网时代的到来就是这样一个时机，新闻理论中的问题集中地爆发了出来，这是艰难的时刻，但这一时刻也有它的价值，那就是促使我们去正视问题、解决问题。

互联网并不仅是一种新的传播介质和媒介形态，其对新闻业的影响是系统性的。互联网环境下新闻业有了不少新现象，诸如新闻理念从新闻客观性到新闻透明性、新闻功能从专业独白到促进对话、新闻内容从机构型媒体主导到社会多元供给、新闻生产从新闻生产常规延伸的新闻价值判断到聚合平台基于算法的智能推荐等等，新闻业正在发生的这些变化与历史上信息生产从教廷到印刷所的扩散、从政党报刊到商业报刊的转变等现象有同等重要的研究意义。我们今天看到的新闻业无论在职业理念、生产模式、商业形态还是社会角色方面并不是历史上一直如此，同样，未来新闻业也不会是当下状况的线性延展。提出建设互联网新闻学，其使命不是直接预测未来，而是对互联网环境下新闻业的剧变提供理性的描摹和分析，并且在历史与现实、现实与未来之间建立某种逻辑关联，这就是其对新闻学知识体系进行激活的核心意义所在。

参考文献

白红义，2014. 新闻权威、职业偶像与集体记忆的建构：报人江艺平退休的纪念话语研究 [J]. 国际新闻界，36（6）：46-60.

陈楚洁，2018a. "从前有一个记者，后来他去创业了"：媒体创业叙事与创业者认同建构 [J]. 新闻记者，(3)：4-22.

陈楚洁，2018b. 意义、新闻权威与文化结构：新闻业研究的文化-社会路径 [J]. 新闻记者，(8)：46-61.

丁方舟，2019. 马特·卡尔森. 元新闻话语与新闻社会学研究的文化路径：卡尔森《元新闻话语与新闻业的意义：定义管理、边界工作与正当化》译评 [J]. 新闻记者，(8)：74-81.

李红涛，2016. "点燃理想的日子"：新闻界怀旧中的"黄金时代"神话 [J]. 国际新闻界，38（5）：6-30.

李莉，胡冯彬，2015. 新闻业的黄昏还是黎明？：罗伯特·皮卡德谈变化中的新闻生态系统［J］. 新闻记者，（3）：13‐19.

陆晔，周睿鸣，2016. "液态"的新闻业：新传播形态与新闻专业主义再思考：以澎湃新闻"东方之星"长江沉船事故报道为个案［J］. 新闻与传播研究，23（7）：24‐46，126‐127.

潘忠党，2018. 在"后真相"喧嚣下新闻业的坚持：一个以"副文本"为修辞的视角［J］. 新闻记者，（5）：4‐16.

单波，林莉，2016. 比较新闻学的新问题与新方法［J］. 山西大学学报（哲学社会科学版），39（4）：76‐83.

陶文静，2017. 结盟、重组、民主功能坚守：欧美数字新闻创业机构研究中的专业建构转向［J］. 新闻记者，（9）：53‐64.

王斌，程思琪，2018. 反推式变革：数字环境中的新闻消费特点和转型路径［J］. 编辑之友，（12）：65‐74.

王斌，李岸东，2018. 隐蔽的"深后台"：开放式新闻生产中的传受关系：以《中国青年》对卓伟的报道为个案［J］. 国际新闻界，40（4）：144‐161.

王斌，李峰，2015. 平台型媒体的运营模式分析：以新闻聚合网站 BuzzFeed 为例［J］. 新闻战线，（15）：52‐55.

王斌，翁宇君，2016. 中国新闻改革中的"嵌入"与"脱嵌"关系［J］. 山西大学学报（哲学社会科学版），39（6）：36‐42.

谢静，2016. 微信新闻：一个交往生成观的分析［J］. 新闻与传播研究，23（4）：10‐28，126.

张涛甫，2015. 新闻传播学：话语生产与话语权力［J］. 全球传媒学刊，2（3）：18‐25.

张志安，甘晨，2014. 作为社会史与新闻史双重叙事者的阐释社群：中国新闻界对孙志刚事件的集体记忆研究［J］. 新闻与传播研究，21（1）：55‐77，127.

张志安，汤敏，2018. 新新闻生态系统：中国新闻业的新行动者与结构重塑［J］. 新闻与写作，（3）：56‐65.

周葆华，2013. 从"后台"到"前台"：新媒体技术环境下新闻业的"可视化"［J］. 传播与社会学刊（香港），（25）：35‐71.

周睿鸣，2019. "转型"：观念的形成、元话语重构与新闻业变迁：对"澎湃新闻"的案例研究［J］. 国际新闻界，41（3）：55‐72.

CAPLE H, BEDNAREK M, 2016. Rethinking news values: What a discursive approach can tell us about the construction of news discourse and news photography［J］. Journalism, 17 (4): 435-455.

COULDRY N, 2004. Theorising media as practice [J]. Social semiotics, 14 (2): 115-132.

COULDRY N, 2011. More sociology, more culture, more politics: or, a modest proposal for 'convergence' studies [J]. Cultural studies, 25 (4-5): 487-501.

NEWMAN N, 2016. Reuters Institute for the Study of Journalism. Journalism, media and technology prediction 2016 [R/OL]. [2019-03-04]. https://reutersinstitute.politics.ox.ac.uk/sites/default/files/2017-06/Journalism%2C%20media%20and%20technology%20predictions%202016.pdf.

WITSCHGE T, HARBERS F, 2018. Journalism as practice [M] //T. P. Vos (Ed.), Journalism. Berlin: De Gruyter Mouton: 105-123.

第二章　互联网新闻业的新闻生产

　　新闻生产是新闻业的核心工作机制，一般是指从新闻事实、新闻线索转变为新闻文本的专业采编过程。新闻生产具有双重意义：一方面，它将变动不居的社会现实转化为媒介文本，也即构造了媒介化的世界样貌，为人们认知世界提供了便捷的"图式"；另一方面，媒介通过新闻生产也同时生产出自身的社会影响力，为公众了解公共事务打上认知烙印。新闻生产是工业化时代的产物，是新闻业适应规模化、批量化、常态化供给新闻内容而发展演化出来的一整套作业流程。进入互联网时代，新兴传播技术日益嵌入新闻业各环节、各方面。互联网内蕴的连接、开放、去中心化等特征也对新闻生产的基本模式产生了深远影响，进而对媒体发挥"再构建"社会信息环境的影响力模式产生了影响。

　　本章主要考察三个层面的内容，即新闻生产常规、新闻生产流程、新闻生产的新要素。第一是考察原创型内容采制的媒体在新闻生产常规方面有何变与不变，以广受关注的"侠客岛"公众号的新媒体端为个案进行解析；第二是分析以集纳聚合为基本生产模式的互联网门户媒体的新闻生产流程再造，以搜狐网新闻中心为个案进行解析；第三是考察新闻生产中面对的新要素，讨论数字化带来的大量数据（data）及网络分析（web analytics）对新闻编辑部工作产生的影响，进而探讨新闻价值判断与新闻职业权威可能发生的变化。

第一节　原创型媒体的新闻常规重塑

　　党的十九大以来，我国持续加强媒体融合发展的顶层设计，媒体融合进入了向纵深发展的阶段，建成新型主流媒体成为传统媒体转型发展的重要目标。2020年9月，中共中央办公厅、国务院办公厅印发《关于加快推进媒体深度融合发展的意见》。该文件从重要意义、目标任务、工作原则三个方面明确了媒体深度融合发展的总体要求，强调要尽快建成一批具有强大影响力和竞争力的新型主流媒体。2021年3月，"推进媒体深度融合，做强新型主流媒体"被写入《中华人民共和国国民经济和社会发展第十四个五年规划和 2035 年远景目标纲要》。全国各省市、自治区的"十四五"规划和 2035 年远景目标纲要均涉及媒体深度融合和建设新型主流媒体的内容,其在中央规划建议的基础上结合各地现状,提出了这一阶段的具体要求(黄楚新,2021)。

在推进媒体深度融合与建设新型主流媒体过程中,如何实现新媒体条件下内容生产的采编发流程再造是关键环节,主流媒体需要结合新的技术特点和原有的新闻资源配置模式来打造具有更强大传播效能的传媒生产机制。本节选择《人民日报》(海外版)旗下的微信公众号"侠客岛"为分析对象。该报以下简称"海外版"。"侠客岛"于 2014 年创立,以解读国内外时政新闻、经济新闻、社会热点见长。2019 年 1 月 25 日,习近平总书记在人民日报社调研时透露他经常看"侠客岛"的文章。目前"侠客岛"通过合理的资源配置不断扩大影响力,通过坚持用户思维增强其在内容、语言等方面的贴近性,体现出新型主流媒体在互联网环境下的守正创新(王斌,张雪,2019)。本节尝试超越对现象的描述分析,从新闻生产社会学的角度打开"侠客岛"的"黑箱",更细致地呈现其融合创新的过程。

新闻生产社会学强调媒体对社会现实的制度化的呈现方式,"新闻常规"(journalistic routine)是其中最为核心的工作机制,也是本研究的切入点。新闻常规指的是媒体组织约定俗成并且日复一日的工作模式。它随着组织内外环境的改变而调整,是新闻从业者与组织内外各方力量互动的产物(冯强,2016),因此可以说新闻常规是考察媒体状况的落脚点,也是一个观察新闻业变迁的窗口(夏倩芳,王艳,2012)。从时间层面看,新闻常规主要指的是生产新闻的节奏和速度。从空间层面看,新闻常规在社会空间中体现为媒体中的行政管理体系,在地理空间中体现为新闻从业者发掘新闻的地点(塔奇曼,1980/2008:47-48)。基于此,本节以"侠客岛"为个案分析其新闻生产的时间常规和空间常规,反思新闻常规在新型主流媒体建设中的作用。

一、"侠客岛"新闻生产的时间常规

互联网环境下,新闻生产的节奏不断加快,经历了从强调时效性到即刻性的理念转变以及"因时而作"到"实时更新"的实践变革。具体到新闻机构,其不断对标"互联网时间",形成了游移的截稿时间和新闻发布的实时"瀑布流"(周睿鸣,2020)。在这一趋势下,"侠客岛"一边适应"加速"的新闻生产潮流，一边表现出"反加速"的特征，以此应对新闻生产在时间常规层面的冲突。

（一）弥合组织时间与个人时间的矛盾

对于新媒体新闻从业者而言，组织时间与个人时间是高度互嵌、边界模糊的，甚至常常有所冲突。这并非新媒体时代的新现象。在传统新闻时代，新闻从业者的工作时间需要根据新闻发生的时间进行安排，如突发新闻的意外性和偶然性打破了传统新闻从业者固定的工作节律，使新闻从业者随时从个人生活时间切换到组织工作时间。在新媒体环境下，新闻的无限性和瀑布流式的新闻发布节奏加剧了组织时间和个人时间的冲突。典型的体现是，新媒体新闻从业者为了应对各类频发的新闻事件以及互联网中海量的新闻线索，他们不得不延长工作时间与压缩个人生活时间，被迫处于永动机式的、随时待命的工作环境中。由此带来的是，新媒体新闻从业者处于"亚健康"的状态，长期的压力和焦虑消磨了他们的工作热情，使他们对工作感到倦怠。当新媒体新闻从业者认为这一透支式的个人投入与他们的收入不相匹配时，离职倾向和行动由此产生。

以上现象在新媒体新闻平台具有普遍性，"侠客岛"也不例外。从组织发展的角度看，"侠客岛"最初只是海外版编辑记者个人兴趣的产物，他们需要在完成海外版工作后运用个人时间运营"侠客岛"微信公众号，创始人们对于"侠客岛"的热情使他们乐于将工作时间融入到个人生活时间之中。随着"侠客岛"在海外版内部获得组织合法性，其需要形成稳定的新闻生产机制和规律的新闻发布节奏，然而在团队人员数量有限的现实情况下，仅有的工作人员常常处于加班之中，需要保持"永久在线，永久连接"的状态，长此以往，组织时间和个人时间的冲突凸显出来。

这一矛盾在很大程度上由"侠客岛"的内容定位和生产机制所致（见图 2-1）。"侠客岛"追求兼顾新闻报道的及时性和新闻内容的深度。及时性体现在当天回应当天的新闻热点，内容的深度则反映在对于新闻现象的解读。以上理念落实在新闻生产中的具体表现是：编辑部每日召开选题会，确定新闻选题后即向相关问题的专家约稿，随后再由"侠客岛"的编辑对稿件进行修改和加工。这一新闻生产模式使工作时间更加难以控制，因为它不仅取决于编辑自身对于新闻稿件"类型化"的能力以及熟练程度，而且取决于约稿人写作完成的时间、约稿内容的质量等外部因素，而一旦其中的一个环节稍有差池，那么"侠客岛"的编辑只能通过加班来保证当天的微信推送不会"开天窗"。

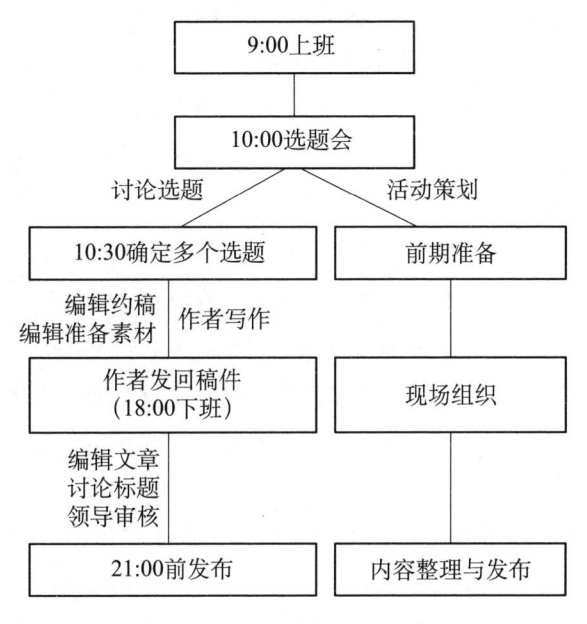

```
         9:00上班
            │
       10:00选题会
        ╱        ╲
    讨论选题      活动策划
      │            │
10:30确定多个选题   前期准备
      │            │
编辑约稿 作者写作    
编辑准备素材
      │            │
作者发回稿件       现场组织
(18:00下班)
      │            │
编辑文章
讨论标题
领导审核
      │            │
   21:00前发布   内容整理与发布
```

图 2-1 "侠客岛"的工作流程

"侠客岛"的领导层意识到由于生产机制带来的组织时间和个人时间的冲突，因此采用了多种方式缓解这一矛盾。一是扩充编辑团队，制定编辑轮流值班制度，减少个人加班的次数；二是设置较为弹性的工作时间，如果当天的值班编辑加班较晚，则可以申请调休；三是区分新闻选题的缓急程度，避免过度消耗编辑的时间精力。以上措施的效果是显著的，最为直观的反映即为新闻发布时间的提前。最初，"侠客岛"发布新闻的时间在深夜 12 点左右，随后提前到晚上 10 点左右，目前基本稳定在晚上 8 点至 9 点之间。可见，"侠客岛"的运行机制逐步完善，缓解了加班造成的工作压力，在一定程度上解放了个人的生活时间。

（二）协调快与慢的新闻生产节奏

新媒体环境下，新闻生产节奏加快是所有媒体需要面对的现实。互联网媒体从技术上取消了截稿时间的限制，媒体在微信公众号中发布新闻的次数和时间相对自由。在微信公众号瀑布流式的更新方式中，媒体通过增加新闻发布次数的方式使公众号的内容始终处于相对靠前的位置，并且通过贴近用户阅读的时间习惯提高内容的打开率。在大多数新媒体中，一天推送多次、一次推送多条所需要的工作时间投入使新闻从业者处于疲于应对的状态，由此产生了两种新闻生产方式，一是转载通稿、报纸稿和其他媒体的报道，二是综合多家媒体的报道内容。

当然，并非所有媒体都顺应加速化的新闻生产模式。西方出现了"慢新闻"运动，媒体通过放慢生产速度保证新闻内容的质量，由此与快餐新闻区分开来。与之类似，"侠客岛"坚持"慢即是快""少即是多"的理念，拒绝做"信息搬运工"而选择当"思想引领者"。从"侠客岛"创办至今，其保持每天1~2次的推送频率，每次推送1~2条。在文章写作上，"侠客岛"用内容的深度弥补其在"抢新闻"中的时间劣势。一般而言，每篇文章在2 500字左右，从约稿、写作、编辑到发布，快则2~3个小时，慢则一两天。在制作标题环节，由稿件的责任编辑提出1~3个标题后，编辑部成员参与讨论，大家经常为做出一个精彩的标题讨论半小时、一小时。可见，"侠客岛"并没有盲目追随数字化技术带来的新闻生产"红利"，而是在加速的洪流中保持相对克制与稳定的节奏，找到了平衡"快"与"慢"的支点。

"侠客岛"在放慢新闻生产速度的同时，引入了"提前的时间"（王海燕，2019），以调整工作顺序的方式使时间安排更加合理高效。这体现在"侠客岛"的工作流程中（具体见图2-1）。早上9点，"侠客岛"的编辑到岗后便浏览新闻、寻找选题。10点，编辑部召开选题会。在确定新闻选题并与专家约稿后，"侠客岛"的编辑与作者针对这一选题"双线作战"，即在专家写作的同时，编辑也提前准备与该选题相关的新闻素材。这一工作模式在一定程度上将稿件编辑工作提前，节省了编辑收到约稿后用于编辑内容的时间。除此之外，针对可预见的重要事件或时间节点，"侠客岛"提前进行新闻策划并适时发布。

综合以上内容，时间常规的调整为新型主流媒体建设注入了活力。它使媒体组织和新闻从业者均处于相对舒适的状态，既保证了媒体在互联网环境下有效的新闻生产，也为新媒体编辑提供了良好的职业体验。媒体组织与新闻从业者个人的良性互动使得新型主流媒体运行进入了良性循环。

二、"侠客岛"新闻生产的空间常规

空间是一个既抽象又具体的概念，它可以指新闻生产的组织空间，即一个部门在组织中被允许的实践范围和尺度，也可以指新闻生产的社会空间，即新闻生产实践中由不同的主体组成的空间网络。

（一）新闻生产的组织空间

"侠客岛"的创建与发展得益于人民日报社鼓励创新创业的组织环境。一直以来，我国的新闻机构受到政府和市场等多个方面的影响。尤其对于主流媒体而

言,其中的新闻从业者或多或少地受到体制与权力的影响,媒体性质与地位的特殊性使其内部的创新发展首先需要的就是获得组织的肯定。彼时,人民日报社鼓励各个部门结合自己的具体情况大胆尝试,海外版的领导也鼓励年轻人尝试新事物。这奠定了媒体组织内部变革创新的基调,同时也点燃了新闻从业者的热情。由此,海外版年轻的编辑记者向海外版编委会递交了《关于海外版向移动互联网转型的调研报告》,对互联网时代我国各类媒体的表现以及党媒能做什么进行了深入思考。该调研报告受到海外版领导批示并在海外版印发,领导同意先以私人名义创办一个微信公众号尝试,"侠客岛"因此诞生。

组织空间还体现在海外版赋予"侠客岛"组织合法性,给予其充足的容错空间。"侠客岛"经过创建期后成为海外版重要的影响力增长点,海外版也设立了管理新媒体产品的融合协调处,建立了相应的组织架构和管理机制。在人员构成上,"侠客岛"部分创始团队成员转变为全职人员,随后通过招聘的方式扩大团队规模,形成了内容生产和品牌运营两个模块的工作。与之相适应,"侠客岛"内部制定了一系列奖励机制并得到海外版的认可,其通过评选"好稿""好策划"等方式充分调动了工作人员的积极性。就容错空间而言,虽然"侠客岛"创建之初存在删稿的情况,但是海外版并没有因此叫停这一创新项目,而是不断完善内容审校制度,注重其在舆论引导上发挥的整体作用。

(二) 新闻生产的社会空间

"侠客岛"的新闻生产工作是在"网"中进行的。"侠客岛"的编辑将选题网、作者网、编辑网、活动网、用户网联结在一起,使编辑部能够在有限的时间内以快捷和高效的方式完成每日的新闻生产工作。

第一是广覆盖的选题网。这张网是基于众多新闻网站建立的,包含《人民日报》、人民网、新华网、各类门户网站、垂直类媒体、国内主要媒体等。借助这张网,"侠客岛"要确保没有遗漏重要选题,同时也要挖掘潜在的热点选题。编辑在寻找选题时主要受到三个方面的影响:一是内容总监在选题方向上的引导,在日常工作中,领导对选题的偏好潜移默化地传递给编辑,成为编辑寻找选题的依据;二是个人的判断,即根据个人经验判断符合平台调性的选题;三是同事间的交流。

第二是专家型的作者网。这张网由高校学者、人民日报社的记者等人共同建立。他们分别有各自擅长的专业领域。每当某一领域出现新闻事件时,"侠客岛"的编辑便会向他们约稿,并且通过指定写作角度和写作风格的方式确保每份稿件的标准化水平。这一新闻生产模式既保证了内容的深度,也保证了内容生产的效率。

第三是全能化的编辑网。相比于传统的"条线"记者,"侠客岛"的编辑更加全能,其角色具有不可替代性。在知识范围上,"侠客岛"要求编辑熟悉时政、财经、社会类话题,并且具有一定的文学素养。在文字工作方面,"侠客岛"要求编辑能够撰稿分析社会现象,同时能够完成专家采访和稿件编辑的工作。在需要的时候,编辑也需要担当出境记者,参与活动策划与执行等工作。

第四是扩宽化的活动网。互联网环境下,实地"跑新闻"在部分新媒体平台已不太适用。"侠客岛"将"跑新闻"转变为举办各类线上线下活动(如沙龙、观影、参访等),从而保持与用户的联系。从"跑新闻"到"跑活动"的转变反映出新媒体新闻生产的逻辑:一是在用户兴趣的基础上延展内容类型;二是活动背后即是新闻,将活动内容整理后即为原创稿件;三是连接用户与激活用户,即通过举办线上线下活动,将虚拟社区中的用户联系起来,同时提升了"侠客岛"品牌的知名度和影响力。

第五是组织化的用户网。"侠客岛"自创立以来将其用户称为"岛友",并根据身份类别建立微信群,形成了基于专业划分的用户网,如学生岛友群、媒体记者岛友群、公务员岛友群等。组织化的用户网扮演着重要的角色。一是提供了交流的平台。这便于编辑第一时间了解用户对于新闻内容的反馈,同时也便于编辑以用户为样本了解社会民众的思想动态。二是提供了发掘资源的平台,即编辑可以从微信群聊中寻找新闻选题和熟悉特定问题的专业人士。如2017年"侠客岛"做黄大年典型人物报道时,编辑在用户群中发现了一位黄大年的博士生,此后他便成为相关问题的受访专家和约稿作者。

综合以上内容,新型主流媒体建设需要组织给予一定的实践空间和配套支持,同时也需要媒体敢于打破新闻生产社会学中空间常规的原始意涵,通过不断拓展社会空间的方式探索更多新闻生产的可能性。

三、新型主流媒体新闻生产的特点

"侠客岛"的新闻创新是成功的,它从空间和时间的维度建立了新常规,形成了稳定的新闻生产模式。它的成功是政治环境、组织政策、个人能力、平台红利等多方因素耦合的结果,这也就决定了这一模式几乎难以复制,但是它渐进创新的思路及其维护新闻创新的方式具有一定学习借鉴价值。

(一) 渐进式创新：通过博弈与协商推进的新闻工作探索

在新闻创新的过程中，博弈与协商相伴相随，新闻创新以渐进的方式实现，而所谓的"颠覆式创新"是罕见的。

博弈与协商体现在组织空间层面。创新而产生的新组织与原有的组织在新闻生产方式和新闻生产理念上有较大的不同，因此新组织需要与原组织协商，从而获得一定的实践空间和配套支持。这在"侠客岛"表现为创始人向海外版编委会递交《关于海外版向移动互联网转型的调研报告》，此后海外版同意首先以私人名字创办微信公众号。究其原因，编辑部所处的政治场域仍然是传统的，体制与权力的关系或多或少地影响了新闻从业者（胡翼青，谌知翼，2018），因而创新者要找出强有力的证据，提升新闻创新的合法性、合理性与可行性，从而提升被领导许可的可能性。而组织允许以私人名义创办公众号则进一步说明，创新而产生的新组织与原有的组织都在小心翼翼地尝试，从而尽可能降低失败带来的负面影响。

博弈与协商体现在物理空间层面。一方面，这体现在"侠客岛"内部。由于"侠客岛"办公空间比较有限并且"侠客岛"的编辑逐步增多，因此其内部需要不断协调从而使空间分配更加合理。另一方面，博弈与协商体现在"侠客岛"与海外版之间，即原有的办公空间无法满足日渐发展壮大的新组织的需求。于是在"侠客岛"的申请下，其办公地点有所增多并且嵌入在海外版编辑楼的不同位置，这也进一步体现出创新而产生的组织具有拓宽空间边界与加强空间联结的特点。不过，由于"侠客岛"的办公室所处的房间不同、楼层不同，因此也给工作人员带来了不便之处。

博弈与协商还体现在时间常规层面。在创新的形成阶段，"侠客岛"的创始人需要在完成海外版的工作之余完成"侠客岛"的工作，他们为了使"侠客岛"早日迈入正轨，自愿牺牲个人的休息时间。在创新的发展与维护阶段，个人工作时间与个人生活时间模糊化一直是困扰"侠客岛"的问题。为了缓解媒体工作与个人生活之间的矛盾，"侠客岛"通过克制的频率和放慢的速度强化内容特色，缓解由于拉长的时间、提前的时间、冲突的时间给编辑造成的工作压力，具体的措施有：区分稿件缓急程度、建立值班制度、逐步扩大团队规模等。

(二) 迂回式创新：在"重返常规"与"边缘突破"间实现平衡

随着"侠客岛"内容生产逐步稳定，"侠客岛"进入了维护创新的阶段，其采用了"重返常规"和"边缘突破"的策略，巩固了新闻生产机制。

"重返常规"指的是新常规建立在旧常规之上，新常规中带有旧常规的影子但又略有不同。第一，"重返常规"是对"新闻网"的再定义。"侠客岛"的新闻生产工作是在"网"中进行的，这张"网"由选题网、作者网、编辑网、活动网、用户网构成，最终由"侠客岛"的编辑将不同的网联结在一起。这张"网"的存在，使得编辑部能够指挥编辑在极为有限的时间内，以最快捷的、最高效的方式完成每日的新闻生产工作。第二，"重返常规"是传统时间常规的弹性回归。比如，选题会、三审三校等流程并没有因为"新闻加速"的原因而被省略。在日常的工作中，"侠客岛"规定晚上11点之前发布新闻，这在一定程度上类似于传统媒体的截稿时间，也类似于纸媒时代晨报或晚报相对稳定的售卖时间。"侠客岛"较为固定的推送时间一方面减轻了员工的工作压力，另一方面也培养了用户的阅读习惯，收获了一批忠诚度较高的粉丝。第三，"重返常规"还指的是部分旧常规已经被新闻从业者内化而很难改变，比如从纸媒转型而来的编辑，他们对新闻事件的敏感度更高、他们对文字的流畅度要求更高，这些特质反而成为编辑记者的竞争力，有助于更好地实现新闻创新。

"边缘突破"是指通过新闻创新而建立的新组织趋于稳定和保守，创新性逐步减弱，不过它仍然在不影响核心工作的前提下不断尝试新项目，目的是维护和提升新闻创新为媒体组织创造的象征资本。这在"侠客岛"表现为其保证"解局""岛叔（妹）说"等栏目的规律更新之外，也在视频、音频、线上读书、线下活动等方面不断探索。这些新内容和新形式增强了"侠客岛"内容的丰富性和新鲜性，调动了用户参与的积极性。不过，这些新栏目的更新频率具有不确定性，虽然这一现象背后有诸多原因，但是不可否认的是，这一现象说明突破常规的约束力量是一件困难的事，媒体组织很难一直保持创新的状态。无论是新常规还是旧常规，媒体组织和新闻从业者在其带来的路径依赖与安全区中，总会潜移默化、小心翼翼地维护已有的成果，媒体很难将自己置于不断尝试的不确定性中。同时，就创新本身而言，新技术、新观念或者新思路的局部引入，还需要与之相匹配的组织结构、管理层级、人员配置等方面的变革，其难度和复杂性也往往使新闻创新总在边缘游走。

总而言之，无论媒体组织在空间还是时间层面的新闻实践都表明新闻创新的过程是对常规的突破与重塑，这一过程充满了博弈与协商。同时，"重返常规"与"边缘突破"也是维护创新成果的有效方式。此外，对新闻从业者个人而言，成功的新闻创新增强了新闻从业者对职业的掌控感，提升了新闻从业者的专业自信和职业自豪感，而这也为进一步推动媒体融合发展注入了新的活力。

四、常规之于新型主流媒体的意义

"侠客岛"的内容生产实践顺应了互联网传播规律，突破了传统新闻常规在时间和空间层面的框架，理顺与盘活了传统媒体的各类资源，建立了时空维度的新常规。政治环境、组织政策、平台红利、个人能动性等多种因素的耦合促进了新常规的成功建立。它既继承了传统主流媒体新闻生产的基因，同时也内嵌着互联网产品运营中的用户思维。新常规发展出了稳定的新闻生产模式与运营模式，推动了新型主流媒体建设及其社会效用的发挥。

建立新常规构成了新型主流媒体建设的基础性和必要性的环节。新常规的成功建立在表面上体现为具有影响力的内容产品的稳定输出，而它实则在根本上触及新型主流媒体的实践理念和机制体制。在时间层面，它要求媒体有效缓解组织与个人之间以及新闻生产节奏快与慢之间的冲突。在空间层面，它要求媒体能够联动政治、经济、文化等内容资源以及新闻从业者、高校学者、政府工作人员等人才资源。更进一步讲，建立时空层面的新常规意味着调整媒体运行的底层逻辑。此时，新型主流媒体不再仅仅是单一的内容提供者，而是更多地扮演起关系的架构者、协调者、维护者的角色。

建立新常规关乎新型主流媒体政治价值与社会价值的实现。互联网环境下，传统主流媒体的旧常规在很大程度上无法适应节点式的传播环境，阻碍了主流媒体发挥其政治职能和社会职能。新常规的形成在一定程度上扭转了这一局面。新常规不仅是新型主流媒体生产优质新闻内容的机制保障，它的作用还可以进一步通过新闻内容传导到新型主流媒体传播力、影响力、引导力、公信力建设，具体表现在以民众喜闻乐见的传播形态提升社会对于媒体的认可度，以内容的充分流动促进主流价值观的有效到达，以符合互联网传播规律和自身特长的方式践行党和国家的施政理念、推动落实政治方针。以上方面关乎我国主流媒体能否在互联网环境下掌控议程设置的主导权、能否有效沟通政府与多元治理主体之间的利益主张、能否有效作用于国家治理能力现代化的大局（朱春阳，2019）。

需要补充说明的是，常规具有稳定性，新常规一旦成功建立即被规范化，成为建设新型主流媒体的一种模式，后续难以被完全突破。也即，媒体建立新常规后，即使在不影响核心工作的前提下不断尝试新项目，但也只是对于常规的修补和优化。这在"侠客岛"表现为其保证"解局""岛叔（妹）说"等栏目的规律更新之外延长内容链条，在已有新闻生产常规的基础上不断探索视频、音频、线上线下活动等业务。这些新项目增强了"侠客岛"的内容丰富度，调动了用户参与的积极性，但是这些新栏目的更新频率并不规律。

这一现象说明突破常规的约束力量并非容易的事情，媒体组织很难一直保持变革创新的状态。媒体组织和新闻从业者倾向于在常规带来的路径依赖与安全区中潜移默化、小心翼翼地维护已有的成果，而非总是将自己置于不断尝试的不确定性中。更进一步，媒体局部地引入新事物和新思路后，需要与之相匹配的组织体系变革才能使其落实在内容产品的规律生产中，因此其复杂性往往使新闻常规的根本性变革游走在边缘。这提醒我们，要持续以建设新型主流媒体的要求和目标反思常规、突破常规、迭代常规，通过对新闻常规的动态调适使其对于新型主流媒体建设产生持续的积极作用。

第二节　聚合型媒体的生产流程再造

近年来新闻业进入发展困境，一方面，新媒体环境中的信息杂芜给新闻传播及舆论引导带来了挑战，形成对主流媒体传播效能的更高需求，党和国家领导人多次考察主流媒体、召开专题会议、发表有关讲话，发布了《关于推动传统媒体和新兴媒体融合发展的指导意见》等一系列顶层设计文件，倡导通过媒体融合建设来增强传统媒体的传播力和影响力；另一方面，由于社交媒体平台掌控用户流量传导、原创新闻内容缺乏版权保护措施、传统媒体人员尚未接入新媒体文化基因与传播技能等多方面原因，传统媒体的转型和创新迄今为止在传播效能和商业模式上都处于高投入低产出的阶段。新闻媒体在社会转型期肩负的更大责任和其目前的传播效能窘境形成了结构性的难题。从新闻舆论工作适应新形势的要求看，当前的核心任务是重构采编发网络、再造采编发流程，促进媒体的工作机制创新，打造具有强大传播力竞争力的新型主流媒体。因而，在移动化、社交化的新的传播情境下，如何进行内容生产与运营就成为传媒转型的关键课题。

特别值得注意的是，不同于传统媒体采编、印刷、发行等的流程分工，互联网媒体作为一种互联网产品，其分工应当从互联网普遍的分工——产品、技术、运营的角度来考虑。产品部负责呈现效果及交互操作设计，即把东西想出来；技术部负责产品搭建和实现，即把东西做出来；运营部负责产品的推广和使用，即把东西用起来,包括吸引新用户、留存老用户、促进用户活跃等,具体到互联网媒体的运营手段,就包括内容的生产和传播。传统媒体的内容生产与传播从流程上较为区隔,一个记者写稿子的时候相对较少考虑怎么写能提升报纸的发行量,报社也不会单纯以发行量来考核记者编辑的工作;但在互联网媒体中,生产和传播联系紧密,相互影响,无论是门户时代的点击量还是移动社交时代的分享与转发次数,都是衡量内容生产的重要标尺。本节将考察进入移动社交时代以后,互联网媒体内容生产的分工及制作流程发生的变化,从四个方面对其重构特点进行归纳分析。

一、编辑职权:从岗位制到项目制

现实世界变动不居,而报道现实世界的媒体其人力、物力、时间等生产资源是有限的,所以为了能够持续地捕捉新闻事件并呈现给公众,媒体需要设置特定的组织架构和工作流程,以便将有限的组织资源高效运用到内容生产中。在传统媒体中,编辑记者按照"条线"(beats)进行职权分配,通过各自把守细分的报道领域,形成了所谓的"新闻网"(news net)(塔奇曼,1980/2008:48)。万千世界的新闻事件通过新闻编辑部设定的部门和岗位进入媒体视野,新闻从业者借助专业的训练和共享的规范把新闻事件转化为新闻报道。进入门户时代的互联网媒体,其实沿袭的仍旧是传统媒体的内容生产"惯例"(routines),只是互联网具有了快速、海量的突出优势,对于一条消息的发布速度,甚至会拼到以领先几秒来计算。为了能在时间压力之下"打捞"新闻,保证能够快速、持续、稳定地产出内容,媒体内部的编辑分工更为细致绵密。

以搜狐网新闻中心为例,编辑依据处理新闻资讯的不同职权,可以分为层次分明的编辑体系,包括负责搜狐首页要闻区和新闻频道首页要闻区的值班编辑,负责国内国际社会三个主要新闻列表更新、管理报纸编辑并向值班编辑推荐内容的责任编辑,辅助更新二级页面的责任编辑助理,负责首页新闻加导语分页和做扩展阅读的精编编辑,专门发布新华社、人民网等四大媒体消息的滚动编辑,发布其他媒体消息的报纸编辑。此外还有负责发布组图和制作各种示意图及图表的图片编辑,负责制作和更新专题的专题编辑,中班时段专盯外电消息的外电编辑,负责整体巡视页面查漏补缺的值班主编等。

对应着上述职权体系还需协调好岗位间的衔接:除了负责页面更新的编辑时有轮岗,其他岗位相对固定,为了保证页面的持续更新,新闻中心实行倒班制,

7×24小时都有人值班；为了避免不同人值班时候选题和风格过于跳跃，新闻中心有自己的一套编辑规范，并且会在每天下午交班的时候开总结会，讨论新闻选择及标题制作等问题。这种内容生产的组织方式其实与工厂的流水线非常类似，每个人在自己当班的时间段，负责完成自己的部分，最终呈现在用户面前的产品是各个编辑岗位共同工作的结果，其个人特色并不突出。

在移动社交时代，人们的信息接触和消费模式更为碎片化，内容产品的竞争更为激烈，为了使内容在碎片化的注意力格局中获得关注，其产品形态体现出更具参与性、话题性、娱乐化、视觉化等特点，这对内容制作方式提出了新的要求。互联网媒体的内容从门户时代的宽泛覆盖转向强调精准投放，内容产品的架构从注重"面"向注重"点"转移，内容组织的具体形态从报纸版面、广电栏目到网站频道、网络页面再到微视频、移动端瀑布流页面等，产品维度在降低，但是产品单元中蕴含的丰富性和参与性却在提升。互联网媒体更倾向于让每一个员工成为采编摄录评的"多面手"，而不是分布在特定岗位上执行高度专业化单一任务的"螺丝钉"。虽然社交媒体也会开选题会，通过头脑风暴完善选题思路，但是最终的整个执行过程往往只交给一个人或者一个小团队完成。例如BuzzFeed的视频业务会把团队"分为各个不多于7人的小组，分别负责特定一种类型的视频。而为了不让其中有人因为在某领域经验较多而自满，这些小组每三个月就会重新再整合"（殷丽萍，2016：30－31）。BuzzFeed电影的负责人ZeFrank认为，这是使团队远离固化思维而保持创新精神的做法。国内的"罐头视频"同样遵循着团队最小化的原则，甚至一个人负责从创意到执行到拍摄的所有流程，仅把后期工作交给他人。这有点像手工作坊或者私人订制生产，量小而精致，最终的产品有着浓厚的个人烙印，如"罐头视频"就刻意直接让员工出镜，把员工打造成"网红"，来形成内容标识。

二、价值位移：从以编辑为中心到以作者为中心

互联网媒体以其海量存储和快速更新进入已有的传播体系当中，它的连通性是以往发挥最大作用的属性，反映在编辑工作上，对海量内容的集纳效率和集纳水平是其工作体现的核心价值，从新浪、搜狐等门户媒体到百度、腾讯等平台媒体都在全网络内容的结构化呈现上投入了较多力量。随着移动化、社交化、智能化传播环境的出现，互联网媒体的价值正在从以编辑为中心到以作者为中心发生位移。

在传统媒体中，记者负责采写内容，经过编辑修改后，再由主编签发，整个过程以编辑为核心，他们履行把关人的权力，是整个内容生产链条中最具有权威的主体。人们所能看到的各种资讯都打上了编辑人员的个人偏好及其所服务的媒体组织偏好的烙印。普通受众尽管也可以通过来信、来电等参与内容的反馈，但是传统的大众传播生产流程不足以容纳受众的意见、体验和创作。

门户时代，网络媒体编辑决定着页面的信息排布，从而决定了什么样的内容更容易被用户获得。作者和读者被更远地隔离开来，网友分不清也并不关心内容的原生产者是谁，有的网友甚至会认为网站编辑就是文章作者。而在内部，各门户网站实行的是"值班编辑负责制"，即当班的值班编辑——一般是网站首页或新闻频道首页的更新编辑——负责统筹一切事宜，值班编辑是整个新闻部门运转的核心。在遇到突发新闻时表现得尤为明显：从首页展示什么议题、具体这个议题之下选用哪篇稿子、稿子做什么样的延伸阅读，或者某个事件是否重要到需要做专题汇总展现、是否需要做直播、是否需要与别的频道协作完成，甚至包括与上级主管部门的沟通，都由值班编辑一人负责，其他人辅助完成报道。值班编辑责任重大，负责的事情也千头万绪，是否拥有丰富的内容配置经验是其核心价值所在，辅助岗位也需要大量经验丰富的员工，大多数时候值班编辑是统筹指挥者，具体工作都由辅助岗位的编辑协助完成。

搜索与自动化兴起之后，机器抓取内容替代了编辑手工发布、机器筛选与算法替代了编辑的人工推荐，由于机器的判断依据大多是用户的行为反馈，这比编辑凭个人偏好和既往经验挑选内容看上去更为客观精确，且人工智能的高效率工作引入后缩减了庞大的编辑团队，互联网媒体的运营成本更为低廉。一时，"主编已死"的论调开始蔓延，似乎在互联网媒体行业，机器替代人工只是时间问题。

然而当消费、金融、导航等工具类App都开始做资讯之后，互联网平台的传播端口已经泛滥，而来自传统媒体的高质量内容终究有限，因此互联网的内容同质化越来越严重，机器推荐虽然可以节省人工，却并不能解决同质化的问题，即便有UGC（用户生产内容）作为补充，水平和数量也起伏不定，难以满足大批量更新的要求。即便以UGC为特色的BuzzFeed，也有着300人的编辑团队，覆盖政治、商业、娱乐、旅行等多个领域，保持着深度和优质内容的持续输出；国内网站或是维持着原创团队，或是签约独家写手，来获得优质原创内容。这个时候，互联网媒体作为内容生产者的重要性再次凸显，但此时的"生产者"身份已与早期有所不同，内容生产从原来的修改标题、增加延伸阅读等"粗加工"转变为把素材打碎重组甚至直接创作的"精加工"，从以编辑为中心转向以作者为中心。

事实上，编辑中心制在博客时代就开始松动：文章作者会被突出显示，作者和读者也可以通过留言进行沟通。进入移动社交时代，这种联系开始更紧密，之前以组织机构形象出现的媒体开始分解为一个个具体的人或是具有人格特征的账号（account），个人和个人风格走向前台。"我"的关注和好友决定了信息流的内容，互动也变得更加方便，转发、艾特（@）随时随地都可以进行而不必刻意找到某篇文章页面。每个人都可以直接通过"关注"在第一时间获得作者发布的内容，而不必再经过编辑筛选这一中间过程，作者也不必依赖于组织机构来获得传播内容的机会。减少了中间过程之后，传播效率得到了提升，作者通过重新获得传播的主动权而有了从中获取更多利益的机会。

互联网生态对个体力量的激活使得普通用户得到赋权，他们凭借自身的智识、经验、关系与资源在关系网络中生产财富、实现价值、共享资源（喻国明，马慧，2016）。随着内容生产流程的再造，新闻从业者的职业角色也在发生重构。"在传统时代，媒体人角色是信息采集者，主要工作内容是报道事实。在融合媒体时代，媒体人角色是平台搭建者，主要工作内容是聚合社会化信息。在大数据时代，媒体人角色是意义生成者，主要工作内容是阐释事件的影响。"（王斌，2013）

三、工作节奏：从追赶时效到制造话题

传统媒体也讲究内容的时效性，在面对突发新闻的时候也会通过发快讯等方式第一时间予以报道，但是并不会提供太多的详细信息，更多的信息和背景资料等会放在后续报道中体现。这也是其媒介特征决定的内容生产方式。在报刊时代，无论记者怎么快，还有编辑审核、排版、印刷等流程，广播电视虽然在反应速度上有所提升，甚至能够做到第一时间进行现场直播，然而面对突发事件，前方记者掌握的资料也有限。所以在传统媒体时代，一般通过不断追踪的方式递进报道，也有的刊物因为出版周期较长，直接牺牲一些时效性，做深度文章报道。进入门户网站时期，由于内容主要来自传统媒体，一般也同样采用不断追踪增加后续动态的方式丰富报道，只不过因为页面更新起来更方便，每篇稿子都可以加上前因后果，甚至直接做成专题或者文字直播形式，直到事件完结或者再没有新

的相关消息，一个事件的报道才告一段落。

在移动社交的情境下，用户成为新闻生态中的核心力量，用户的使用行为和信息偏好是最关键的考量因素，这就倒逼互联网媒体的工作节奏从以追踪事件本身为重心转为以制造用户黏性强的话题为重心。智能手机的出现，促使网民从PC端到移动端大幅转移。比起PC端相对固定的使用场景和使用时间，移动端更多消耗的是用户的碎片时间，虽然每次浏览时间可能减少，浏览频次却有所增加，流量高峰时段也出现了变化。一般而言，PC时段的流量高峰固定在早上8~9时以及下午15~17时，而移动时代的流量早高峰提前到了早上7时以前，晚高峰延长到晚上19时，还增加了一个21时~23时的睡前高峰。碎片化的阅读对内容提供又有了新的要求：更简短的篇幅、更及时的更新、更海量的信息、更宽泛的话题等。数据显示，王宝强半夜发布离婚声明，2016年8月14日当天在微信公众平台上相关文章就超过一万篇，点击量达到10万+的就有293篇；2016年8月21日女排夺冠，微信上有1.1万篇推送与"女排"相关，诞生了114篇10万+；2016年8月29日王健林"小目标"走红，当天便有4 593篇相关文章，次日翻倍达到9 307篇（新榜，2016）。出于快速响应的要求，移动社交时代的内容，在制作端也是移动化的，手机就能直接完成稿件的后台编辑和发布，例如微信公众平台就通过微信自身，提供了非常便捷的手机端操作方式。

用户使用行为的时间节奏引发了海量内容在高峰时段的"短兵相接"，进而响应了内容生产本身的节奏嬗变。社交媒体上的内容数量大、更新快、高度碎片化，如果不在第一时间发声，可能就会被淹没在信息的汪洋之中。而且很多时候热点事件本身的细节和详情并不重要，用户更多需要一种观点、态度以及立场"站队"，单纯发布快讯难以获得大规模的转发分享。这就要求社交媒体的内容生产者，在第一时间，找到一个切入点，写出一篇观点明确、内容翔实的文章发布，近乎24小时待命，这种工作节奏的结果是一般来说同一个热点同一作者不会发布超过一篇文章。

如此集中且大规模地对热点消息的集中报道，也有其弊端：一个新的热点迅速地被消费，公众在相似消息的频繁轰炸之下，也迅速地对该话题产生厌倦，在PC时代，一个热点话题能在一周甚至更长时间内保持一定的关注度，而在移动社交时代，超过三天的热点已是不多，有的热点话题的关注度甚至持续不到一天。这反过来又促使大家更加疯狂地去追逐热点，一个又一个的话题被不断地发掘、消费、厌倦、转冷。互联网的内容运营从尽力全面集纳事件的报道，转为以制造话题的周期、留存用户注意力为主要诉求，形成了一种内容生产的"内卷化"机制，也即从业者越努力越缺乏好内容，用户越忙碌越得不到对社会现实的全面深刻了解。

四、推送逻辑：从议题设定到算法推荐

新兴传播技术在内容行业的应用还改写了内容推送的逻辑和方式。传统媒体的新闻线索常常来自政府部门和企业的发布会，以及固定来源的机构宣传稿件、公众爆料等，特定条线的记者一般拥有自己的稳定信源提供线索，或是由编辑根据情况自行策划选题。在内容编排上，编辑会综合考虑"时效性、重要性、显著性、接近性、趣味性"等新闻价值标准及新闻宣传需要，充分发挥着为大众做"把关人"的作用。

在门户时代，商业网站并没有新闻自采权，新闻内容大多来自传统媒体，网站编辑只进行少量的二次加工。例如编辑根据自己的判断，修改一个适合互联网传播的标题，并决定内容在页面什么位置呈现，从而决定着受众注意到这条内容的概率。专题编辑还会对认为需要深入探讨或者重点突出的话题通过策划专题来展现，或是以连线、访谈等名义做部分自采内容，提升重大新闻报道的深度和广度。门户编辑的选题标准大多来自"只可意会不可言传"的经验和感觉，总体看来主要包括新闻价值标准及一些流量方面的考虑。但是由于门户网站实行"值班编辑负责制"，选题主要由当班编辑自行决定，没有了传统媒体的记者—编辑二重甚至更多重的审核机制，显得更加随性一些。编辑们的自身专业素养不同，对新闻理解不同，兴趣爱好不同，不同编辑对新闻的选择及解读差异较大。比如同样看到 NBA 相关内容，一个对体育不感兴趣的编辑值班时候可能并不认为 NBA 总决赛结果是一条应当放在首页重要位置的新闻，而一个体育迷值班的时候可能把一场精彩的常规赛结果作为重要内容在首页推荐。相互熟悉的情况下，甚至能从内容选择的风格上判断是谁在更新页面。

虽然互联网与传统媒体略有差别，但总体来说从业者在筛选信息时进行议程设置的作用都较为明显。到了移动社交时代，内容生产不再是相对封闭的环节，生产与传播共同组成了运营，内容生产的目的从传统媒体时代的"传播观点，影响更多的人"变成了"获得关注，赚取更多的钱"。内容生产从一开始就是以传播为目的的，已经在社交网站上流行起来的话题天然地具有关注度，继续讨论这些话题显然是获得大量转发和关注的一个比较安全而便捷的选择。通过搜索引擎

和社交网站提供的各种指数,可以得到当前用户关注和传播的最热内容,这些内容一旦被确认,将立刻成为内容生产者关注的重点和写作的由头。这一由于智能化技术突破带来的变化所产生的影响已辐射到全行业,并非只有社交媒体会通过搜索指数和大数据分析去寻找话题,传统媒体的记者也会依据网络分析(web analytics)确定选题,门户网站的编辑也会根据热词来辅助判断相关新闻的位置和报道规模。

"内容选题来源于社交"可以看作是互联网的用户体验至上原则在媒体业务上的体现,追寻用户需求而调整自身产品。但有意思的是,很多时候用户自身也并不清楚自己的需求所在。他们会在社交媒体上随意浏览,关注热点话题,在其中寻找自己的兴趣点。一个用户所能看到的内容,源自他所关注的人或者他加为好友的朋友的转发和分享,他看到的热点是大量其他网友搜索或者谈论的大数据分析结果。在这种情况下,每一个转发和分享消息、对关键词进行搜索的个体,都是热点内容的制造者和传播节点,也可以看作是他的朋友们所能看到内容的推送和一定意义上的信息"把关人"。

一个典型案例是在 2016 年 9 月 16 日晚,明星乔任梁因抑郁症在家中自杀,当晚警方通告和各种谣言就在朋友圈各种传播。事实上乔任梁并非一位超级当红明星,抑郁症也并非网友平时偏好的话题。很多人甚至并不清楚他是谁,只是看到朋友圈的悼念或者只言片语,才去搜索这个人。通过百度指数可以看到,平时乔任梁的百度搜索量大约在 3 000 上下,9 月 16 日当天,搜索量就急升到 438万,第二天更是达到 1 168 万。而此前引起网友热议的"洪荒少女"傅园慧搜索量峰值仅 170 万。接下来的几天,社交媒体上充斥着各种关于乔任梁生前回忆及与抑郁症相关的话题,俨然成为一轮持续的热点。更典型的案例是知乎的"点赞"模式。每个用户都可以对回答问题的质量进行判断,选择"赞同"或者"反对",获得赞同数量多的答案将显示在较高的位置,相当于每一个点赞的用户都参与了对内容的筛选,影响了内容在页面的呈现。

算法带来的不只是被动适应,还有主动利用。互联网产品一直把"用户体验"放在首位,近年来新闻媒体也一直强调"受者本位",但究竟何为受众的真实需求,仍然由编辑人为决定。全球社交媒体的领先者 BuzzFeed 突破了这一点,它并不是普通的新媒体,而是更像一家科技公司。它的成功很大程度上依赖于100 余人的科技团队所做的实时追踪测试和大数据分析,数据为内容生产建立了模式,指明了改进方向,采编人员跳出了个人经验判断,在技术的协助下发掘用户的真实需求，能够面对不同的文化组群或不同特点的社交平台及时做出微调。比如 BuzzFeed 的"Hive"项目，追踪信息在社交平台上的传播路径，分析大量实时数据，并根据内容对使用者的吸引程度而及时改变传播方案（王辰瑶，范英杰，2016）。同时，通过数据分析，也建立起了对内容的评价系统，什么是"好"内容、"好"标题，因为有了统一的验证标准，不再需要争论，数据会告诉编辑哪个关键词更容易击中用户痛点。在数据和算法成为内容生产的基本元素之后，媒体通过对文章阅读量和转发量的分析，总结出用户感兴趣的话题和标题模式，挖掘潜在的用户需求，主动创造出"爆款"文章，这是对以编辑判断为基本支点的互联网内容推送逻辑的深刻重塑。

简而言之，从传统媒体到互联网门户再到社交媒体，内容素材及其组织形式朝着符合主流社交平台用户消费习惯的方向转型。大量碎片化的内容支撑起了移动时代社交媒体的内容消费需求，在当前新闻娱乐化的趋势下反向推动了更多碎片化内容的产生和传播，体现在编辑职权、价值重心、工作节奏和推送逻辑的一系列嬗变之中。内容生产者经历的是一个"需求前置、权力下放"的适应过程，内容生产的流程重构将带来新闻编辑的职业自主性和工作权威性的调适。

第三节 从做新闻到用数据的新闻编辑部

"数据分析"通常包括运用统计方法对收集到的大量数据进行分析，形成一定的结论或方案，进而为企业提供决策建议或指导。在新闻领域中，数据分析则是通过对新闻报道、社会舆情以及受众行为所产生的数据进行分析，为新闻从业者提供选题线索、报道资料、受众需求和报道优化等建议。需要说明的是，数据分析在新闻业中的应用不等同于"新闻的数字化"和"数据新闻"。新闻的数据化和数据新闻通常指运用数据处理和可视化软件进行新闻素材的抓取、处理、分析和形象化呈现，主要存在于新闻业内部，对新闻边界和权威的影响也尚不明显。而应用于新闻业的数据分析则更强调利用数据所反映的结果对新闻生产中决策和行为的指导，具有更明显的"外部性"的特点。

在传统的新闻生产中，关注社会议题和热点、了解受众需求、分析传播效果是记者的工作范畴，主要由新闻从业者基于个人的专业知识和从业经验来完成。在智媒环境下，用户的点击、浏览、分享等行为被数字化技术所记录、被算法所捕捉和挖掘，基于数字痕迹（digital traces）的数据分析（Data Analytics）开始为新闻业提供更为细致深入的服务。媒体可以利用数据来辅助或指导新闻从业者的工作，让数据承担起搜集新闻选题、搜集报道资料、判断舆论动态、描摹受众画像、分析传播效果、指导报道优化等功能，从而实现提高生产效率、扩大受众规模、增加商业利润等目的。

从欧美媒体实践来看，美国的纽约时报、赫芬顿邮报以及英国的卫报、金融时报等已经在新闻生产过程中展开了大量实践，从国内传媒业实践来看，也已经出现了百度指数、新浪微舆情、艾媒网等基于不同数据源和分析方式的为媒体提供数据及其分析服务的平台，今日头条算数中心还推出了专门为媒体提供数据服务的第三方数据分析产品"媒体实验室"。新闻媒体在认识到数据的价值之后开始开发自己的数据分析工具，例如新华社、澎湃新闻、财新集团、第一财经等媒体已经进行了内部系统开发以及与外部公司数据合作，通过获取多样化数据服务来辅助记者和编辑的新闻报道。

从新闻业的业务流程来看，数据分析主要起到了监测舆情以辅助选题和报道、描摹受众以辅助记者精准把握受众需求、测量传播效果以促进报道修改与科学决策的作用。笔者更为关注的是，数据分析不仅介入记者的日常工作内容和新闻生产流程，进而也触及新闻业的边界和权威问题。作为一种"非媒体力量"，数据分析在一些媒体中的应用已经开始改变传统的新闻生产常规，成为新闻从业者日常面对的工作对象，如何处理与数据分析乃至数据公司的关系成为新闻编辑部的一种新场景，这引发新闻人的认知变化和职业反思，进而也开始影响到新闻业的职业文化。

从新闻职业边界来看，追踪实时热点、评估选题价值、了解受众需求、描摹受众画像、分析传播效果与反馈、进而改进报道等传统上属于记者和编辑分内的工作内容，如今已经可以由各类数据分析工具和平台所辅助完成，甚至在效率和科学性上拥有更大的优势，这使得记者和编辑一直以来的专业性可能面临一定的挑战，新闻业所控制的边界有可能因此而受到冲击，新闻业的权威性也可能因此受到影响。

基于此，新闻从业者与数据分析师的界限、新闻媒体与科技公司的界限、新闻专业性与数据客观性的界限是否发生模糊和游移成为一个值得讨论的问题。这些问题的价值在于，将传统新闻业和经典新闻学中作为默认前提的观念性问题转置于正在技术影响下发生深刻变化的新闻场域中进行反思，从新闻实践正在发生的前沿变化探究和构建新闻职业理念未来的多种可能性。

在此目标下，本节采用半结构化的深度访谈法进行了探索性研究。由于数据分析是新闻业的新生事物，尚在推广应用中，本书采用目标取样原则，在前期调研国内新闻业数据分析运用现状的基础上，选取了目前已开展数据分析业务的有代表性的六家机构：新华社、澎湃、财新、浙江日报、金华日报、今日头条。它们包括了主流媒体、商业媒体、数据平台，覆盖全国性媒体和地方媒体，访谈对象中女性3人，男性4人，工作岗位包括记者、编辑、数据运营人员、项目负责人。访谈内容主要包括传媒从业者在日常工作中的数据分析使用经历、所在机构的数据分析使用流程、个人对数据分析的感受与态度、对新闻职业变化的评价等。

一、新闻业数据分析中的边界工作呈现

"边界工作"最早由社会学家Gieryn（1983：782）提出，是一个科学界为维护自身专业性和权威性而对"科学"与"非科学"进行区分和划界所建立的概念，后来这一概念被用于研究职业领域的独立性和自主性，近年来被引入到对新闻业转型的分析。学者们在研究边界工作时总结出三种表现，即"驱逐（expulsion）""扩张（expansion）"和"保护自主性（protection of autonomy）"，我们通过这一框架考察数据分析给新闻业带来的边界工作形态。

（一）媒体人的温和驱逐

"驱逐"作为边界工作的一种表现，通过给外部力量贴上"业余""失范""越轨"等标签，从而将其界定为是行业外部的"局外人"，驱逐出专业领域，实现权威垄断和专业领域的控制（白红义，2015）。而新闻从业者也存在一种对于数据分析的"驱逐"。

首先，这种驱逐体现为一种对行业内外的划分。通过访谈分析发现，虽然受访的记者与编辑没有完全排斥数据分析在新闻业中的应用，但是态度基本上是将数据公司视为新闻业外部的合作者而非行业内部组成部分，将媒体内部的数据分析部门和专职人员视为非核心新闻从业者而非内容生产者，以捍卫自己作为"局内人"的核心地位。

其次，驱逐还体现为媒体人将数据分析在新闻生产中的作用仅仅视作"辅助性""参考性""工具性"的角色，具有"业余"和"不可靠"的缺点，在新闻生产流程中处于相对边缘的地位。而数据分析师往往也只是纯粹的技术人员，并不

真正掌握新闻专业知识和规范，新闻生产的关键环节依然主要依赖于记者的专业和经验，优质的新闻作品依然主要依赖于记者的工作和能力。

深度访谈1（Y，财新传媒）

> 再高阶的数据分析也只能是一种工具。数据分析得出来的结果是从表面上提取出来的信息，本质上只是技术层面的加工处理。进一步深入分析的内容还是我们记者来完成，最终用不用数据的结果也是记者决定。数据分析无法替代记者的工作内容。

另外，记者对于数据分析的驱逐还体现为对其作用的不信任。受访的媒体人表示数据分析所提供的舆情并不能完全满足记者对于新闻时效性和重要性的追求，甚至一些数据的不准确性也导致记者对于数据分析存在一定疑虑，而对于受众的分析，很多记者依然认为通过自己的经验性判断和阅读用户留言等质化方式就可以对其有较好的把握。

总体来说，数据分析在一定程度上试图承担起话题搜集、选题评估、分析受众等工作，并已经触及新闻业对新闻生产领域的管辖权，所以出于对自身专业性的维护，受访的媒体人赋予记者编辑以"核心角色""关键环节""专业人士"的身份，而将无论是数据分析公司还是内部数据部门，都贴上"行业外的""非核心的""辅助性的"标签，委婉地对自身职业边界进行维护；同时对于数据分析"作用有限""存在错误""没有直接从事内容生产"等形容，也反证了新闻记者在选题、采写等环节不可替代的专业性。

人工智能虽然对新闻业构成了冲击和挑战，但仍无法代替记者在新闻业实践中的核心角色（白红义，2018a）。而受访的媒体人所表达的也是类似的一种观点，即数据分析无法替代记者的新闻劳动，且不具备完备的专业领域知识。即便在一些环节上其能力不逊于甚至优于记者，但是生产的主导权和专业性仍由记者把控。总之，记者与编辑不仅强调了数据分析属于新闻业外的"局外人"身份，也强调了自身作为"局内人"相比之下的优势，形成一种新闻业的"局内人"对"局外人"的驱逐。

但值得注意的一点是，相较于以往研究中所展现的媒体人对社交媒体（陈楚洁，袁梦倩，2015）、对UGC（Tong，2015）等外来力量的驱逐，新闻业对于数据分析的驱逐相对来说更为"温和"。一方面可能由于数据分析在国内的使用程度较低，对于记者编辑管辖权的侵蚀较小，没有引起记者编辑的强烈危机感；另一方面可能与媒体人在实践工作中观念发生转变相关：调查显示，38%的媒体人认为数据可以为内容提供素材，使得内容质量得到提升，而54%的受访者认为数据分析的最大效果在于有利于掌握用户信息，优化内容传播，并且从业年限越短的媒体人越愿意接受数据分析（中国媒体人/自媒体人数据使用报告，2018），这说明在智媒时代媒体人对于新技术的接受程度已经大大提高。

深度访谈2（S，《金华日报》）

不论是否专门使用数据分析，它已经渗透进了方方面面。微博的热搜、朋友圈的100 000+文章，全都是数据统计后用户兴趣的一种呈现。作为一种大势所趋，记者只能一边利用数据，一边保持自身的主导地位。如果数据对我有用的话，我也愿意使用。

因此，虽然受访的记者与编辑认为数据分析不能代替记者的工作，也不具备记者的能力，无法成为新闻生产的核心，但是很多人依然承认它具备一定的价值与作用，并表示在能够帮助自己提高报道质量的情况下，愿意有选择地使用数据分析，只要调整好个人的角色，合理地参考数据，同时保持对于新闻专业内容的最终把控权，那么利用数据的积极作用并无不可。而一些媒体机构也开始设置数据分析团队或部门、积极发展有关技术，这也在一定程度上反映出这种驱逐的温和特点和弱化趋势。

（二）新闻界折中的保护自主性

边界工作的另一个体现是保护自主性，目的是为了抵御外部力量"试图控制或塑造新闻业的种种行为"（陶文静，2017）。从数据分析的运行模式来看，其不仅对新闻生产流程带来了影响，同时也对传统新闻价值观产生了冲击，使得新闻业需要对自身行业规范和道德进行维护。

一方面，技术公司所依靠的数据的客观性与科学性更有利于编辑的决策，让新闻编辑室更好地把握舆情和受众，"在观众需求和新闻价值之间取得平衡"（Bright，Nicholls，2014）。同时，数据分析公司也在力图理解新闻业的运行逻辑和机构目标，更好地满足媒体的需求，例如媒体实验室的团队中就有很多曾经在传统媒体工作过的成员，他们对于新闻传播的特点和规范具有一定了解和把握。所以从直观上来看，数据分析所提供的热点和舆情服务体现出其与新闻业选题的"时效性""显著性"等标准的一致性，而受众行为分析也与新闻报道的"接近性""趣味性"等价值规范具有一致性，数据分析本身依赖的算法本质上也有利于强化"客观性"与"真实性"。

但另一方面,新闻价值和规范中,还有对客观中立、社会公器、服务于公共利益等原则的要求,有受访者认为,新闻所强调的专业、深度、价值判断、社会责任感,都很难被数据分析替代。尤其是新闻的公共服务性要求媒体不受外在政治、商业力量驱使,因此媒体不仅要报道受众感兴趣的新闻,也要报道公众需要的新闻。而数据分析的出现则对于这一原则形成一定的挑战,对数据的依赖所带来的商业逻辑、流量变现价值观对于新闻规范和价值观的冲击难以避免。

深度访谈3(G,《浙江日报》)

> 我一般愿意用数据辅助选题,但不太乐于分析受众。因为分析后可能会出于流量而向受众偏好妥协,甚至无法坚守新闻专业性。新闻报道尤其是深度报道,作为一种社会监督力量需要保持自己的独立性和引领性。

由此看来,数据分析公司有自身的职业目标与价值观,与新闻业的规范和价值观并不完全吻合。以媒体实验室为例,其所倡导的"数据驱动决策""什么样的内容更能吸引读者""怎样创作才是头条"以及数据公司本身的营利性质和商业逻辑,这些与新闻的公共服务性和社会公器的角色均存在一定矛盾。例如就新闻价值来说,传统上讲究时新性、接近性、趣味性等"五要素说",但技术的冲击会导致产品、商业、受众等诸多考量标准都成为新闻价值的影响因素(常江,杨奇光,2017),而数据分析的推广又进一步增强了商业考量和受众考量等因素的比重。

深度访谈4(V,澎湃新闻)

> 关于15亿光年外无线电信号的事件,很多媒体标题里都出现"外星人"字眼,点击率很高,有些媒体还去采访刘慈欣。但由于我们反对用这种耸动的标题,这种理性最终却影响了我们报道的浏览量。确实数据会导致媒体为了迎合大众而改变自己的选题方式、写作方式,这已经成为一个不可逆的趋势。记得我们去香港某报参观时发现,报社有一个大屏幕显示着每天阅读量倒数十名的新闻标题,像耻辱柱一样,可见这种价值观已经逐渐形成。

有国外学者通过研究发现,通过网络分析了解受众需求会导致记者的"消费者导向"增强:当受众行为和偏好以量化的形式呈现给记者时,这种反馈就具有很强的市场性和商业性,因此记者在竞争激烈的媒介环境中会因为关注这些数据而强化自身的"消费者导向"(Hanusch, Tandoc, 2019)。某种程度上来说,消费者导向的过度强化就会与服务于公共利益等传统新闻价值观相冲突。即便是媒体机构内部的数据部门，其运作逻辑也是相似的，所谓"舆情热点""受众反馈""如何让内容更吸引人"，不仅有较强的市场性，同时也会导致记者为迎合受众而与新闻价值观所背离，这成为数据分析带给新闻业难以避免的影响。

因此，一些受访的记者会因此而质疑数据分析带来的这种文化冲击，认为数据分析带来的这种理念也会影响新闻行业的规范。

深度访谈 5（W，新华社）

> 传统记者是反对信息茧房和信息孤岛的，新闻媒体的职责在于不能只关注你感兴趣的，不是像一些情感类自媒体一样只要戳到大家的痛点就行。对于媒体来说，做内容不能单纯考虑用户的喜好和点击量，而是要把你认为有用的信息传播给受众。

有传统媒体的受访记者表示，公共服务职能依然是他们作为专业记者的责任和工作需要。新闻规范、社会责任、公共服务性依然是他们在进行新闻生产中的中心思想。过度依赖数据分析是一种背离传统新闻价值观和行业规范的做法。即使数据会在一些情况下帮助他们了解哪些话题会更受欢迎、怎样写新闻会有更多点击量，但是这些只是作为完成新闻基本价值规范基础之上的补充，并没有成为新闻工作的主要标准，这在一定程度上也是保护新闻业自主性免受商业冲击的体现。

由此可见，受访的媒体人认为接受数据分析的同时应当注意保护自主性，新闻生产不应被数据和商业过度干预。但这种自我保护是有条件的。有受访的媒体人也承认在当下随着浏览量、点击量等数据的出现，新闻价值的标准也会发生变化，这是不可避免的趋势，也是保持媒介机构竞争力的必要途径，如果完全抵制也并不利于新闻业的发展，因此他们更倾向于一种折中的态度，即根据不同类型的媒体和不同的报道目的有选择地使用数据分析，在非关键报道上将部分权力让渡给数据，而在硬新闻上依然坚守专业原则。

深度访谈 6（V，澎湃新闻）

> 我觉得现在媒体确实是应该关注传播效果，记者不能只管自己写，不管人爱不爱看。我通常会根据选题来决定怎么写，软新闻会写得有趣一些，如果是严肃选题比如说像基因编辑婴儿事件，那我可能更强调严肃性而不是可看性。

受访者 V 所采用的态度无独有偶,《新京报》传媒研究院总监李晨也曾讲到,记者虽然关注数据,但是新闻专业性和媒体责任依然被放在第一位,数据只能在允许的情况下用于提高表现形式,而严肃性报道必须符合专业、理性原则,不能被数据左右[①]。因此,面对智媒时代的大背景,一些记者更倾向于一种以时、地、事为转移的态度,针对一些硬新闻则更排斥这些外来力量的干扰,而对于一些娱乐性的软新闻则以更开放的态度接纳数据分析的辅助。数据分析和新闻业之间的价值观冲突也在彼此之间的因地制宜与相互理解中,力图协调,尽可能逐步减少矛盾,以追求互利的目标。

综上,针对数据分析,一些受访的媒体人通过表达数据分析会影响到新闻必要的公共服务职能、导致过度商业化,从而强调新闻业并不应该让数据过度干预内容生产和价值标准,一定程度上进行了自主性的保护。而这种保护也因为媒体竞争、流量变现、智媒发展的大环境而转向一定的折中和妥协。

(三)数据公司的逐步扩张

在边界工作中,"扩张"指的是通过强调自身与其他专业的优劣对比使自身处于有利地位,从而进入被其他专业或职业占据的领域(白红义,2015)。在数据分析应用于新闻业的背景下,数据公司同样也在进行着边界工作,并体现为这样一种"扩张"的姿态。

数据分析相较于记者与编辑在部分新闻生产环节存在着一定的优势。在数据分析平台看来,媒体需要更科学地获取选题信息,需要与新闻受众建立联系,而数据分析在这些环节相较于人的专业性具有更大的优势,可以让记者和编辑更高效地做出科学的决策。例如媒体实验室负责人刘志毅曾在公开访谈中这样解释:针对一个新闻选题,一些媒体无法知晓哪里出现报道空白,哪里具备群众基础,已有报道的角度主要涉及哪些方面,这些角度是否拥挤、宽松,是否值得继续写作……而媒体实验室在这一方面可以弥补媒体在这些方面的不足[②]。例如,通过数据媒体实验室发现学区房除了与位置、政策、价格等相关之外,还与"离婚"一词有较高的相关性,而这一发现可以为记者提供一个很好的角度,而单靠记者观察是很难发现这个切入点的。热点舆情与热词搜索不仅可以获取选题信息与报

---

① 中国媒体人自媒体人数据使用报告 [EB/OL]. (2018-01-11) [2023-07-06]. https://www.sohu.com/a/2160648-32_99958508.
② 今日头条:阅读数据的想象力 | 数据大咖汇. RUC 新闻坊 [EB/OL]. (2017-06-10) [2023-07-06]. https://mp.weixin.qq.com/s/l0xd5vQo-NVo6AFgqiVMWA.

道资料，同时也可以为选题的内容和视角提供很多新的思路，提高报道的深度与科学性。数据分析所涵盖的信息来源之广、统计结果之精确是记者和编辑难以依靠个人知识和能力完成的。

数据分析的目标是常规化于新闻生产当中，将"机器能做的交给机器"，而记者"就可以只需专注于其他新闻生产环节的工作"（Belair-Gagnon, Holton, 2018）。为了能"扩张"进入记者所把控的领域，数据分析利用自身优势，强调数据在舆情监测、描摹用户、测量反馈等方面相较于记者编辑的高效性、科学性和精确性，并积极与媒体开展合作参与到新闻生产的领域当中。在目前的一些媒体当中，选题搜集、信息收集整合、受众分析、内容发布与反馈调查等环节都已经可以与数据相结合，甚至开始影响到新闻常规。美联社战略及企业发展部门高级副总裁 Jim Kennedy 曾表示："美联社每天都会使用 NewsWhip 的工具……NewsWhip 正为新闻生态系统提供重要的观察方式。"[①] 可以看到，国外新闻业中数据分析已经嵌入于一些媒体的日常运行当中。而国内的数据公司和科技公司同样开始试图进行"扩张"，模糊新闻业的边界。

数据分析通过不断强化自身分析能力、满足新闻媒体更多的需求、简化数据分析工具的使用流程并降低使用门槛、宣传数据的价值和重要性，力图更好地推广于新闻生产流程当中，以占据部分记者和编辑在选题和受众分析上的管辖权。这种扩张在一些媒体中已经取得一定成绩，比如今日头条媒体实验室已经与很多传统媒体展开定期合作，为其长期提供服务；媒体机构中开发数据工具，增加数据分析师、数据团队等角色也体现出数据分析的扩张。有学者指出，未来的新闻生产系统会被重构，"一些技术的强势者在自己的技术平台上去搭建一个为媒体提供服务的平台"，一些专门对数据进行收集和处理的系统将有可能从专业媒体中独立出来（彭兰，2017）。数据公司和平台作为传统媒体外的"技术强势者"，可能通过强化自身优势而进一步扩张进入新闻行业。

但总体而言，目前国内数据公司的"扩张"仍然是有所保留的、逐步进行的，数据分析公司也认识到自身的运营逻辑与新闻业的规范和价值观存在一定分歧，也并没有主动承担起新闻行业的责任，因此他们也没有完全将自己视为新闻业的组成部分，也没有试图以专业人、局内人的姿态自居，而是依然以外部人员

[①] 美国社会化新闻分析服务平台 NewsWhip 获 640 万美元 A 轮融资 [EB/OL]. (2017-02-15) [2023-07-06]. http://www.ctoutiao.com/127416.html.

的身份"为新闻业服务"。

深度访谈7（H，今日头条）

> 媒体实验室仅是一款辅助工具，与目前国际上各家媒体，如USA Today、CNN等媒体自主开发的辅助工具一样，只是利用技术来为记者提供辅助决策。媒体实验室不能替代记者的工作，也没有完全成为新闻业的一部分，我们只是为记者提供服务。

数据公司一方面希望通过改进自身的使用功能更好地适应新闻业，另一方面也保持一种"面向新闻业"而非"进入新闻业"的姿态。而在这种逐步的扩张当中，新闻业的边界依然受到一定程度的改变。

二、数据分析视野中新闻业边界变化的特征

基于对边界工作的几种基本表现及其特点的梳理，可以发现智媒环境下，以数据分析在国内的使用情况来说，新闻业的边界受到了一定的冲击，新闻业与数据分析之间的边界发生了游移和模糊，可将当前边界的变化概括为以下两方面特点。

（一）边界修复：尚未完全开放的边界

受访的媒体人倾向于将"属于媒体行业内部""直接从事新闻生产工作""拥有相关专业知识并遵守新闻业规范和价值观"视为新闻业界限的主要维度。这些维度也构成了对数据分析的区隔。即通过"行为主体进行自我区分"，这被称作"分界"（刘思达，2011：7-8）。

首先，受访者认为记者是新闻业的核心岗位，因为他们受雇于新闻机构，并直接从事新闻的生产工作。由于目前国内的媒体使用数据分析尚不普及，记者依然是新闻生产中的主导，控制着如何选题、报道等各个环节，并且可以决定是否使用数据分析以及使用程度，尽管认识到数据分析可以对搜集选题、分析受众有帮助，但只承认其借鉴参考作用，最终的决策和生产依然由记者完成，记者"掌握着新闻生产核心环节的控制权"（徐笛，2017）。相反，数据分析不仅作用和规模有限，也尚不能独立完成任何新闻生产环节。即使是媒体内部的数据分析师，具有新闻机构员工的身份，但因为没有直接参与新闻生产，其也被视为扮演协助作用的"新闻从业者"。外部的数据公司和科技平台则直接由于自身属性而与新闻行业存在本质差别。通过对机构属性的划分和所从事工作在新闻生产中的价值

评判，媒体人对数据分析与新闻业进行了一定的边界区分。

其次，新闻行业的标志不仅仅是内容生产，同时也要具备相应的专业知识并遵循专业规范，既包括对新闻价值的判断能力、信息收集与内容生产能力、对事实的把控和传播能力，也包括新闻业所承担的社会责任等。通过对几种与数据分析有关的边界工作的表现进行分析可以发现，受访媒体人习惯于强调自身在新闻生产中的专业性，突出行业规范具有不可替代性，认为数据分析往往缺乏新闻专业背景，同时与新闻业的规范和价值观也不完全恰合甚至存在矛盾，数据公司通常也不承担新闻业相应的社会责任，即便是媒体内部的数据分析部门和人员，也在专业性和价值规范上与记者编辑存在一定差异。因此数据分析更多地只能被视为外部的合作者和贡献者，本质上不属于新闻业。受访的记者编辑同样通过强调自身相较于数据分析的专业性优势和行业规范来对原有边界和权威进行修复。

总之，新闻业是低度自治的场域，本身就"极易受到来自外部其他力量的侵蚀"（陶文静，2017）。"驱逐""扩张"和"保护自主性"等边界工作的开展也证明了新闻业的边界受到了一定的冲击。数据分析已经通过一些样态参与到新闻生产当中，并构成了对记者管辖权的潜在威胁，在新闻生产决策中具有争夺一定决策权的可能性。在这种情况下，记者和编辑并没有对数据分析完全开放新闻业的边界，而是通过一定的边界工作将新闻业与数据分析区分以维护自身管辖权；相应地，数据分析公司也放弃了对自身在新闻业中权威和地位的诉求，不将自己视为新闻生产中不可或缺的环节，也不承担新闻业所承担的责任，而是甘于认可记者的核心地位和专业权威，将自己视为改善新闻生产的辅助者角色。这种分界的表现，事实上反映出"技术公司"和"媒体机构"、"外部协作者"和"内部从业者"的划分，本质上即"局内人"和"局外人"、"记者"与"他者"的区分，对"谁才是新闻业的主导者"和"谁能更好地生产新闻"进行评判，从而修复行业边界，维护传统的行业权威。

（二）边界交融：逐渐模糊的边界区

数据分析进入新闻生产的过程中，边界的区分和修复只是一个方面。事实上，通过访谈中所反映出的边界工作更明显地体现为一种维界的形式，即在管辖权冲突中各行为主体"维持一种均衡状态以实现其自身利益"（刘思达，2011：7-8）。

一方面，媒体人对局内局外人的划分并不代表他们完全拒绝数据分析。他们对于如何适应数据分析存在一种矛盾的态度。尽管他们对于数据分析使用有限，也强调其存在各种缺陷和不足，但在态度上依然认为数据分析对于新闻业的机会要多于挑战。受访的媒体人认识到，新技术进入新闻业并非意味着要彻底占领这一领域，仅仅为了维护自身权威而进行简单的抵制实非良策。相反，新技术确实也帮助记者认识到传统新闻生产中的一些不足与局限，优势互补是更明智的选择。

深度访谈8（V，澎湃新闻）

我感觉新闻业的边界已经被各种技术打破了，这是不可避免的。但本质上我觉得这是件好事，媒体的发展肯定是要结合这些新兴的技术，关键在于怎样结合。澎湃也一直在积极尝试各种新方法，这方面我们可能还要继续加强。

彭兰（2018）在讨论传媒业生态时提到，产业融合日益深化，计算机等行业的介入使得传媒业原有边界被打破。如果媒体不能适应这种变革会逐渐被边缘化，而更积极的方式是用更开放的心态谋求共赢。当前媒体人在面临日益激烈的媒体竞争，这使得他们理性地认识到数据分析可以弥补目前新闻生产的缺陷和不足，是提升竞争力的手段之一。受访的媒体人承认数据分析确实有可能提高新闻生产水平，尤其是在提供信息、把握受众方面有积极意义，因此在态度上愿意将其纳入自己的日常参考，并对未来的合作趋势也抱以积极态度。在目前的新闻生产中，记者也开始或多或少进行一些数据分析的实践，以应对新的媒介环境的变化。因此，他们所进行的边界区分和修复是相对温和且妥协的，一些记者和媒体机构甚至更为积极地愿意将数据分析纳入自己的日常生产，体现出数据分析并不仅仅是"闯入者""入侵者"的身份，而是受到局内人一定程度的"接纳"，逐步被纳入新闻生产链条当中。记者在使用数据分析的过程中，也充分反思原有的专业性和生产流程，结合数据分析的优势和传统的新闻规范，使得新闻业的边界保持在一种温和的维护和逐步的适应之间，以更好地为自身利益服务。

另一方面，数据分析平台也认识到新闻生产中存在"薄弱环节"和"互有需求"（徐笛，2017），基于这一事实而不断积极扩展功能，努力适应和学习新闻业的流程和规范，并潜移默化地对其进行影响和改变。从管辖权的角度来看，数据分析通过提高自身服务能力，在新闻生产各个环节发挥日益重要的作用，越发具有发言权，也是在新闻专业领域的开疆拓土，消解原先以记者编辑为中心的新闻业边界。与此同时，他们也暂时性保持辅助角色的这一地位，选择了一种既不是纯粹的同行又不完全对立的状态，朝向一种日趋紧密的合作趋势（Tong，2015）。本质上来说，数据分析尚未从根本上打破新闻专业的管辖权（Belair-Gagnon，Holton，2018），也没有成为关键角色，仅仅试图成为新闻业的介入者，适当地模糊边界。

综上所述，边界除了被"修复"，还可能发生变动、模糊、转换，甚至出现去边界化（尹连根，王海燕，2018）。对于数据分析来说，边界的修复只是一个方面，更多的是边界的模糊化和复杂化。由于数据分析本身在国内的应用有限，功能尚不成熟，影响力较小，没有让记者成为新闻业的"留守者"和"边缘人"，加之新闻从业者也没有完全抵制数据分析的帮助，而是在自己把控主导权的前提下有选择地利用数据分析的作用，因此可以发现原有的新闻边界并未被消解，数据分析与新闻记者之间尚未出现绝对对立的边界区分和激烈的管辖权争夺。双方通过适应彼此的工作模式、规范和价值观，在边界区形成协调，带来新闻边界的模糊。正如有学者在研究媒体实验室时提出（徐笛，2017），由于新闻专业性难以达到目标的效果，同时媒体缺少资金和技术，因此出现了"管辖权的模糊地带"，而这也成为发生边界变动的地带。因此，数据分析和新闻业的边界呈现出一种"温和的区分"和"互有需求下的交融"。随着数据分析的发展以及影响力的扩大，其与新闻业之间的关系也处于进一步融合、消解又重新建立的过程中，之间的边界则显得越发模糊，甚至形成一个不清晰的"边界区"（白红义，2015）。从某种程度来说，这种模糊状态需要超越边界视角本身，从更大范围的"新闻场域"或者"新闻生态系统"的层面来分析和审视。

三、中国情境下数据分析与新闻职业权威的勾连

数据分析给新闻边界带来了变化，而边界工作的目的之一在于巩固行业的专业性与权威性。当新闻业边界发生模糊和游移，可能会对新闻职业权威产生一定影响。

探讨边界工作与新闻权威，首先需厘清新闻权威的形成和中国新闻业中职业权威的特点。在西方新闻业中，新闻权威主要体现为记者在收集和传播事实方面的垄断地位和排他性权力，即在新闻传播领域的管辖权体现为记者和媒体的"专家位置"以及"专业主义精神与原则"（白红义，2018b）。因此西方的新闻权威即"准确、真实、客观地解释社会现实的权力"（白红义，2013）。媒体人可以通过边界工作强调自身按照专业规范、新闻客观性等方式捍卫新闻业边界，从而确

立自身的新闻权威。

而国内的新闻权威则具有特殊性，主要由于中国新闻业有其自身的特点：国内记者常常承担着客观新闻报道和党政宣传的双重角色；同时中国记者更普遍地将受众视为"群众"或"消费者"，即将其视为缺乏思考能力的信息被动接受者和广告的目标；另外，国内记者普遍是拥有"工作单位的人"，记者的认知与所属的新闻机构有着密切的联系（Tong，2015）。同时，新闻客观真实等专业性同样也是国内记者所遵循的行业规范和工作要求。中国新闻业的这些特点，导致中国的新闻权威构成一方面来自记者通过遵循专业性建构自己的认同、知识、权威和权力，维系专业管辖权边界和自身的专业权威（白红义，2013），另一方面也来自其所属的媒体机构和作为"持证者"的身份、作为"耳目喉舌"的特殊角色。作为外部力量的数据分析在模糊新闻业边界的同时，对新闻权威的影响也受到这种特殊性的影响。

数据分析是否对新闻权威带来冲击可以从合法性的角度加以衡量。文化权威的合法性基础一般包括同行共议合法性、认知合法性以及道德合法性三个方面（Starr：13-15，1982），我们也尝试使用这一框架分析新闻权威。

第一，"同行共议合法性"表明新闻从业者必须为新闻同行所认可，基于同行评议，形成公序良俗，"强调行业自律，而非取悦受众、政治、商业或其他外部力量"（陈楚洁，袁梦倩，2015）。数据分析在新闻业中的使用，虽然并没有得到大范围的普及，也被认为存在一些缺点和局限，但受访的媒体人并没有持完全反对或批评的观点，对于使用数据分析的媒体也持认可态度，同时一些媒体人自己也表示愿意尝试和接受。在受访媒体人看来，无论数据公司还是媒体内部的数据分析部门，其对于舆情的监测、受众的分析以及传播效果的反馈并没有对新闻业带来太大的负面影响，反而更多地认可其对于新闻选题判断、材料收集以及提高阅读量的诸多帮助。

深度访谈9（W，新华社）

> 我觉得数据分析利弊均有。我被禁锢在我的圈子里，不知道别人喜欢什么样的内容，数据分析可以让我知道其他人需要什么。我觉得自己以后也会用到这些数据的，这也是商业化的需要，流量变现的背景下，了解民众喜欢什么样的也是媒体应该做的事情。

事实上，虽然数据分析受到局内人给局外人贴上标签的轻微的"驱逐"，但本质上媒体人无论是否使用数据分析，并没有严重影响到同行对其的认可与否，即便有一些批评的声音例如"过度追求点击量"等等，但也尚不足以列入"不符合行业规范"的范畴，因此数据分析进入新闻业并未明显影响同行共议合法性基础。

第二，"认知合法性"强调新闻从业者记者是客观事实的把关人，而非介入事件的新闻当事人或仅仅是某种意识形态的鼓动者（陈楚洁，袁梦倩，2015）。数据分析在选题、受众分析以及内容反馈上可以承担记者一定的工作内容，并且通过强大的算法可以在精准度、速度等方面超过记者的经验和知识，但一些受访者认为数据分析并未打破原先记者的专业垄断，也并不能取代记者的角色。一方面，记者仍然承担着新闻生产主体的角色，在寻找新闻热点、判断选题价值、采集新闻资料、了解用户反馈等方面，记者仍然保持着其专业能力，同时他们所遵循的行业规范和职业道德也确保了其专业性，相应的数据分析也只能承担辅助性角色；另一方面，在中国新闻业背景下，记者还承担有"宣传"之责，尤其是一些党媒记者作为"耳目喉舌"的角色使得其工作中除了发现热点、满足受众之外，还有多方因素的考量，这部分的管辖权是数据分析无法改变的。

深度访谈10（W，新华社）

> 作为党媒是有自身责任的，发稿也是有任务的。针对一些时政新闻，我们需要参照社内的发稿目录，然后再结合其他选题和自己的经验判断，并不能完全跟着热点，只报道人们喜欢的东西。

另外，中国记者作为有"工作单位的人"，受雇于专业的新闻机构，拥有正式编制或"记者证"等从业资质，也有效保证了其角色认知的长期稳定性和确定性，同时也清晰地划分了新闻业内外的界限。因此，基于数据分析本身的使用情况和国内新闻权威的特点，数据分析不仅短时间内无法改变媒体人作为新闻生产主导者的角色，同时不能动摇中国记者作为"单位人"和"宣传者"的身份特点，这使其对于新闻权威的认知合法性影响十分有限。

第三，新闻权威的"道德合法性"强调记者工作必须服务于公众利益（陈楚洁，袁梦倩，2015）。而数据分析所包含的商业逻辑一定程度上会带来市场化对新闻业公共服务性的侵蚀。判断一个新闻选题是好是坏可能由"公众是否需要知晓"转向"公众是否喜欢"，报道的好坏由"带来的社会影响"转向"是否有较高的浏览量"，新闻价值观由"服务于公共利益"向"最大化商业效益"发生偏移。尽管当前数据并没有完全取代传统的新闻规范和价值观，但是受访的媒体人发现数据分析难以避免当下取悦受众的趋势。

深度访谈11（X，今日头条）

> 确实数据分析与新闻价值观存在部分矛盾，当数据分析发展足够成熟之后，可能对于新闻编辑部的文化也会有一定影响。

有学者在描述新闻专业理念边缘化的过程中提到，关于准确、客观、公正、深入、监督和社会责任越来越被商业模式、用户需求、可持续利润等取代，而"消费者"和"用户"等也逐渐代替了"读者"和"受众"，"新闻"被阐释为"产品"，"服务"则取代了"告知"成为阐释新闻业社会功能的概念等（李艳红、陈鹏，2016）。数据分析更多地为新闻生产提供商业价值的帮助，而不是新闻价值。数据公司没有以新闻生产规范和价值观为责任，并且在新闻业中促进了商业和利润导向的价值观，通过不断在新闻业中的推广而强化自己的影响。因此，即使数据分析目前没有导致商业主义取代专业主义，但在其逐渐普及的过程中，难免会对新闻权威的道德合法性造成些许冲击。

综上所述，根据数据分析目前在新闻业中的应用情况以及行业内外所进行的边界工作来看，由于数据分析本身有一定辅助意义而受到媒体的部分接纳和使用，同时受限于自身有限的能力和国内新闻业的特点，因此没有对同行共议合法性和认知合法性带来明显影响，但数据分析所带来的商业逻辑则对道德合法性带来一定冲击。总体来说，基于新闻权威合法性的角度来看，数据分析对于新闻权威的冲击和影响尚不显著。

四、作为新闻职业映射的数据分析

数据分析给新闻业带来了一定的冲击，使其职业边界出现了一定游移，但是整体来说这种影响是有限的，并且在新闻业与数据分析双方之间的适应和协调中，彼此之间的边界也呈现出模糊的趋势，在互有需求、互相协调下逐渐交融。由于数据分析的形态和使用方式还处于初步发展中，加之中国新闻业自身的特点，数据分析对新闻职业权威的影响也尚不显著。但随着数字化、智能化技术的深入应用，未来其与媒体之间的关系会日益密切和加深，可能会逐渐成为新闻生产常规中的新一环。

由于数据分析形式多样，同时又发展迅速，其对于新闻业边界和新闻权威的影响进程较为复杂，本书仅基于部分目前所见的数据分析应用情况进行了初步考察。未来数据分析会发生哪些变化，是否会更大程度地进入新闻业，是否会给未来新闻业的边界带来其他变化，新闻权威将会受到怎样的冲击，这是数字时代值得持续关注和深入探究的议题。更值得关注的是，借由数据分析这一新生事物映射出的新闻业变化，我们观察和探讨新闻职业边界与权威的思路也应有所调整。

第一，从考察内容来看，应跳出仅对职业边界做出是前移还是后撤、扩大还是缩小的判别性分析。新闻业是与历史传统、社会体制、文化心理密切相嵌的行业，在不同情境下的职业面貌差异较大，在世界各地体现出较强的异质性，因此对其职业边界的考察没有绝对的、统一的标准。特别是在用户、技术这两大力量都在剧变的当代中国新闻业中，我们既要看到新闻职业边界在变化，更要敏锐地捕捉边界背后的意涵。正如关于新闻专业性的讨论，拿西方新闻业在进步主义时期所建构的具体标准来衡量中国当代新闻业的实践，不免有刻舟求剑之嫌。中国问题应该有中国尺度和中国视角，中国新闻业的权威性与自主性问题不能简单沿用西方新闻研究的理论框架，我们关注数据分析引发的边界变化，其核心价值不在于得出边界本身在哪里，而是在描摹其变动之后探讨新闻职业核心理念的变与不变。

第二，从考察重点来看，应将新闻职业边界与职业权威的变化转移到对新闻职业动态能力的关注上。对职业的管辖权并非静态的，一朝拥有职业声望并不意味着能一直保有较好的社会信誉。新闻业肩负着环境守望、促进认同、文化传承等职责，也因此享有了诸多特权和期待，但是当从业者和媒体机构并不能实质性地履行好这些职责时，其职业管辖权就出现了危机。在前互联网时代，新闻业对于受众的了解是间接的、碎片化的，也是滞后的，某种程度上是对读者来信来电、传阅率收视率调查等有限的资源做尽可能多的推断，以此提升对于受众需求的把握能力。当前基于智能技术的数据分析是较为客观、即时、功能丰富的反馈系统，数据分析的采纳和使用一方面挤压了新闻从业者对用户的想象空间，让他们不能以"不了解受众"为名进行过于主观的、盲目的采写编，另一方面也带来了更为逼近和真实地感知用户、服务用户、引导用户的新契机，新闻宣传的时度效有了更为直接的测试场景和更小的试错成本。因此，职业边界和职业权威不仅依赖于外部环境，更依赖于人的主体性，其变化可以反映出中国新闻职业群体对增量空间的调用和把握能力。

第三，从考察目标来看，分析职业边界和职业权威的旨归是建立起对于新闻职业的反思。新闻业是一个以自律换自由的职业，其工作的特殊性又使得外界难以直接介入其中，因此职业群体自身的反思对于提升职业水准尤为重要。公民新闻出现以来，外界力量不断叩问新闻职业长期以来建立的正当性和权威性，但新闻业的内在工作机制仍然保留了相当的延续性，因此职业群体内部针对一些争议性问题的讨论并不是非常深入。对于特定争议性问题的处理，媒体人的讨论难以达成共识，对职业理念和职业边界的认识差异常常被化约为涉事各媒体的身份属性、市场定位及报道风格的差异。智能化、即时性的数据分析映射了用户需求，使其更为可感、可知、可见，也映射了新闻媒体的应对能力，考验媒体对业务优化的成效，同时也比以往更便捷地映射了新闻职业内部对新动因的分歧、讨论和寻求共识的过程。比如在澎湃新闻对长江沉船事件的报道中，来自客户端的点击、转发、评论等用户反馈数据不断穿插在编辑部的讨论和下一步行动中，其效果正如驾驶员的后视镜、车载地图和导航系统，可以帮助人或车辆把控方位、感知风险。以数据分析为代表的新闻业的反馈系统正在技术的加持下走向系统化、客观化、丰富化，这给新闻业的自我反思带来了不容回避、面对现实的制约力量，也意味着长期以来形成的以自律为核心的新闻职业规范正在被置于更为多元的社会审视和监督之下，新闻职业权威的重塑可能进入新的机制之中。

参考文献

白红义，2013. 塑造新闻权威：互联网时代中国新闻职业再审视［J］. 新闻与传播研究，20（1）：26-36，126.

白红义，2015. 新闻业的边界工作：概念、类型及不足［J］. 新闻记者，(7)：46-55.

白红义，2018a. 当新闻业遇上人工智能：一个"劳动—知识—权威"的分析框架［J］. 中国出版，(19)：26-30.

白红义，2018b. 边界、权威与合法性：中国语境下的新闻职业话语研究［J］. 新闻与传播研究，25（8）：25-48，126.

常江，杨奇光，2017. 技术变革语境下新闻价值的嬗变［J］. 青年记者，(4)：9-10.

陈楚洁，袁梦倩，2014. 新闻社群的专业主义话语：一种边界工作的视角［J］. 新闻与传播研究，21（5）：55-69，127.

陈楚洁，袁梦倩，2015. 社交媒体，职业"他者"与"记者"的文化权威之争：以纪许光微博反腐引发的争议为例［J］. 新闻大学，(5)：139-148.

冯强，2016. 我国食品安全议题的新闻生产常规及规制因素分析：基于对14名媒体人的深度访谈［J］. 湖北社会科学，（8）：191-198.

盖伊·塔奇曼，1980/2008. 做新闻［M］. 麻争旗，等译. 北京：华夏出版社.

盖伊·塔克曼，1980/2022. 做新闻：现实的社会建构［M］. 李红涛，译. 北京：中国人民大学出版社.

胡翼青，谌知翼，2018. 寻找惯例："夜读"栏目的信息生产实践［J］. 山西大学学报（哲学社会科学版），41（5）：68-76.

黄楚新，2021. 全面转型与深度融合：2020年中国媒体融合发展［J］. 现代传播（中国传媒大学学报），43（8）：9-14.

李艳红，陈鹏，2016. "商业主义"统合与"专业主义"离场：数字化背景下中国新闻业转型的话语形构及其构成作用［J］. 国际新闻界，38（9）：135-153.

刘思达，2011. 割据的逻辑：中国法律服务市场的生态分析［M］. 上海：上海三联书店.

彭兰，2017. 泛传播时代的传媒业及传媒生态［J］. 新闻论坛，（3）：24-26.

彭兰，2018. 新媒体传播：新图景与新机理［J］. 新闻与写作，（7）：5-11.

陶文静，2017. 结盟、重组、民主功能坚守：欧美数字新闻创业机构研究中的专业建构转向［J］. 新闻记者，（9）：53-64.

王斌，张雪，2019. 新型主流媒体影响力建设的内容生产路径：基于微信公众号"侠客岛"的研究［J］. 新闻战线，（11）：70-74.

王斌，2013. 大数据与新闻理念创新：以全球首届"数据新闻奖"为例［J］. 编辑之友，（6）：16-19.

王辰瑶，范英杰，2016. 打破新闻：从颠覆式创新理论看BuzzFeed的颠覆性［J］. 现代传播（中国传媒大学学报），38（12）：35-39.

王海燕，2019. 加速的新闻：数字化环境下新闻工作的时间性变化及影响［J］. 新闻与传播研究，（10）：36-54，127.

夏倩芳，王艳，2012. "风险规避"逻辑下的新闻报道常规：对国内媒体社会冲突性议题采编流程的分析［J］. 新闻与传播研究，19（4）：33-45，109.

新榜. 你追的热点，到底有什么意义？［EB/OL］.（2016-09-01）[2019-01-19]. http://edit.newrank.cn/detail.html?uuid=973B805F4D8912E22F4155CA77E4E123.

徐笛，2017. 边界的交融：科技公司媒体服务样本［J］. 中国出版，（12）：7-10.

殷丽萍，2016. BuzzFeed：美版"今日头条"的另类玩法［J］. 中外管理，（5）：30-31.

尹连根，王海燕，2018. 失守的边界：对我国记者诠释社群话语变迁的分析［J］. 国际新闻界，40（8）：6-24.

喻国明，马慧，2016. 互联网时代的新权力范式："关系赋权"——"连接一切"场景下的社会关系的重组与权力格局的变迁［J］. 国际新闻界，38（10）：6-27.

中国媒体人/自媒体人数据使用报告［EB/OL］. （2018-01-11）［2019-01-29］. https：//www.sohu.com/a/216064832_99958508.

周睿鸣，2020. 锚定常规："转型"与新闻创新的时间性［J］. 新闻记者，（2）：21-31.

朱春阳，2019. 全媒体视野下新型主流媒体传播效果评价的创新路径［J］. 新闻界，（12）：11-16.

BELAIR-GAGNON V，HOLTON A E，2018. Boundary work, interloper media, and analytics in newsrooms: An analysis of the roles of web analytics companies in news production［J］. Digital Journalism, 6（4）：492-508.

BRIGHT J，NICHOLLS T，2014. The life and death of political news: measuring the impact of the audience agenda using online data［J］. Social Science Computer Review, 32（2）：170-181.

GIERYN T F，1983. Boundary-work and the demarcation of science from non-science: Strains and interests in professional ideologies of scientists［J］. American Sociological Review, 48（6）：781-795.

HANUSCH F，TANDOC E，2019. Comments, analytics, and social media: The impact of audience feedback on journalists' market orientation［J］. Journalism, 20（6）：695-713.

TONG J，2015. Chinese journalists' views of user-generated content producers and journalism: A case study of the boundary work of journalism［J］. Asian Journal of Communication, 25（6）：600-616.

STARR P. 1982. The Social Transformation of American Medicine［M］. New York: Basic Books.

第三章　互联网新闻业的新闻分发

互联网时代的新闻分发呈现两大显著特征。第一是新闻生产与新闻分发的分离程度更高，在专业化新闻媒体还纠结于渠道为王还是内容为王的战略抉择时，已经出现了以平台型媒体为代表的、专门从事信息内容分发的机构，这给原来集新闻生产和分发为一体的主流媒体带来了巨大挑战。第二是新闻分发的基本逻辑从职业新闻工作者人工判断与操作转向人工判断与算法推送协同运行，算法推送的基本原理、进化机制、社会影响在逐步进入新闻业的视野，算法不仅在改变新闻内容的传播效能，更在间接地调节新闻生产和新闻消费。新闻分发领域发生的变革不仅影响了新闻内容和新闻传播效果，而且重构了新闻业各主体之间的权力关系。

目前，学界对新闻分发进行的研究还不够充分，特别是对平台型媒体的演化机制这一"黑箱"需要在方法论层面进行创新，同时还需要拓展新闻分发研究的议题，既关注互联网新闻分发"实然"层面的问题，也关注互联网新闻分发"应然"层面的问题。研究者在看到数字技术带来分发红利的同时，还应警惕其负面影响。尤其是随着近几年我国提出了党管数据、党管算法，如何打破由部分科技公司对数字新闻分发的垄断，摒弃数字新闻分发中唯流量导向和唯点击量导向的观念，重构数字新闻分发格局与权力分布格局迫在眉睫。

本章主要从两个方面展开讨论。一方面，笔者聚焦于平台与算法的工作机制，讨论平台型媒体新闻推送算法的基本运作方式、社会权力偏向、个体认知窄化；另一方面，提出平台媒体与传统媒体"双向融合"的命题，从场域的视角探讨双方互相影响的具体机制，以及这种关系的不均衡性带来的相关问题。

第一节　平台型媒体的分发运作机制

在当前传媒业发生剧烈变革的背景下，如何在理念上和模式上重塑传媒的运营机制已经成为一个不容回避的关键问题，从机构角度讲，这关系到一个媒体的传播效能和市场竞争力,从行业角度讲,这关系到传媒业未来的社会角色扮演和可持续发展空间。当前诸多关于传统媒体转型的讨论中都有一个基本的判断,那就是传统媒体缺乏新媒体的文化"基因",因而转型与创新的努力主要还是在如何制作更精良、更独特的内容以及如何扩大既有内容的传播渠道这两个维度上。从转型效果来看,传统媒体尽管搭建了微信公众号、新闻客户端等新渠道,但在响应用户需求、嵌入用户场景、融入用户关系等新媒体倡导的核心诉求环节上仍然进展有限。本书将分析另一种媒介创新的路径,也即诞生和发展于互联网的原生新媒体如何生产内容和构建传播网络,从其运营逻辑和生产方式上发掘新媒体的文化基因,进而对传统媒体转型提供某种启发。

传统媒体的优势在于内容生产,从选题到制作都有成熟的工作机制和优良的质量保障,但在新的传播环境下首要的冲击来自渠道失灵,也即受众的媒介接触习惯和生活形态与传统媒体的刊播节奏、内容呈现形态出现了脱落,因而优质内容在接近用户的"最后一公里"时效率大打折扣,进而影响了用户对内容的使用,相应地折损了传统媒体基于内容使用而生效的一整套资源补偿机制,媒体的声誉、公信力、口碑等等都成了没有落地能力的"空中楼阁"。反观新媒体,其在采集原创内容方面尚未显示出压倒性的优势,但是其在架构新的内容呈现与传播体系方面有独到的优势,典型代表就是近年来兴起的平台型媒体。一般认为,平台型媒体是指技术平台公司把恰当的算法技术与专业的编辑运作结合起来在内容生产与分发方面产生新能量的传媒形态(杰罗姆,2014)。在这类媒体的运营中,对传播平台的营建及优化与内容生产同等重要,其独特价值也在于平台所具有的传播力和营销力,我们将以目前风头正劲的 BuzzFeed 为分析对象探讨其基本构成元素和运营组织方式。

BuzzFeed 是美国的一家新闻聚合网站,它从数百个新闻博客那里获取订阅源,通过搜索和发送信息链接,为用户推送当日网上的最热门事件。它由赫芬顿邮报的联合创始人布雷迪于 2006 年创办,目前已拥有引人注目的传播效能。2014 年,BuzzFeed 在主要社交媒介 Facebook 上分享最多的新闻出版机构排名中居第二位,仅次于《赫芬顿邮报》,位列福克斯新闻、NBC、《卫报》、《纽约时报》等之前。同时,它还位列 2014 年美国访问量最多的十大新闻网站。到 2014 年,它已拥有 2 亿的每月独立用户访问量,其中一半以上访问来自移动设备、75% 来自社交媒体。我们将从运行的核心机制、运行中面临的挑战及未来发展路径三方面分析这一典型平台。

所谓用户体验和互联网思维在传统媒体转型过程中最关键的体现环节就是打造接口，也即重塑内容与受众的媒介接触方式，这种接触不一定是物理上的、直接浏览内容，而是指用户对其内容有依赖、对其风格有偏爱、对其品牌有信任，媒体内容能有效到达用户的视野之中。这种逻辑不是以媒体实现自身价值为起点的，而是指向用户通过媒介交往和内容使用达到的自我实现："今天的人们不仅需要信息，也需要表达和交换信息；不但要了解和解释这个世界，也要参与和分享这个世界；不但要把传播作为一种自身修炼的'教科书'，更要把传播当成一个自身融入这个世界的方式。"（喻国明，2015）

平台型媒体的核心工作机制就是再造接口，塑造一个重新编辑内容和高效分发内容的平台，原有内容经过这一聚合平台改造以后产生某种传播的"魔力"。其基本原理就是通过可靠的社交媒体监测与分析方法，洞察用户所需内容有何传播特质，精准地识别和响应用户需求，再把针对性强的内容直接投放到目前最活跃的传播网络中去，可谓从用户中来、到用户中去。具体来说可以从三个层面理解新媒体平台的接口重塑机制。

第一，在内容生产层面进行流行趋势的预判。对内容的选择来讲，各类议题的新闻价值大小有不同，一般在传统媒体中要依新闻价值规律而行，但是从平台型媒体运营的角度看首要任务是识别和发掘用户的需求是什么。媒体内部会启用大数据团队，利用社交网络上的用户行为数据研判目前正流行什么内容，确定所谓流行口味，围绕流行趋势再来组织内容的生产。BuzzFeed的内容板块中有不少萌宠故事和各类游戏测验，像曾在国内热传的蓝黑裙子还是白金裙子，就是其编辑人员推出的一条流行内容。

传统的新闻生产流程中，对内容的把关是一个核心环节，既体现媒体的专业判断和质量标准，也形成不同媒体之间在风格上的区隔。但其缺陷也一直受到争议：新闻编辑室的选择判断过程较多地倚重于编辑记者个体或者是一小部分人，他们的生活态度、价值观和认知范围会界定媒体对事物的报道基调。特别是受众的参与在媒体生产中越来越有意义的今天，媒体的某种"专断"需要适度做出让步，将编辑记者已经选定的内容进行多媒体、多渠道的传播注定与民众的自我选择意愿有一定错位，因而在内容选择的前端进行预判成为尊重用户体验的首要工作。从20世纪90年代都市报崛起我们就开始强调传者本位让位于受者本位，但是何为受众的真实需求仍然是由编辑室内的人决定的，到现在这个阶段，可以说在新技术的协助下对真实需求的发掘已经从采编人员的经验判断乃至"臆断"转变为依靠数据监测来说话。

第二，在内容呈现层面充分利用"清单体"进行病毒式传播。平台型媒体并不是一个简单的内容汇聚平台，平台本身在生产超越于内容之外的东西，比如内容的呈现风格，也是在给内容做增值。BuzzFeed之所以不断推出产生巨大传播能力的内容，硬币的一面是这些内容契合用户需要，硬币的另一面就是对内容的"包装"，用"清单体"这种适合于社交媒体传播的形式给原有的内容增加了易于传播的砝码。所谓清单体（listicle，也即list和article的合成）就是把丰富庞杂的内容提炼为某种清晰、简化、轻量的排序形式，例如"转基因食品不得不知道的十件事""在北京生活你应该关注的五个微信号"等等。2015年4月20日17：21，BuzzFeed的记者发布了一条有关拉丁乐坛皇后Selena的报道"16 Things I Overheard At The Selena Festival"，这篇清单体文章发出不到3个小时就达到278 893浏览量（截至2015年4月20日20：09，官网统计）。BuzzFeed的内容主编Ben Smith提出："Buzzfeed的成功最主要是基于人们习惯在社交网络中分享和讨论新闻话题，所以我们将新闻重新编辑整合，让它们更加适合于在社交网络中传播，赋予新闻更大的生命力。"（头版君，2014）

清单体已经形成一种病毒式的传播能力，某些普通的内容如果放入清单体的格式里，它就自然具有了某种新媒体传染力。清单体的流行并非偶然，有其技术层面和社会层面的背景，这也可以看作是社交网络中的"媒介即讯息"：从社会心理看，清单体代表了某种试图把超载的信息进行秩序化的努力，虽然简约带来了信息失真的可能，但是它更适应人们在混在的传媒环境中获得简洁感和舒适感的心理需求。从技术层面看，社交媒体已经超越门户网站成为信息传播的主战场，在社交媒体中内容传播的机理首先不是来自互联网1.0时代的搜索，而是人与人、节点与节点基于社会关系形成的分享，换言之，分享比搜索对于内容的传播效率影响更大，因此内容的呈现风格需要更加便于其被用户之间分享，清单体比起传统的新闻文本和标题格式更吸引人去分享和扩散。

第三，在内容分发层面借助数据挖掘技术优化传播路径。在门户网站和搜索引擎占据优势地位的web 1.0时期，传播一样内容的关键路径是把它放入这些关键门户或引擎的入口处，因此有了基于位置的竞价排名。而在以社交媒体为代表的web 2.0时期，分享比搜索更重要，用户发现一样内容的主要途径是基于强关系或者弱关系形成的信息网络，人们只对某些特定需求的信息主动去门户浏览、去搜索，大部分信息是从自己关注的好友那里分享得来的。因此内容分发的主要策略就变成识别和发现信息网络中的关键节点，它们比门户网站和搜索引擎更有传播渠道价值。

BuzzFeed 网站拥有两亿访问用户，每月会有数千万的分享量，而超过 75% 的用户直接或间接来源于社交网络。海量的用户数据为其了解社交网站上热点内容的扩散路径提供了独特的机会。相对而言，传统的网络分析仅能对社交网络的"表象"进行分析，例如统计一篇热文的读者数量以及来源等，而在了解读者间形成的信息分享的"树状结构"（tree structure）方面则有所不足。BuzzFeed 开发出了自己专属的传播路径分析系统 Pound，这是"the Process for Optimizing and Understanding Network Diffusion"的首字母缩写，意为"优化和理解网络扩散的流程"。Pound 是一种新型的专利技术，以获取 Buzzfeed 上刊载的故事如何在社交网络中传播，追踪用户内容分享的传播路径，包括所有下游的点击访问、一对一的聊天或电子邮件联系，以及跨社交网络平台传播等。通过用户进行媒体内容的扩散，要比媒体机构独自构建的传播网络更有效更强大。有了这一基础性的分析，内容的分发不需要盲目地广泛传播，而是将其嵌入影响力大的网络节点中，能获得事半功倍的效果。随着这一路径优化系统的成熟，平台本身的网站和客户端等反而不再重要，依赖这些端口产生的访问流量远小于在社交媒体网络中关键节点的导流。

从上述 BuzzFeed 这一典型个案的演化过程可以看到，平台型媒体最大的特征就是开放性，其自身并无核心的独占性内容和独占性渠道，它的特长是运用新的算法和组织机制去发掘和响应用户需求，它的产品其实是新媒体内容的某种风格、口味和趋势，它的社会影响不是构建起新的传播渠道或者制作原创的内容而是对既有传播格局的优化和附加价值。所谓"平台"并不是一个物化的概念，它不是新的介质或者端口，而是一种生产机制和聚合作用，可以把新媒体时代的用户、内容、渠道以新的方式重组其关系纽带，这也是在以社会关系编织为主旨的社交媒体时代媒体进行信息传播所需要实现的新功能。

社交媒体时代突出的信息需求趋势就是人的分享欲望和分享行为。据中国互联网络信息中心（2014）发布的统计数据：网民使用社交类应用收看新闻资讯呈显著增长，62.0%的网民表示"喜欢看大家都关注的热点新闻"，41.9%的网民喜欢看别人转发的新闻，20.9%的人喜欢看到新闻后转发到社交类应用上面，20.1%的网民喜欢看新闻后做评论，而社交类应用能很好地满足网民这些需求。在社交媒体时代，用户形成了圈子化的交往格局，人们对信息的偏好也更分化，面对这些无限的、嵌套式的、丰富多样的需求，传统媒体往往没有改变同一化的生产模式，只把创新功夫投入到兴建更多的渠道、介质和终端，虽然形态上多元化了，但是内容生产系统并不具备开放性。

开放性的实现依赖于两个基本元素，一是可迭代的研发技术，二是多元化的团队。

用户的需求是多样化的，也是快速变化的，媒体用有限的资源和沿袭原来的模式去应对这些变动不居的需求是一件不可能完成的任务。迭代技术就是一种快速学习的程序，可以从已经成功的内容中提炼出核心要素再带入其他内容中去，通过对数据的深挖和对算法的优化把研发过程自动化、快捷化。比如 BuzzFeed 的清单体就是在迭代思维下开发出来的。迭代的基础是发掘 MVP（Minimum Viable Product，最简可行产品），也就是那些用户很喜欢、乐于分享的单篇文章，每一篇文章经过平台的加工以后是否被用户打开、阅读、分享，都在为以后制作同类文章的标题、导语、内容、展示方式、篇幅等建立最基本的经验模型（师北宸，2015）。基于最简可行产品的用户反馈信息建立内容产品的"风格"与"样式"，就为继续推出的其他内容奠定了被分享的基础，迭代技术的本质也是一种试错机制，但其可靠性和反馈周期比编辑记者的个人判断要更胜一筹。

同时，开放性也体现在对专业团队构成的改造。在创新初期，BuzzFeed 主要聚合的是萌宠动物、游戏测验等轻型的 UGC，只靠网站编辑的"清单体"工作就可以化腐朽为神奇。随着平台的发展，严肃新闻和视频成为其转型的重点，媒体原创内容也在增加，因此需要对这些内容更有经验和判断力的人来驾驭和开发平台，运行迭代技术的团队也需要内容制作团队的支持配合才能洞察用户需求。BuzzFeed 从首家荣获普利策新闻奖的网媒 Politico 挖来美国著名的政治新闻主笔 Ben Smith 担任主编，从《赫芬顿邮报》挖来 Greg Coleman 担任销售主管，聘请电影制片人迈克尔·沙姆伯格（Michael Shamberg）和喜剧演员乔丹·皮尔（Jordan Peele）做视频业务的顾问，聘任 New Republic 和《金融时报》的产品经理来推动新闻产品进程（Bilton，2014）。在传统媒体中，内容团队处于绝对的核心位置，设计人员和技术人员一般归入职能部门，如美术部、电脑部等，但在平台型媒体中，专业内容团队、编辑设计团队、技术团队三足鼎立，2014 年 BuzzFeed 拥有 500 多名员工，其中除内容制作团队以外，还包括 200 名专业编辑和一个 100 人的科技团队，技术人员与内容生产、分发人员的比例显著高于传统媒体，这三部分人互相配合工作，共同构成平台的人员资产。

平台型媒体尚在发展之中，也面临着一些需要解决的问题。一是对原创内容的开发。随着聚合平台完成其生产机制的建构之后，内容的类型化和风格化产生的"红利"会趋于下降，还是需要有独创的内容形成传播优势。二是对流量与收益的打通。平台型媒介的特长是借助社交媒体充分扩张导流，但其在导流基础上的收益严重依赖于原生广告，在原生广告的接受程度还存在争议的情形下，这种单一的收益来源需要做出调整。三是对社交媒体传播效能的深耕。我们谈到社交媒体时还是将其作为笼统的一个类别来对待，其实不同的社交媒体具有不同的圈层结构，比如BuzzFeed的数据分析表明，有关身份和情感的视频在Facebook上更受欢迎，有关事实和怪异事件的视频在YouTube上被分享得更多。圈层结构的差异会影响内容和风格的偏好以及关键传播节点的传播效率。因此平台型媒介在面向社交媒体推送内容时要针对不同的圈层结构做出差异化。

平台型媒介对传统媒体转型最大的启示就是在社交媒体时代如何再造接口，如何建立导流机制，如何重塑用户、内容和渠道的关系。在当今社会，严肃媒体的严肃内容并非没有价值，在轻松娱乐的内容越来越多的背景下，其核实确认、解疑释惑、引领观念的角色不降反升，美国近几年出现旨在提供问题解决方案的"解惑新闻"（solution journalism）即是一个例证，全球著名的原生网络媒体《赫芬顿邮报》也提出要做"正能量新闻"以传递积极情绪。新闻业正处于剧烈的变革之中，对于传统的新闻媒体来说，当务之急不是怀疑乃至消减严肃新闻的品质，而是借鉴和学习以平台型媒介为代表的新媒体的文化基因，建设自己的用户需求分析系统、内容优化系统，使得严肃内容更吸引人、打造内容与用户需求的接口、释放高品质内容的传播效能。

第二节　算法推送新闻与个体认知窄化

算法进入传媒业后，引发了诸多业内变革和社会关切。其中最核心的莫过于对传媒社会职责的可能性影响。媒体一直被认为是社会的守望者，通过新闻价值判断、新闻选择等新闻生产机制对大千世界的变动进行环境监测，进而影响公众对大部分个人所无法亲身经历和体验的事实的了解和认知，起到了议程设置和社会协调的功能。算法介入新闻选择和新闻生产后，使得外部世界转化成李普曼所说的"我们脑中的世界"增加了新的影响因素，因此，人们非常关注基于算法推送的新闻内容是否会改变之前形成的公众认知框架及其社会判断。

一、算法推送信息中的"过滤气泡"

"过滤气泡"（Filter Bubble）一词最早由公民行动网站 MoveOn.org 的前执行董事伊莱·帕里泽（Eli Pariser）提出，他于 2011 年 3 月发布了 TED 演讲《当心网上"过滤气泡"》，同年 5 月出版书籍 *The Filter Bubble: What the Internet Is Hiding from You*[①]。在接受著名的文化创意类网站 Brain Pickings 的创始人 Maria Popova（2011）采访时，帕里泽认为"过滤气泡"就是人们在网上冲浪所处的个人化的信息世界，这是由一系列个性化的过滤器为网络用户构造出来的独特环境，而这些过滤器盛行于互联网。他认为个性化搜索、新闻推送以及其他以用户为导向的内容限制了我们接触新知识和新观点的范围和途径，并提到了自己的一次亲身经历：他在政治思想上倾向"进步派"，但为了保持与自由派和保守派人士的友好关系而在 Facebook 上同时关注了两派的讨论动态，但是长时间下来帕里泽发现了一件怪事，关于保守派的消息从他的新闻推送中消失了。他意识到 Facebook 的算法"编辑"了新闻，因为他平时点击自由派的友人动态胜过保守派。

媒体内容提供者、社交网络和搜索引擎都面临着同样问题。例如谷歌会根据用户过去的在线轨迹来调整搜索显示内容，因此两个不同用户搜索同一关键词会得到截然不同的搜索结果。帕里泽说："互联网向我们展示了它认为我们想看到的世界，但不一定是我们需要看到的世界。"（Popova，2011）所有由算法构造的过滤器组成了"过滤气泡"，每个人的"过滤气泡"取决于个人网络生活的独特信息，包括你是谁，你做了什么，而每个人的"过滤气泡"也决定了你在网上能看到什么。公众对"过滤气泡"的担忧使得媒体机构开始反思自己在网络"过滤气泡"泛滥中所扮演的角色，开始响应在算法推荐的构建中承担算法责任的呼吁，这不仅仅是为了吸引和留住用户，媒体机构尝试还给公众一个关于算法推荐"黑箱"如何操作的真相，这更关乎社会责任和对公众权利的维护。

与"过滤气泡"相关的概念还有"信息茧房""回音室效应"等，在个性化推荐已经成为互联网内容提供商的主要信息筛选途径时，人们普遍表达了对算法推荐所构建的网络世界的不信任。"过滤气泡"是否真的存在？如何消除互联

[①] 伊莱·帕里泽的这本书已于 2020 年由中国人民大学出版社出版，中文译名为《过滤泡：互联网对我们的隐秘操纵》。

的"过滤气泡"？针对这种局面，媒体机构试图构建一个关于内容生产的美好图景：不仅要展示给用户他们喜欢的内容，也要展示出让他们不喜欢或受到挑战的信息，从而达到对信息摄入的平衡。这样的内容打包方式是否会为用户所接受，又会对他们产生什么影响？

二、"过滤气泡"对信息接收的双重影响

（一）算法推荐扩大了用户信息接触的可能性范围

牛津大学路透新闻研究院发布的《2017年数字新闻报告》指出，虽然"回音室效应"和"过滤气泡"现象无疑是真实存在的，但调查显示，社交媒体、聚合应用和搜索引擎的使用者相对非使用者来说能更多体验到信息的多样性，算法推荐能使用户更大范围接触到网络资源。受访者中有一半以上（54%）倾向于使用算法而不是通过编辑或者记者来选择接触内容，且这一比例在智能手机用户和年轻用户中占比更高（Newman, Fletcher, Kalogeropoulos, Levy, Nielsen, 2017）。读者所能接触到的信息数量随着互联网资源增长而增长，讯息生产的电子化和爆炸式增长，决定了网络算法会比"人工"编辑更加适应互联网媒体中的信息生态圈。算法推荐拥有许多传统编辑不具备的优势，例如对海量信息的快捷处理，针对不同用户喜好推出个性化内容，甚至利用大数据自动生成新闻。用户对"算法推荐"的青睐更多是因为其顺应了互联网时代信息海洋"取之不尽，用之不竭"的特点和与之对应的媒体发展新形态。

在牛津大学路透新闻研究院进行的这项研究中，大多数受访者认同使用算法推荐能接收到平时不会使用的信息，人们有时也会尝试阅读平时不感兴趣的新闻。使用搜索引擎阅读新闻或者使用新闻聚合应用的群体，习惯阅读更多的在线新闻品牌，其中社交媒体用户每周访问4.34个不同品牌，而非社交媒体用户每周3.10个。虽然个性化推荐会根据用户的浏览轨迹来推测个人喜好，但目前的个性化推荐并未产生完全的"信息闭环"，处于无形之中的"过滤气泡"尚未能阻碍用户获取信息的自主性。在扩大信息接触范围之后，我们所能看到的内容质量才是"过滤气泡"令人忧虑的地方。

（二）算法推荐呈现出信息接收的"窄化"效应

矛盾的是，随着受众的信息接触范围扩大，社交媒体、搜索引擎等产品的功能设计却同时助长了"信息壁垒"的建立：我们可以选择自己感兴趣的内容，管

理或者屏蔽自己的好友，这些功能都使得我们看到更多自己喜欢的东西，而屏蔽掉与自己相左的观点。也就是说即使用户接触到更大范围的网络资源，但这些网络信息不一定被用户所接收和内化。

更令人担忧的是，算法推荐内容往往缺乏对内容的审查和把关，信息的质量无法保证，其中可能包含着假消息或者极端的观点。麻省理工学院教授 Cesar Hidalgo 认为，社会网络的"过滤气泡"淹没了温和的观点，却助长了极端观点的传播，大多数温和派在社交网络中选择保持沉默（Adee，2016）。个性化推荐的算法相当于"黑箱操作"，算法是否能区分"事实"与"虚构"，是否会导致低质量新闻和虚假新闻的广泛传播，这是算法推荐在技术上仍需解决的问题。

美国明尼苏达大学的计算机科学家们从个人层面上测量内容多样性以考察"过滤气泡"效应。他们分析了明尼苏达大学"MovieLens"电影推荐系统从 2008 年 2 月至 2010 年 8 月的数据，研究发现观看并可能接受推荐内容的用户（简称"接收组"）和完全不接受推荐内容的用户（简称"非接收组"）从长期来看都存在推荐内容多样性降低的效应（窄化效应）。有趣的是，"接收推荐组"相对"非接收推荐组"的"窄化效应"更弱。Nguyen 等人（Nguyen, Hui, Harper, Terveen, Konstan, 2014）使用欧几里得距离来计算电影之间的相似性，并将"内容多样性"定义为用户列表中任何两部影片的最大距离。随着时间推移，"接收组"和"非接收组"的多样性测量距离均值分别为 34.36 和 33.73，说明"非接收组"的内容多样性下降更快。

用户推荐内容带来的窄化效应说明"过滤气泡"真实存在，但"过滤气泡"产生的多少和用户的使用习惯息息相关。如果用户在使用某一平台或综合使用多个平台的个性化推荐功能时，能有意识地关注和浏览不同类别的信息，则不仅可以促进推荐内容算法对个人喜好的精准描写，还能促进推荐内容的多样化，从而减少"过滤气泡"的影响。

（三）算法推荐效应的复合原因

推荐内容存在"窄化效应"更多是因为算法，还是个人的因素？Nguyen 等人给出一种关于个人行为"固化"的解释，当人观看的电影越多，会形成固定的类型偏好，另外由于优秀的电影数量有限，人们在寻找新电影的时候更愿意待在自己的"舒适空间"。因此，如果人们心理上确实已经存在对某类电影的固定偏好，那么使用算法推荐非但没有窄化这类用户的接触内容，反而可能扩大他们接触新事物的机会。

脸书核心数据科学小组（Facebook Core Data Science Team）研究了1 010万名美国脸书用户参与共享新闻的互动轨迹。该研究发现：无论是保守派、中间派还是自由派人士，都倾向于拥有同质性意识形态的朋友关系（Bakshy, Messing, Adamic, 2015）。也就是说人们接触到什么样的信息更多取决于其他因素，例如朋友的多样性，而不是搜索引擎的算法。对信息进行过滤的原因在于人们的精力和时间有限。Bakshy和Rosenn等人（2012）的另一则研究则指出，接触到社交网络分享信息的人更容易传播信息，而且其中的弱关系正是传播新信息的主要途径。也就是说人们的"过滤气泡"不完全由算法推荐内容产生，而更可能是自我定型和限制。

无论"窄化效应"在多大程度上归因于个人偏好，在算法上的功能改进都可以缓解或抵消推荐内容的"窄化效应"。例如在算法设计上延缓"窄化效应"，或者在推送页面上提醒用户应该注重内容的多样性，向用户提供多样性测量指数，并且目前已经有媒体平台或程序着手测试新的推荐算法。

相比阅读内容的"窄化效应"，我们更应担心个性化推荐未知的一面——对隐私的记录以及用户甚至不知道自己何时经历了"信息过滤"。比如即使使用谷歌的"隐身模式"进行搜索，所得到的搜索结果仍然是基于历史搜索记录而进行算法过滤的（浏览器不可能呈现给用户所有搜索结果，这样的成本太高），而"隐身模式"功能仅仅是删掉了用户的Cookies信息和搜索历史，并不代表谷歌删掉了关于用户的偏好信息。由此造成的可能后果是：用户可能看不见自己的过往活动记录，而互联网却可以通过IP地址和登录信息来记录用户的行为轨迹，而这些信息可能被广告商和政府利用。

三、多样化和透明化：规避算法推送的认知窄化

算法推送机制对于公众而言目前仍是一个"黑箱"操作，人们难以决定和控制个人信息环境被算法个性化裁决的程度，这引发了公众对算法设计者承担"算法责任"的呼吁。但是每个人对于个性化推荐的看法不尽相同，个体的认知需求和认知偏好有差异性，一些人要求推荐内容变得多样化，而也有人更愿意看到让自己舒心的倾向性内容。因此，规避算法推送带来的认知窄化就有两个基本的路径：其一是扩大算法推送的选择，增加信息推送的多样化，以便进行认知纠偏；其二是公开算法的偏向性或局限性本身，使得"过滤气泡"的产生过程透明化，进而让用户自己决定"气泡"生成的程度和对自己的影响。现在很多设计者开始

着手改进个性化推荐,开发了试图戳破和控制"过滤气泡"的媒介实践项目。目前较为可行的办法大致可以分为以下类别。

(一)减少或杜绝使用个性化推荐算法

Gabriel Weinberg 是互联网搜索引擎 DuckDuckGo 的创始人兼 CEO,为了表示对谷歌等搜索引擎涉及个人隐私的不满,他创建的搜索引擎 DuckDuckGo 不会追踪个人历史和轨迹,也就是说用户可能会在搜索结果中看到更多的挑战自己的观点。Weinberg 甚至建立了专门网页[①]来详细说明互联网对个人行为轨迹的记录以及隐私的泄露问题。DuckDuckGo"保护用户隐私"的新主张吸引了小部分乐意体验的科技达人,但其用户基数与谷歌等大型企业相比仍相差甚远,尤其是算法的不透明性让大部分互联网用户很难相信这个新鲜的搜索引擎究竟能在何种程度上保证用户的隐私安全。但是其与主流引擎相抗争、呼吁隐私安全的理念至少提醒了公众对过分依赖于个性化推荐算法的反思以及对个人隐私泄露的担忧。

新闻网站 Piqd[②] 则聘用了媒体、科学、政治、经济等各个领域的专家从事新闻编辑和推荐工作,"专家编辑"们从各个领域精选文章并撰写摘要和点评。读者只要点击感兴趣的模块,即可看到当天推出的精编版新闻。Piqd 不但借鉴了传统编辑生产内容时精选、优质的特点,也利用了互联网资源丰富、更新迅速的优点。和 DuckDuckGo 相似,Piqd 也是小众产品,是为了弥补个性化推荐的潜在缺陷和不能满足的使用需求。Piqd 的精选文章和编辑导读作为精读材料能满足部分读者更高的知识需求,但产出的主题范围和文章篇幅有限,无法涵盖网络上所有具备新闻价值的主题,题材上也无法满足所有读者的需求。从读者角度来说,除了每日精读的需求,用户也需要依据个人偏好聚合的短讯消息推送。在算法革命愈加深入的今天,网络用户必须依靠智能算法才能处理好繁杂的信息世界。而完全杜绝个性化算法的产品,则更像是智能生活快节奏中的一点调味剂。

(二)反向个性化推荐:"猜你不喜欢"

偏左派激进观点的《卫报》(*The Guardian*)推出一档新闻栏目"Burst your bubble",旨在为自由派人士推送一些保守派文章以扩大读者能接触到的观点视角,但是该栏目的文章更新不定期且数量较少,最近更新文章日期为 2018 年 5 月 31 日,上一篇文章更新于 2018 年 4 月 13 日。与其说这是一个新闻栏目,倒不

---

① 网页地址参见 privatebrowsingmyths.com。
② 网页地址参见 www.piqd.com/。

如说是尝试为读者打破"过滤气泡"的概念品,从文章更新数量和阅读量来说都不能说是一个成功的新闻产品。

应用程序 Terra Incognita 由麻省理工学院媒体实验室（MIT Media Lab）的 Ethan Zuckerman, Catherine D'Ignazio 和 Matt Stempeck 创建，可以向用户提供他们可能从不会在 Google 上搜索或在主流报道中看到的世界其他地区的新闻。Terra Incognita 的推荐系统不是基于"相似性"给用户推送新闻，而是基于"偶然性"。每当打开 Terra Incognita，它都会给用户推荐从未阅读过相关新闻的世界其他城市，例如日本广岛、孟加拉国达卡等等。

比起杜绝使用算法推荐，这种"反偏好"推荐显得更为激进，但是是否人性化、是否符合用户需求却值得商榷了。除非是能起到国际影响力的重要事件，作为中国用户，很难对孟加拉国达卡等类似小国小城的社会新闻产生太多兴趣，随机推送的世界新闻对特定用户来说缺乏重要性和接近性，也许读者会出于好奇心而花费一些时间阅读平时不常关注的新鲜消息，但并不会长期花费主要精力在非重要、接近性低且不感兴趣的事物上。因此，基于用户的阅读倾向来说，纯粹为了不同而不同的"反个性化"推荐无法动摇"过滤气泡"产生的根本，甚至无法改善个性化推荐中的"窄化效应"，而仅仅是针对用户推出的一种新奇尝试。

（三）个性化推荐与多样化内容的打包组合

针对"过滤气泡"最为有效的方式，可能是基于用户偏好有意识地增加推送内容的多样性，《瑞士日报》（*Neue Zürcher Zeitung*，NZZ）耗时半年开发了一款个性化新闻阅读 app 名叫"Companion"。这个应用程序仍然会基于机器学习式的个性化算法为读者选择性提供《瑞士日报》的新闻内容，并在用户使用 Companion 的过程中不断记录他们的消费习惯。这主要是为了发挥推荐算法的优势——让用户在最短时间内阅读到想了解的资讯。Companion 的产品开发总监 Rouven Leuener 说："我们不想让用户感觉自己在经历'过滤气泡'的威胁，因此 App 也需要提供一些复合型内容。"所以 Companion 的个性化算法的不同之处在于，不仅仅推送用户已阅读文章的相似内容，还会基于已阅读文章的含义推送一些"惊喜"的讯息（Ciobanu，2017）。也就是说 Companion 并非完全根据用户阅读轨迹来推送消息，其算法设计使得推荐内容中将呈现用户从未涉足的全新领域。《瑞士日报》积极开发个性化算法的同时，也未放弃对人工编辑版块的坚守。

《瑞士日报》编辑新闻的方式值得在媒体机构中推广，由于每家媒体当日生产的新闻数量有限，结合用户需求提供个性化推送，并聘用人工编辑在自家媒体中筛选高质量内容组成精编版，以这两种方式为组合来满足部分用户对多样化内容的需求。然而这种操作模式在新闻聚合平台、大型门户网站上却不太适用，主要是因为平台上每日流动新闻太多，只能以算法推荐的形式滚动呈现给用户，而对内容质量和来源的把关严密程度则有所下降。在这种情形下想要减少"过滤气泡"的产生，应提高个性化推荐的准确程度，并改进算法以减轻随时间推移而形成的内容"窄化效应"，还应提升算法甄别"假新闻"的能力，保证推送新闻的质量。作为阅读新闻的用户，则应当自主地使用不同推送模式的新闻应用，同时保证阅读内容的宽度和深度。

（四）测量"过滤气泡"程度和内容偏向

以上三种类型均属于改进算法程序以保证推送内容多样化的方法，同时，还有一类方法是试图提升算法运作过程的透明化，以利于内容提供方和用户监测并控制"过滤气泡"的产生。Ghostery 是一款用于监测用户在线活动相关的跟踪机制的工具。用户使用这款小程序可以详细了解与算法追踪机制相关联的潜在公司，以及在这些追踪机制对用户浏览造成负面影响时阻止这些追踪。值得注意的是，某些企业或程序记录用户信息并非一定是坏事，用户信息可以用于改进软件和优化用户体验，这款软件仅会对可能造成负面的"过滤气泡"进行阻止。无论如何，在浏览网页时能够了解是谁在记录自己的活动轨迹是必要的，追踪软件的使用能让用户对"过滤气泡"的概念和影响有更深入的了解。尽管追踪轨迹工具能帮助防止隐私外泄和了解浏览轨迹，但如果该应用程序的数据库泄露或用作商业用途，岂不同样是损害了用户的隐私权？因此在使用时仍需了解清楚此类程序的运作机制和可信任程度。

像 PopUrls 或 Flipboard 这类被称作新闻聚合"仪表盘"的应用程序，则可以帮助用户精准地控制阅读每日新闻的方式以及阅读内容的多样性。用户可以选择想要查看的推送内容并利用个性化布局功能设置优先阅读顺序。这类应用程序能够让用户自己决定个性化推荐顺序并了解到接触内容的多样化程度。把选择自主权交回到用户手中，不失为一个好的办法。这与传统阅读新闻的方式相似，读者在阅读一份报纸时，可以选择重点阅读的内容也可以选择想要略过的部分。但这也意味着想要避免"信息壁垒"只能依靠个人自觉性，用户自身将承担更多责任。

新闻应用程序 Read Across the Aisle 在扩大新闻内容多元化的道路上走得更远，帮助用户形成阅读内容多元化的习惯。该程序创建了一个包含 20 个左右新闻品牌的意识形态频谱，其中位于最左边的是《赫芬顿邮报》，最右边的是福克斯新闻，并依据该频谱记录用户从这些新闻品牌阅读新闻的频率。该程序会显示用户花费了多少时间阅读某些来源的新闻并计算出用户的意识形态偏向。一旦用户的阅读习惯偏向左右一方时，应用程序会发出通知建议用户调整阅读内容。当然用户不一定要始终保持阅读内容的中立性，他们有选择价值偏向的权利，这款软件更多是对个人价值偏向进行"素描"并提醒用户。但是这款应用程序是存在缺陷的：首先，程序对新闻媒体意识形态倾向及其倾向程度的判断具有主观性，这种判断不一定能得到所有用户的认同；其次，具有某种意识形态倾向的媒体并非发布的每篇报道都带有同种价值倾向，也有可能出现中立或对立的观点或文章；再者，程序纳入监测的新闻品牌数量有限。虽然这款应用程序的测量准确度不一定可靠，但为我们提供了测量"过滤气泡"的一种思路，可通过逐步纳入更多的新闻品牌，改进意识形态频谱计算方法等途径来提升测量的准确度。

麻省理工学院的 Cesar Hidalgo 教授也为 Facebook 设想了一些类似的减少"过滤气泡"的方法：例如 Facebook 可以开发算法以识别用户偏见，在推送内容的上方设置一个"翻页"按钮，点击之后可以向用户展示完全相反观点的资讯；或者当算法检测到用户正在关闭或者删除某篇推送内容时，会弹出提醒建议用户关注相关的朋友或页面以扩大观点视角（Adee，2016）。既然算法能够识别用户的个人偏好并据此产生个性化推送内容，同样地，算法也可以将收集到的个人阅读偏好图谱呈现给每个用户。只有了解到"过滤气泡"的存在，我们才能应对算法筑成的无形的"信息壁垒"。在透明化算法机制的基础上，利用算法来识别个人偏见并据此针对性地推出多元化内容，是解决"过滤气泡"的关键方法，也是未来个性化推荐的改进方向。

随着 Google 和 Facebook 的算法"黑匣子"及其推荐内容备受争议，人们越来越认识到算法并非是中性的。为了应对信任危机，Google 和 Facebook 以各种方式做出反应，包括在新闻领域与独立的事实核查人员进行合作以及对可以戳破"过滤气泡"的新算法进行测试。"数字新闻计划"（Digital News Initiative，DNI）就是由谷歌和欧洲出版商们建立合作关系，从技术和创新方面支持高质量数字新闻报道的一项资助项目。上文中提到《瑞士日报》（NZZ）的 Companion 正是"数字新闻计划"第一轮资助项目之一。互联网企业与媒体机构正通力合作，试图构建"算法责任"以换回公众信任。在算法开发者的合作框架下，算法的"透明化"进程才有发展的可能，公众才能更清楚地了解到算法对个人生活产生的影响。

信息技术的发展既是个性化推荐算法的基础，也是未来完善个性化算法的助力器。媒体组织和互联网企业在多个方面的行动让我们看到了"过滤气泡"被控制和透明化的可能，然而在努力戳破"过滤气泡"的行动中，仍存在两点担忧：一是在大部分算法都处于"黑箱"操作的背景下，声称可破除"过滤气泡"的算法程序大受公众欢迎，例如搜索引擎 DuckDuckGo 和追踪用户轨迹软件 Ghostery，但我们又能给予此类算法程序多少信任呢？二是互联网"过滤气泡"是否真的能被消除？我们将"过滤气泡"的产生归咎于算法的偏见，但其实也部分源于人类自身既有的认知壁垒和观点极化倾向。麻省理工学院公民媒体中心研究员 Nathan Matias 将"过滤气泡"的定义引申到现实生活中，即使我们不生活在互联网制造的"气泡"之中，也难逃现实环境中观点的偏见和局限。(Adee, 2016) 媒体机构尽其所能地为用户提供客观多元的新闻产品，但信息的接收和内化仍取决于个人，是否能消除"过滤气泡"最终将依靠个人的选择。我们目前所能确定的是，这些不断改进推荐算法的行动也许无法完全消除"过滤气泡"，但至少能提醒我们畅游互联网时也正身处"过滤气泡"之中。

第三节　传统媒体与平台媒体的关系建构

互联网环境下，平台媒体与传统媒体的关系日益复杂。平台媒体是由商业科技公司基于算法技术开发的、以海量内容和数据为特色的聚合类呈现终端。平台媒体首先介入新闻信息的传输，其显著的传播效能和占据信息传播"最后一公里"的位置直接挑战了传统媒体的新闻分发权，进而倒逼传统媒体根据其制定的新闻分发标准对新闻生产做出改变。这一现状引发传统媒体的担忧和反抗，同时引发了平台媒体的一系列适应性行为。

本节在场域理论的视角下考察平台媒体与传统媒体的关系，关注两者的互动以及结构性因素的影响。场域是各种位置之间客观关系构成的一个网络或构型（布尔迪厄，1997：142），可以理解为多元主体互动和多元关系生成的场所。资本是该理论的核心概念之一，具体有经济资本、文化资本和象征资本。经济资本意味着金钱或者能被转化成金钱的可能性。对于文化资本的理解可以结合合法性（legitimacy）的概念。合法性一词广泛应用于社会学和政治学研究中，要旨是由于被判断或被相信符合某种规则而被承认或被接受（高丙中，2000），与之相似的是，文化资本不仅指知识与技能，而且强调这一行业中的价值理念，它是区隔不同场域的标志（王斌，张雪，2021），也就是说文化资本关系着行动主体在新闻场域中合法性确立的问题。象征资本也称之为符号资本，可以理解为名誉、声望及其相关因素。

一、平台媒体的场域资本特征及权力生成

平台媒体由新闻业外部力量开发，这种身份的异质性使它最初进入新闻业时免受新闻业行业规范和职业理念的制约，得以较快地积累了丰富的经济资本和独特的象征资本。

第一，平台媒体的经济资本是其进入新闻场域的物质基础，其特征在于存量丰富且繁殖性强。平台媒体可以分为两类，第一类是转型而来的平台媒体，也可以称之为强新闻属性的平台媒体，其在原有新闻内容的基础上引入了算法推荐机制，搭建了以算法推荐为核心的新闻客户端，如新浪新闻等。此类平台媒体转型之前已经拥有一定规模的用户和一定数量的经济资本，后期也加入了融资的行列。第二类是由科技公司打造的原生型平台媒体，也可以称之为弱新闻属性的平台媒体，如今日头条、抖音等。此类平台媒体擅长利用杠杆和借助风险投资扩大其经济资本优势，进而支撑平台新闻业务的发展。

第二，平台媒体的象征资本是其介入新闻场域的独特资源，其核心在于数据化和精准化。与传统媒体通过高质量的新闻内容获得象征资本不同，数据、算法、精准推送构成了描述平台媒体的符号，反映出平台媒体的技术属性，构成了平台媒体的象征资本。2012年今日头条在新闻业使用算法精准推荐后，这一理念和技术已经成为平台媒体的基本配置和互联网公司的共识。这种象征资本的优势随着平台媒体掌握的数据资源愈加丰富而扩大。平台媒体赖以生存的数据资源分为不同层面：用户在平台媒体注册时往往被要求填写较为详细的个人信息；用户在使用平台媒体时积累了丰富的行为数据；平台媒体之间互相合作，通过应用程序接口（API，Application Programming Interface）共享数据，如今日头条和京东打通了双方的数据资源，把信息和商品一同纳入精准推送的范围。

第三，平台媒体的经济资本与象征资本促进了平台媒体的权力生成。经济资本和象征资本不仅是平台媒体生存发展的重要支撑，而且两种资本可以在互相作用中加速积累，进一步扩大平台媒体的优势。当平台媒体发展到一定程度和规模，它们之间经过融资与兼并后隶属于少数几家企业，由此形成市场垄断。在此背景下，平台媒体积聚了更为强大的力量，逐步打破了新闻场域的规则以及改变了新闻场域中的资本分布，甚至成为影响新闻业的主导力量，对新闻业的发展形成了一种结构性约束（白红义，2018）。这种约束的核心机制可以概括为使传统媒体"寄生"于平台媒体之上，具体表现为平台媒体通过直观地改变新闻传播效果以及盈利变现能力使传统媒体对其产生依赖，更为隐蔽的方式是平台媒体依据各类数据建立评判标准并将其灌输给传统媒体，使传统媒体按照平台媒体的偏好生产新闻内容，尤其对于缺少稳定而充裕的经济资本的地方传统媒体而言，它们更容易沦为平台媒体的内容生产方，陷入平台媒体设置的流量变现的资本链条之中。

平台媒体的权力引发了诸多担忧。平台媒体背后的互联网公司使传统媒体面临被"异化"的风险，传统媒体的资源难以有效服务于传统媒体自身反而被互联网公司所用并成为其盈利以及弱化传统媒体影响力的工具。互联网公司的野心不止于此，其通过新闻信息把关带来了传播权力结构的变化，这成为平台媒体业务范围突破新闻领域的核心力量，尤其是以 Facebook 为代表的美国的互联网公司，它通过涉足政治选举等诸多涉及公共利益的领域，成为控制公共生活的决定性力量，使互联网公共领域面临"再封建化"的危险（史安斌，王沛楠，2017）。

二、外在表征：平台媒体与传统媒体的业态共生

平台媒体与传统媒体在新闻场域中因资本的拉扯与牵制而互相作用，双方是互为模仿和融合的对象，形成了一种"共生"和"趋同"的新闻业态。

第一是双方在媒介形态上的趋同。平台媒体与传统媒体互相模仿，对算法技术和新闻分发方式不断改造。一方面是平台媒体的传统媒体化。今日头条、腾讯新闻等不仅关注用户的阅读兴趣，而且对算法新闻分发进行人工干预，出现了人为设置的"置顶新闻"。同时，平台媒体开设了不同的栏目对新闻内容进行分区，这类似于传统媒体对新闻报道的分类，而其"推荐""要闻"等栏目类似于传统媒体中的头版头条。另一方面是传统媒体的平台化。越来越多的传统媒体学习平台媒体建立了自己的新闻客户端和内容池，如人民号、北京号等。在此基础上，传统媒体尝试进一步缩小与平台媒体的技术差距，通过数据化的方式描摹用户画像、分析用户兴趣，进而将算法的个性化新闻分发与人工新闻分发相结合，打造了一套"主流算法"。由此可见，平台媒体与传统媒体之间表现出一种"同化"的关系，它们在互相模仿的同时，也在一定程度上弱化自己与对方的区别，进而

表现出更多相似性。

  第二是双方在价值判断标准与内容形态方面的趋同。随着平台媒体和传统媒体的互动增加，双方分别主动与被动地让渡各自在判断新闻价值时的能动性，对新闻价值的理解表现出一些共性特征。

  首先，双方对于时政新闻的重要性的理解是一致的。在新闻位置安排中，传统媒体将时政新闻放置于报纸的头版、微信公众号的头条；平台媒体通过加权算法和人工推送等方式将时政新闻放置于"推荐"和"要闻"等新闻板块的置顶位置，提升相关报道在内容池中的可见度。此外，平台媒体针对传统媒体生产的部分内容采用了双标题和双封面的分发方式，使用 A/B Test 技术将部分用户随机分为两组，测试两种方案的传播效果，最终选择流量较高的标题和封面分发给所有用户，以此赋予传统媒体所生产的内容更高的重要性。

  其次，双方对于新闻报道中用户思维的理解是一致的，具体体现在保持新闻公共性的基础上综合考虑用户喜好。在平台媒体进入新闻场域初期，它过于强调新闻的个性化而忽略了新闻的公共性，传统媒体则采用编辑为中心的新闻生产模式，对于用户喜好考虑不足。经过多年的融合发展，平台媒体的新闻分发从仅以迎合用户需求转变为对于不同性质的内容赋予不同的权重，减少对于娱乐化内容的推荐；传统媒体生产的新闻也开始更多地回应用户关切，采用用户喜爱的表达方式与话语风格，使新闻报道趣味化、娱乐化。由此可见，用户偏好是平台媒体与传统媒体调整新闻价值判断的重要维度，用户思维也成为双方共享的话语资源。

  再次，双方对于内容原创重要性的理解是一致的，也即双方均认为原创内容具有更高的价值。传统媒体一直信奉内容为王，高质量的原创内容是其重要资源，也是它们与平台媒体"议价"的资本。平台媒体同样重视原创内容，其一边签约自媒体作者，扩充内容池中稿件的类型和数量，一边购买传统媒体的内容版权，弥补其不具备新闻采编资质的不足。对于平台媒体而言，即使传统媒体提供的原创内容可能无法为其带来可观的流量和收入，但是究其根本，这些内容的价值不在于它能创造多少经济资本，而在于它能够快速提升平台媒体的文化资本，从而确保它在新闻业中具有合法地位，使其未来发展之路更加顺畅。

  第三是双方在媒体功能与社会影响方面的趋同。当前对于媒体融合的讨论多聚焦于新闻业务层面，而媒体社会功能的融合是一个重要但却未被给予充分关注的层面。一般而言，社会属性和产业属性是世界范围内多数媒体需要兼顾的双重属性。我国的平台媒体更注重经济效益，传统媒体更注重社会效益。但是近几年随着党和国家对于媒体社会功能的强调，媒体社会效益的重要性被提升到新的高度。尤其是平台媒体在新闻分发方面表现出色，超越了传统媒体的传播效能，相应地，其在社会效益方面被寄予更高的期待，同样被赋予了传统媒体的社会舆论引导和价值引领的职责。总之，即使平台媒体与传统媒体融合实践的路径和方式有所不同，但从其根本性目的来看，都体现出壮大主流舆论场、提高党和政府在新媒体新阵地上传播能力的目标一致性（周逵，2019）。

三、内在逻辑：平台媒体与传统媒体的博弈互动

平台媒体与传统媒体趋于同化的背后是二者在新闻场域中对于话语权和影响力的争夺。一方面，由于平台媒体的快速扩张挑战了传统新闻业的权威，因此传统媒体以文化资本和政治资本为依托对其进行约束限制。另一方面，平台媒体被动地纳入新闻场域后开始寻求与文化资本以及政治资本的共生策略，以市场逻辑进一步影响传统媒体。

（一）传统媒体对平台媒体的约束限制

一直以来，平台媒体对外宣称自己是科技公司而非媒体公司，试图吸引更多风险投资占据经济优势，同时也试图以此回避新闻业的监管从而获得更多自主空间。对此，新闻界尝试采用多种策略，试图约束这些基于算法技术发展起来的平台媒体，希望其遵守新闻业的规范、接受新闻业的监督，从而为传统媒体所用（白红义，李拓，2019）。传统媒体影响平台媒体的核心机制可以概括为借助文化资本和政治资本同化平台媒体。

传统媒体率先以驱逐的态度宣誓其在新闻场域占有的文化资本。表现之一是传统媒体对于新闻版权的保护。《人民日报》等传统主流媒体批评平台媒体的"拿来主义"，并且发起成立"中国新闻媒体版权保护联盟"，不断向平台媒体重申对于新闻报道的所有权，保护其特有的文化资本。表现之二是传统媒体充分利用文化资本的力量，批评平台媒体造成的新闻公共性丧失以及人们的认知窄化。新闻公共性丧失体现在平台媒体不是以生产和告知新闻信息为目标，而是以利益变现为核心诉求。平台媒体借助算法实现了其内容与用户更为精准的匹配，这一传播方式更利于推动商业信息服务，平台传播的新闻内容中往往镶嵌"原生广告"，事实性信息和营销型信息巧妙融合，这在一定程度上稀释了人们对新闻报道中公共议题的注意力。同样在算法精准推荐的逻辑下，平台媒体在一定程度上

助长了"信息壁垒"的建立，使新闻用户沉浸在自己感兴趣的内容中，形成信息接收的"窄化"效应，这引发传统媒体对于平台媒体承担"算法责任"的呼吁（王斌，李宛真，2018）。

传统媒体的文化资本常常与政治资本连接共振，政府在传统媒体与平台媒体关系建构中发挥了居间协调的作用。传统主流媒体代表党和国家的声音，当其社会功能因平台媒体介入新闻场域而受到负面影响后，随之而来外部性表现为政府出台相关政策法规以及对互联网公司进行行政处罚。具体而言，我国相关政府通过发布《市场准入负面清单》《互联网新闻信息稿源单位名单》等文件对平台媒体的业务设限。此外，政府也将目光投射到算法治理上。2021年9月，国家互联网信息办公室等九部门印发《关于加强互联网信息服务算法综合治理的指导意见》，对管理好、使用好、发展好算法应用做出了顶层设计，就健全算法安全治理机制、构建算法安全监管体系、促进算法生态规范发展做出了规定和系统安排。政府在对平台媒体提出发展要求的同时，各级政府每年对于平台媒体的行政处罚更是屡见不鲜，相关原因如传播庸俗信息、发布"标题党"的文章、违法发布医药类广告等。政治力量是一种有效的外力，其以社会效益为评判标准对平台媒体的发展提出要求并采取惩戒措施，这在弱化平台媒体对于新闻业负面影响的同时，强化了传统媒体的权威地位和影响力。

综上分析，传统媒体对于平台媒体的影响缺少实践性的抓手，因此更多通过话语以及借助政治资本的力量使平台媒体落实传统媒体的意志。

（二）平台媒体对传统媒体的柔性反抗

平台媒体被动纳入新闻场域后，逐步将外部力量的影响内化，呈现出一系列适应性的话语与实践。这些适应性行为在一定程度上均可以被视为柔性反抗，体现为平台媒体虽然因为传统媒体的约束而做出改变，但它并未放弃自己的核心主张，不断从企业利益的角度寻找兼顾经济资本与新闻场域中文化资本的策略。

其一，柔性反抗体现为平台媒体回应传统媒体提出的算法新闻分发有损新闻公共性的问题，但同时也采用了去新闻属性话语，试图划清自己与新闻业的边界。

平台媒体通过公开算法回应新闻业的质疑。算法作为平台媒体的核心资产，是其在同类产品中位于优势地位的关键，但是平台媒体面对新闻业的批评，其以协同把关话语和公开算法的方式应对传统媒体消解算法合法性的压力，试图提升传统媒体对于平台媒体的好感度和认可度。

但与此同时，平台媒体使用去新闻属性的话语策略，塑造其作为新闻业外部行动者的形象，强调自身行动的合理性，进而避免受到新闻业行业规范的约束。表现之一是平台媒体不断在公开场合模糊其产品的新闻特征并强调其带来的社会效益。它们使用了"技术商业话语""用户中心话语""社会责任话语"，从引领商业创新、满足用户需求、服务主流传播、缩小数字鸿沟、助力脱贫攻坚、塑造美好世界等角度主动建构算法和平台的合法性（张志安，周嘉琳，2019）。表现之二是平台媒体在公开话语中淡化与传统媒体的合作关系。今日头条在创建之初通过宣传传统媒体的入驻数量、内容投放数量、传播效果等，在用户心中建构平台媒体与传统媒体关系良好的印象，但是近两年今日头条的公开话语转变为鼓励用户内容生产与强调内容变现，避免谈及传统媒体相关事宜。这可以解读为平台媒体不断模糊自己属于新闻业的事实，尝试跳出传统媒体设置的议题，借助话语的力量引导人们关注平台媒体对于个体和社会的积极影响从而换取社会的认可，以此实现对于传统媒体的柔性反抗。

其二，柔性反抗体现为平台媒体利用资本置换的方式获得传统媒体和政治力量的认可，但同时也采用"边缘化"的策略对待置换而来的资本，目的是在较大程度上延续平台媒体原有的商业运行逻辑。

平台媒体利用经济资本置换新闻场域中互相交织的文化资本和象征资本，通过加大资本投入的方式提升平台媒体与传统媒体在组织建设方面的相似性。在组织架构方面，我国互联网公司模仿传统媒体同时设置了总经理和总编辑，成立了诸如公共事务、政府公关等专业部门用以润滑平台媒体与传统媒体、平台媒体和政府部门之间的关系。在人员构成方面，平台媒体以高薪聘请具有传统媒体从业经历的知名编辑记者，目的即充分盘活和利用其社会资源网络。

然而需要注意的是，以上资本置换过程看似是平台媒体向传统媒体妥协，但实际上平台媒体采用了"边缘化"的策略对传统媒体进行温和而隐蔽的反抗。今日头条、抖音、快手等不同内容形态的平台媒体均是算法技术主导的、以营利为目标的互联网产品，其核心负责人大多是算法工程师和经验丰富的产品经理，而那些具有新闻从业经历的员工大多被安排在运营部门或其他职能部门。这些岗位在互联网公司中相对边缘，职员的话语影响力和晋升空间都比较有限，因此大多数拥有传统媒体从业经历的员工难以有效地将新闻理念和新闻专业规范嵌入互联网产品中。可见，平台媒体的资本置换是其作为商业企业的战略性声明与行动，它在一定程度上消解了传统媒体对于平台媒体的约束。

其三，柔性反抗体现为互联网公司通过开发新平台、转移发展重心的方式，不断重新设置传统媒体的新闻分发渠道，以相对主导的姿态影响传统媒体的内容传播效果，促使传统媒体对于互联网公司开发的各类平台媒体产生持续性依赖。以字节跳动这一互联网公司为例，近年来该公司旗下的"龙头产品"今日头条受到越来越多的限制，该公司出于降低风险和扩大利润的目的不断开发新的平台媒体。新平台在诞生之初往往具有更为宽松的发展环境，与其相关的约束性条件尚未完全建立，互联网公司以此方式规避外部因素的限制。新平台对于传统媒体的影响体现为两点：一是拓宽传统媒体的新闻分发渠道，传统媒体建立了以平台媒体为主的传播矩阵；二是传统媒体的内容形态根据平台媒体的特点进行改变，如传统媒体在抖音、快手等平台推出各类短视频新闻节目。需要强调的是，即使各类平台媒体的内容形态不同，但它们之间具有相同的"平台逻辑"，即以个性化的算法分发方式提升内容传播效果，而这也正是吸引传统媒体的关键所在。

四、处于不对等状态的媒体"双向融合"

互联网环境下，平台媒体与传统媒体呈现出"双向融合"的特征。平台媒体以另类身份进入新闻场域后，在业务流程中不断地融入了传统新闻业的一些工作准则，逐步确立了它在新闻场域中的合法地位，同时传统媒体也在一定程度上接受了平台媒体对于新闻分发和新闻生产的改造。平台媒体与传统媒体既适应对方又建构对方，这一交互影响的过程使新闻业的边界在政治、经济、技术等因素的共同作用下不断调整。

"双向融合"具有不对等性。"双向融合"是由传统媒体发起，平台媒体响应且被动地纳入这一过程，不论是从时间先后的角度看，还是从影响力的角度看，传统媒体处于"双向融合"的主导地位，"双向融合"的结果也更符合传统媒体的利益诉求。虽然平台媒体与传统媒体在内容特征、媒介形态、社会功能等多个方面趋同，但透过现象看本质，平台媒体与传统媒体的互相融合暗藏着双方不同的目的，并且它们在影响力上具有较大差异。平台媒体融合传统媒体是新闻场域中文化资本和政治资本耦合作用下的结果，同时也是为了增强互联网企业自身的安全性以谋求更大的生存空间和更长远的利益。传统媒体融合平台媒体不仅是媒介演化规律的体现，是传统媒体为了提升传播能力和舆论引导能力的转型自救，而且背后还有政治资本的支持，这在一定程度上赋予了传统媒体在互动融合中较强的主导权。

需要注意的是，政府在"双向融合"中并非偏爱传统媒体，实际上它发挥的作用是相当微妙的。政府对于"双向融合"中的任何一方均是既鼓励又约束，目的是使两者充分为其服务。具体而言，传统媒体和平台媒体承担着党和国家赋予的舆论引导的职责，因此当传递主流意识形态的内容在社会中的可见度有限、传播力受阻时，政府部门通过政策文件等方式对于传统媒体和平台媒体进行干预。此外，平台媒体所属的互联网企业为当地政府创造税收，这使政府政策在"松"与"紧"之间不断调整，既要为其营造充满活力的发展空间，又要避免其"野蛮生长"。

本节只是对传统媒体和平台媒体的关系的初步探讨。由于传统媒体发展战略、平台媒体企业战略、相关政策文件、媒体技术等时常有所变化，平台媒体与传统媒体的关系也是动态发展的，未来可以拓宽分析视角并进行持续关注，如在传播政治经济学的路径下对这一问题进行深入研究。

参考文献

LEVITIN A. 2015. 算法设计与分析基础［M］. 潘彦，译. 北京：清华大学出版社.

白红义，李拓，2019. 算法的"迷思"：基于新闻分发平台"今日头条"的元新闻话语研究［J］. 新闻大学，（1）：30-44，117.

白红义，2018. 重构传播的权力：平台新闻业的崛起、挑战与省思［J］. 南京社会科学，（2）：95-104.

布尔迪厄，1997. 布尔迪厄访谈录：文化资本与社会炼金术［M］. 包亚明，译. 北京：人民出版社.

堆堆. 这些年坑爹的算法都是这样套路我们的！AI时代，如何才能不被算法忽悠？［EB/OL］.（2017-07-21）［2019-01-19］. http：//www.lieyunwang.com/archives/340405.

方师师，周炜乐，2017. 哥伦比亚大学托尔数字新闻中心报告第三次浪潮：平台公司如何重塑美国新闻业［J］. 汕头大学学报（人文社会科学版），33（7）：70-74.

高丙中，2000. 社会团体的合法性问题［J］. 中国社会科学，（2）：100-109，207.

高石. 谷歌深陷"学术献金"丑闻（国际视点）［EB/OL］.（2017-07-18）［2019-01-19］. http：//world.people.com.cn/n1/2017/0718/c1002-29410686.html.

胡凌，2017. 人工智能的法律想象［J］. 文化纵横，（2）：108-116.

杰罗姆. 平台型媒体，科技与媒体缠斗百年再平衡［EB/OL］.（2014-12-16）［2019-01-19］. http：//www.tmtpost.com/177842.html.

卡尔森，张建中，2018. 自动化判断？算法判断、新闻知识与新闻专业主义［J］. 新闻记者，(3)：83-96.

孟祥武，陈诚，张玉洁，2016. 移动新闻推荐技术及其应用研究综述［J］. 计算机学报，39（4）：685-703.

帕里泽，2011/2020. 过滤泡：互联网对我们的隐秘操纵［M］. 方师师，杨媛，译. 北京：中国人民大学出版社.

帕斯奎尔，2015. 黑箱社会：控制金钱和信息的数据法则［M］. 赵亚男，译. 北京：中信出版社.

潘忠党，陆晔，2017. 走向公共：新闻专业主义再出发［J］. 国际新闻界，39（10）：91-124.

彭兰，2017. 未来传媒生态：消失的边界与重构的版图［J］. 现代传播（中国传媒大学学报），39（1）：8-14，29.

仇筠茜，陈昌凤，2018. 黑箱：人工智能技术与新闻生产格局嬗变［J］. 新闻界，(1)：28-34.

师北宸. 新媒体最重要的三件事：分享、分享，还是分享［EB/OL］.（2015-02-14）［2019-01-19］. http://www.huxiu.com/article/108703/1.html.

史安斌，王沛楠，2017. 传播权利的转移与互联网公共领域的"再封建化"：脸谱网进军新闻业的思考［J］. 新闻记者，(1)：20-27.

思颖. 今日头条推荐算法原理首公开，头条首席算法架构师带来详细解读［EB/OL］.（2018-01-18）［2019-01-19］. https://www.leiphone.com/news/201801/XlIxFZ5W3j8MvaEL.html.

宋建武，黄淼，陈璐颖，2017. 平台化：主流媒体深度融合的基石［J］. 新闻与写作，(10)：5-14.

孙光浩，刘丹青，李梦云，2017. 个性化推荐算法综述［J］. 软件，38（7）：70-78.

头版君. 习近平为什么强调建新媒体集团？从Buzzfeed说起［EB/OL］.（2014-08-20）［2019-01-19］. http://www.thepaper.cn/newsDetail_forward_1262513.

王斌，李宛真，2018. 如何戳破"过滤气泡"算法推送新闻中的认知窄化及其规避［J］. 新闻与写作，(9)：20-26.

王斌，翁宇君，2016. 中国新闻改革中的"嵌入"与"脱嵌"关系［J］. 山西大学学报（哲学社会科学版），39（6）：36-42.

王斌，张雪，2021. 新闻场域调适：网络数据分析平台的关系型影响［J］. 编辑之友，(1)：70-75.

王茜，2017. 打开算法分发的"黑箱"：基于今日头条新闻推送的量化研究［J］. 新闻记者，(9)：7-14.

夏倩芳，王艳，2016. 从"客观性"到"透明性"：新闻专业权威演进的历史与逻辑[J]. 南京社会科学，(7)：97-109.

余凯，贾磊，陈雨强，徐伟，2013. 深度学习的昨天、今天和明天[J]. 计算机研究与发展，50（9）：1799-1804.

喻国明，焦建，张鑫，2015. "平台型媒体"的缘起、理论与操作关键[J]. 中国人民大学学报，29（6）：120-127.

喻国明，杨莹莹，闫巧妹，2018. 算法即权力：算法范式在新闻传播中的权力革命[J]. 编辑之友，(5)：5-12.

喻国明，2015. 互联网是一种"高维"媒介：兼论"平台型媒体"是未来媒介发展的主流模式[J]. 新闻与写作，(2)：41-44.

张楠. 美股史上惊天大闪崩1万亿美元，元凶6年后终服法[EB/OL].（2016-04-02）[2019-01-19]. http：//finance.sina.com.cn/roll/2016-04-02/doc-ifxqxcnr5211069.shtml.

张志安，周嘉琳，2019. 基于算法正当性的话语建构与传播权力重构研究[J]. 现代传播（中国传媒大学学报），(1)：30-36，41.

中国互联网络信息中心（CNNIC）. 2014年中国社交类应用用户行为研究报告[R/OL].（2014-08-22）[2019-01-19]. http：//www.cnnic.net.cn/hlwfzyj/hlwxzbg/sqbg/201408/P020150401351309648557.pdf.

周逵，2019. 反向融合：中国大陆媒体融合逻辑的另一种诠释[J]. 新闻记者，(3)：45-51.

ADEE S. How can Facebook and its users burst the 'filter bubble'? [EB/OL].（2016-11-18）[2019-01-19]. https：//www.newscientist.com/article/2113246-how-can-facebook-and-its-users-burst-the-filter-bubble/.

AITAMURTO T，2019. Normative paradoxes in 360 journalism：Contested accuracy and objectivity [J]. New media & society，21（1）：3-19.

ALLEN D S，2008. The trouble with transparency：The challenge of doing journalism ethics in a surveillance society [J]. Journalism Studies，9（3）：323-340.

ANANNY M，CRAWFORD K，2018. Seeing without knowing：Limitations of the transparency ideal and its application to algorithmic accountability [J]. new media & society，20（3）：973-989.

BAKSHY E，MESSING S，ADAMIC L A，2015. Exposure to ideologically diverse news and opinion on Facebook [J]. Science，348（6239）：1130-1132.

BAKSHY E，ROSENN I，MARLOW C，ADAMIC L，2012. The role of social networks in information diffusion [C]. Proceedings of the 21st international conference on World Wide Web: 519-528.

BICHLER K, KRAUS D, KARMASIN M, 2013. Pro-active media accountability? — an Austrian perspective [J]. Central European Journal of Communication, 11: 5-15.

BILTON R. 5 things we learned about BuzzFeed in 2014 [EB/OL]. (2014-12-24) [2019-01-19]. http: //digiday.com/publishers/5-things-learned-buzzfeed-2014/.

BRANDTZAEG P B, FØLSTAD A, 2017. Trust and distrust in online fact-checking services [J]. Communications of the ACM, 60 (9): 65-71.

CAMAJ L, 2018. Blurring the boundaries between journalism and activism: A transparency agenda-building case study from Bulgaria [J]. Journalism, 19 (7): 994-1010.

CHRISTENSEN L T, CHENEY G, 2015. Peering into transparency: Challenging ideals, proxies, and organizational practices [J]. Communication Theory, 25 (1): 70-90.

CIOBANU M, NZZ is developing an app that gives readers personalised news without creating a filter bubble [EB/OL]. (2017-05-03) [2019-01-19]. https: //www.journalism.co.uk/news/nzz-is-developing-an-app-that-gives-readers-personalised-news-without-creating-a-filter-bubble/s2/a700550/.

CODDINGTON M, HOLTON A E, 2014. When the gates swing open: Examining network gatekeeping in a social media setting [J]. Mass Communication and Society, 17 (2): 236-257.

DEUZE M, 2005. What is journalism? Professional identity and ideology of journalists reconsidered [J]. Journalism, 6 (4): 442-464.

FLETCHER R, NIELSEN R K, 2017. Are news audiences increasingly fragmented? A cross-national comparative analysis of cross-platform news audience fragmentation and duplication [J]. Journal of Communication, 67 (4): 476-498.

GILLESPIE T, 2014. The relevance of algorithms [J]. Media technologies: Essays on communication, materiality, and society: 167-194.

HURLEY R J, TEWKSBURY D, 2012. News aggregation and content differences in online cancer news [J]. Journal of Broadcasting, Electronic Media, 56 (1): 132-149.

KARLSSON M, 2010. Rituals of transparency: Evaluating online news outlets' uses of transparency rituals in the United States, United Kingdom and Sweden [J]. Journalism studies, 11 (4): 535-545.

KOLISKA M, DIAKOPOULOS N, 2018. Disclose, decode, and demystify: An empirical guide to algorithmic transparency [M] //S Eldridge II, B Franklin. The Routledge

Handbook of Developments in Digital Journalism Studies: 251-264.

KUNELIUS R, REUNANEN E, 2016. Changing power of journalism: The two phases of mediatization [J]. Communication Theory, 26 (4): 369-388.

LEE G, KOH H, 2010. Who Controls Newspapers' Political Perspectives? Source transparency and affiliations in Korean news articles about US beef imports [J]. Asian Journal of Communication, 20 (4): 404-422.

NEWMAN N, FLETCHER R, KALOGEROPOULOS A, LEVY D, NIELSEN R K. Reuters Institute Digital News Report 2017 [R/OL]. [2019-01-19] http://www.digitalnewsreport.org/.

NGUYEN T T, HUI P M, HARPER F M, TERVEEN L, KONSTAN J A, 2014. Exploring the filter bubble: the effect of using recommender systems on content diversity [C]. Proceedings of the 23rd international conference on World wide web: 677-686.

POPOVA M, The Filter Bubble: Algorithm vs. Curator, the Value of Serendipity [EB/OL]. (2011-05-12) [2019-01-19]. https://www.brainpickings.org/2011/05/12/the-filter-bubble/.

REVERS M, 2014. The twitterization of news making: Transparency and journalistic professionalism [J]. Journal of communication, 64 (5): 806-826.

SANDOVAL-MARTÍN M T, LA-ROSA L, 2018. Big Data as a differentiating sociocultural element of data journalism: the perception of data journalists and experts [J]. Communication, Society, 31 (4): 193-209.

SPLENDORE S, DI SALVO P, EBERWEIN T, GROENHART H, KUS M, PORLEZZA C, 2016. Educational strategies in data journalism: A comparative study of six European countries [J]. Journalism, 17 (1): 138-152.

TANDOC JR E C, THOMAS R J, 2017. Readers value objectivity over transparency [J]. Newspaper Research Journal, 38 (1): 32-45.

THOMPSON P A, 2009. Market Manipulation? Applying the Propaganda Model to Financial Media Reporting [J]. Westminster Papers in Communication & Culture, 6 (2): 73-96.

THURMAN N, SCHIFFERES S, 2012. The future of personalization at news websites: Lessons from a longitudinal study [J]. Journalism Studies, 13 (5-6): 775-790.

VALLANCE-JONES F, 2013. Making journalism better by understanding data [J]. Global Media Journal, 6 (1): 67.

ZIOMEK J, 2005. Journalism transparency and the public trust [M]. Aspen Institute.

第四章　互联网新闻业的新闻消费

互联网环境下的新闻信息供给与新闻传播平台具有史无前例的丰富性，这对认识新闻消费者的媒介接触行为构成较大挑战。在时空意义上，信息终端呈现出个体化、移动化、社交化的特征，新闻内容的接触与使用日益碎片化、流动化，这对于传统的受众研究在核心概念和测量手段上都带来了新的挑战。在社会意义上，由于线上社会与线下社会的信息交互与能量共振越来越频繁而深入，新闻信息的接触和使用与公众的社会参与之间的"耦合"作用有了新的生发空间，对新闻消费的研究有更广阔的社会学政治学意涵。

鉴于上述情况，当前对于新闻消费的研究需要同时在微观和宏观层面大力拓展。在微观层面，应通过实证研究廓清互联网新闻消费的基本模式和新态势，如新闻的偶遇式接触、社交环境中的新闻回避、新闻消费者的跨平台新闻消费行为等。在宏观层面，通过对新闻消费研究结果的总结与反思，应探究在信息碎片化的时代公共沟通发生的嬗变和面临的挑战：如何提升社会公众对公共事件和公共议题的关注度、如何提升社会公众的社会认同感、如何更有效地促进社会共识的达成、如何更好地实现社会治理的"善治"等一系列具有理论价值和现实意义的重要问题。

本章着力于两个层面的探讨，一是从整体上分析数字化环境中新闻消费的外部环境、内部主体及新闻生态发生的变化，二是围绕"积极的受众"这一核心概念，通过个案研究来讨论技术赋能背景下新闻受众参与式传播的现状与限度。

第一节　数字化环境中的新闻消费特点

数字化时代传统新闻媒体纷纷加快了转型的步伐，大型新闻集团依托早期积累的资本优势，大举投资、并购或联合互联网媒体，积极向新媒体业务延伸。其中《纽约时报》作为全球知名度最高、影响力最大的报纸之一，从1996年率先建立自身官网开始，一直是传统报业数字化转型的领头羊。在《纽约时报》转型之路迈出 20 年后，纯数字收入达 5 亿美元，超过美国新闻聚合网站 BuzzFeed、《卫报》和《华盛顿邮报》数字收入的总和（New York Times, 2017）。然而新闻业的数字化转型之路绝非一帆风顺，根据美国皮尤研究中心的调查报告，2016 年美国报纸行业财务状况持续下滑，发行量降至 1945 年以来最低水平，《纽约时报》的广告收入也同比下降 9%，尽管发行收入增长 3%，整体收入依旧下降 2%，甚至再次计划裁员（方师师，周炜乐，2017）。上述困局的实质是，传统新闻机构的数字扩张难敌纸媒萎缩。数字化环境要求传统新闻机构进行媒介转型和融合的根本原因在于当前人们接收信息、消费信息、表达信息的方式发生了革命性改变，传统媒介的渠道价值迅速降低，媒介融合的逻辑起点应当是从新闻需求端即用户的新闻消费需求的改变来反推新闻供应端的场景构建。因此，掌握数字化环境中新闻消费的特点是思考当今新闻业转型之路的前提与基础。

一、新闻消费的外部环境：传播技术造就互动机制的变革

在媒介环境学派看来，媒介内容往往带有技术烙印，媒介固有的物质结构和符号形式发挥着规定性的作用，塑造着什么信息被编码和传输、如何被编码和传输，又如何被解码（林文刚，2005/2007）。互联网技术的快速发展是刺激新闻消费外部环境不断变化的主要动力，具体表现为新闻分发平台的进化，以及传受双方互动机制的转变。

（一）新闻分发平台的进化

新闻的分发与新闻生产一起，在传统媒体时代一直牢牢控制在专业新闻媒体手中。传统媒体平台诸如报纸、广播、电视为媒体机构垄断，成为受众获取新闻信息的唯一来源。无论是出售新闻产品还是贩卖受众注意力，订阅和广告双重赢利模式让媒体意识到对分发平台的把控是保证媒体长盛不衰的关键所在，比如以报纸起家的默多克新闻集团通过实施多品牌战略，拥有了《泰晤士报》、福克斯电影公司、英国天空广播公司、香港卫视等多家媒体，逐渐发展成为跨媒体的全球化媒介集团。这种并购策略成功的基础在于传统媒体平台是受众获取新闻的唯一渠道，尽可能多地拥有各类媒介就能让新闻产品达到尽可能多的受众。由此形成的思维定式让新闻媒体在互联网出现之后挽回流失受众时屡屡碰壁。尤其媒介格局演变初期，延续了控制逻辑和线性增长逻辑的传统媒体，其普遍观点是互联网能够降低新闻生产和传播的成本，理应将其纳入麾下成为营销和内容分发的工具之一。然而新媒体的一个显著影响，正是新闻生产与新闻分发的分离（彭兰，

2017)。

新闻门户网站给传统媒体分发平台带来第一波冲击，包括雅虎、新浪、网易等，这类网站抓取互联网上各种渠道的信息，以特定主题分类整合新闻内容，并为用户提供指向特定新闻内容的链接。互联网产品高固定成本、低边际成本特性创造了一种新型"免费"模式，搜索免费、电子邮箱免费、聊天免费，门户网站的新闻浏览同样免费，再加上超链接对传统有限新闻版面或时段的无限扩大，门户网站分发新闻的优势显而易见。但是其劣势也相当明显：内容质量参差不齐；侵权现象也饱受诟病。且门户网站的新闻分发沿袭了传统媒体"点"对"面"的传播模式，停留在"只读"层面，台式电脑使得人们只能在固定地点接入新闻网站，便捷性有时还不如报纸。因此以"内容"为中心的新闻门户网站作为新闻数字化的初级形态，其新闻分发效果暂时无法与拥有忠实线下受众及稳定广告收入的传统媒体分发平台相匹敌，但是巨大的点击流量奠定了网站迅速赢利的基础，各大新闻媒体也开始开发各自专门的新闻网站，将传统媒体平台的内容复刻至网站，试图抢占网络平台。然而仅靠单家媒体内容进行简单的数字化转化除了徒增生产成本，并不能阻止网络受众流向提供综合信息的门户网站，尤其在搜索引擎兴起后，凭借对网站流量的调度机制，其作为新闻分发工具的作用得以凸显。

如果说门户网站只是让新闻生产和分发的分离初见端倪，那么社会化媒体的出现则彻底改变了传统新闻分发的模式与结构，代表着新闻生产与分发的彻底分离。和重"内容"的门户网站不同，以"人"为本的社会化媒体带来的是去中心化的"点"对"点"传播模式，传统媒体难以企及的传播效率以及对用户主动权的凸显成功地实现了新闻分发与用户沉淀的结合，以人际传播、群体传播为代表的社群传播崛起，人际关系网开始取代媒体成为民众获知信息的第一渠道（李彪，2018）。在逐渐完成内容和人际网络的连接后，每一个受众都可以在接触免费海量信息源的同时也激活个人的主体性，任何个体上传至网络的信息只要能满足公众的情感需求或引起情感共鸣，在特定的传播机会结构下便可以引起核裂变般的传播效应。与传统媒体的宏大叙事相比，个人叙事在目前社会紧张度持续高涨的背景下反而具有更大的共振效果和传播势能。此时的新闻产品更接近于内容产品，其分发权由传统媒体转移到门户网站之后，再次转移到社交平台手中。现阶段其分发主要依赖于算法，包括"你想要看的"以及"大家都在看的"两种推送模式，算法推送最大的特点是能够处理人工编辑无法掌控的海量信息并识别用户喜好、实现定制化推送。随着各大社交平台不断推出具有新闻性质的频道和功能，年轻群体更喜欢将社交媒体作为主要新闻来源（Reuters Institute，2017）。目前数字化新闻分发平台的新趋势是，尽管社交媒体和搜索引擎依然占据用户获取新闻内容的头把交椅，但社交媒体作为新闻来源的增长势头已经趋缓，人们将更多的时间和精力投入即时通信应用。在中国，头条新闻等内容聚合类移动应用同样正进行着对新闻流量的垄断化进程。由此来看，传统新闻媒体被迫成为单纯的内容供应商也并非不可能。

（二）传受互动机制的转变

汤普森认为，"新的媒介使得新的社会互动成为可能，它改变或消解了旧的互动形式，为行为和互动创造了新的焦点和场所"（Thompson，1990）。数字新闻分发平台能在短时间内打破传统媒介数百年来对渠道的垄断，关键在于网络技术的发展给予了用户在表达上的极大自由度，个体成为独立的传播单位，这种对用户的赋权直接导致了互动机制的全方位转变：从单一到多元，从共性到个性。

大众媒体出现以来，作为信息接收者的受众尽管是新闻传播体系的重要组成部分，但传统的线性传播模式让受众固定在被动接受的位置，除了版面有限的读者来信或者时段有限的热线电话等形式外，公众鲜有机会介入新闻生产与分发过程，这种受众反馈的方式较为单一，声音也非常微弱，常常处于无意识的、被压制的状态。专业记者和编辑接受过专门的职业教育和培训，拥有以此为谋生的职业，尤其在西方的新闻业界观念中，新闻报道的价值在于帮助公众进行决策，同时作为公权力对政府和社会进行舆论监督，因此对于非专业的受众参与新闻生产普遍抱有谨慎的态度（Domingo，2008），并且互动版面或时段的设置增加了记者编辑的工作负荷，为了节省时间和精力，"互动"常被排除在新闻生产流程之外。

互联网出现后，不管传播主体是否愿意，互动功能的多元化发展趋势难以阻挡。最开始的互动形式主要有 E-mail、线上聊天室（chat room）、讨论区（forums）等，大型门户网站通常在重大新闻时期会开辟专门板块，让受众参与新闻讨论；传统新闻媒体也开始设置网络版，比如《人民日报》着手建设的大型网上信息发布平台人民网，即通过新闻跟帖以及论坛讨论来实现新闻互动。进入 Web 2.0 时代后，博客、播客、微博等成为新的互动平台，"社会性工具清除了公众表达旧的障碍，从而消除了大众传媒的特征性瓶颈。结果，以前专属媒体从业人员的种种工作被广泛地业余化"（舍基，2008/2009：36），当新闻的主阵地从报纸、电视转移到互联网和各种移动媒体之后，新闻从业者开始更多地考虑如何与用户进行超越文本的互动,以迎合受众偏好。一方面是进行多平台内容分发,依赖搜索引擎、社交媒体以及即时通信软件等流量入口获取用户;另一方面在交互界面上下功夫,比如将"看新闻"变为"聊新闻",新闻由"只读"变为"对话",又比如BBC新闻实验室让读者在阅读时不仅可以通过聊天机器人了解到背景知识,还能通过时间轴串联起更多的关键性新闻事件。

需要注意的是,传统新闻业增加互动板块并不是因为真正重视受众的意见和作用,更多是一种提高新闻产品销量的辅助手段,受众的互动是基于新闻成品的互动,即"我出版,你阅读"的浅层次互动,因此互动方式是模式化的,忽略用户之间的个性特征。

数字新闻(digital journalism)成为主流后,通过数据来了解受众的规模和构成、受众新闻消费行为和参与行为,在此基础上进行精准互动成为行业潮流,比如基于年龄等人口统计学因素对受众进行具体分类。《经济学人》在2017年英国大选报道期间瞄准初次参与大选的选民以及刚满18岁的公民,利用第三方信用公司提供的数据,收集到数以千计的英国18周岁左右年轻人的邮箱地址,向其发布带有候选人信息的邮件,同时也在Snapchat、Instagram及Facebook等社交平台向18岁左右用户发送广告。此外,更进一步的互动是依靠技术手段追踪和分析用户行为,凭借用户真正感兴趣的内容吸引读者。《卫报》实验室测试了一种新的叙事方式——断点续读(Smarticles):用户每次点开一则新闻时,看到事件的基础细节和背景,包括文字、视频、图片和社交媒体相关发布。当用户再一次回到该页面时,系统根据算法提取出对用户最有用的部分,以便用户实时了解自己关心的事件进展。在追踪长期事件时,老用户可以跳过背景信息直接获得最新动态。随着用户产生的数据越来越多,提供与个人兴趣匹配的定制化信息的聚合类应用应运而生,今日头条、一点资讯、BuzzFeed等新闻聚合类媒体蕴含的受众互动机制更为隐秘,但互动逻辑也不外乎两种,基于社交关系或基于机器算法,前者为用户提供与社交关系紧密相连的信息获取与资讯分享,后者提供精准契合受众阅读兴趣和习惯的个性化推送,这些技术演化均使得受众的新闻消费方式真正趋向互动化和个人化。

二、新闻消费的内部主体:技术引发新闻获取的转变

除了新闻消费外部环境的变化,传播技术的革新同样显著地影响到普通用户的媒介消费行为。在移动互联网背景下,新闻消费和其他媒介消费一起,已经内

化为用户日常生活的一部分，以不同技术形态伴生于用户的社会实践活动中。在媒介消费从"专门化"向"日常化"的演进过程中，用户的新闻获取方式和新闻消费观念也随之转变。

（一）用户新闻获取方式的变化

用户的信息获取方式主要取决于新闻平台的分发逻辑，从传统媒体到门户网站再到社交媒体，其背后的分发逻辑是人工推送转向社交推送与算法推送。由于传统新闻业生产格局的封闭性，记者编辑承担着新闻把关人的角色，成为新闻信息推送主体，但随着技术平台与新闻业的结缘，社交推送与算法推送逐渐兴起。社交平台让人际网络的力量重新凸显，社交好友的分享成为用户重要的信息来源，这就是社交推送。但是社交推送往往难以保证信息内容的质量，算法推送的内容更为精准与个性化。技术平台通过算法对用户的点击行为和阅读习惯进行分析，基于数据对用户进行画像，将用户感兴趣的新闻进行针对性的推送。早在2002年，谷歌就推出了Google News，通过算法对文章进行排名，现在今日头条在算法推荐上的成功运用为其带来了1.4亿的日活用户（新浪科技，2016）。

在上述三种分发逻辑的作用下，用户的新闻获取经历了被动获取、主动获取以及无意识获取三个过程。

传统新闻体系中，观众是新闻信息的被动消费者，是专业新闻组织生产和分发新闻信息的接受者。从业人员通过控制新闻生产过程来决定社会重要议题。人们关心的是媒介传播所产生的受众效果的大小，无论是强力效果论还是有限效果论，都源自新闻从媒体到受众的单向线性传播模式。囿于媒介产品的稀有性，大众媒体的受众均无须思考自己"要看什么"，只能等待"有什么可看"。

互联网首先改变的就是媒介产品的稀有性，将人们从固定时空获取信息的状态中解放出来，变被动为主动，使人们随时随地都能够接触到大量的新闻信息。一方面互联网无限的容量让各类新闻信息可以被永久保存，另一方面搜索引擎作为技术公司与新闻业结合的早期代表，给用户提供了主动获取新闻信息的机会。和被动接受新闻产品相比，受众显然更享受主动获取新闻信息的状态。2012年哈佛大学尼曼新闻实验室就指出越来越多的用户开始通过搜索引擎进入内容页，而非通过新闻网站的首页进入（Nieman Reports，2012）。但也正是在2011年左右，奥姆斯特德等人就提到，如果说搜索新闻是过去十年数字新闻业最重要的特征，通过社交媒体分享新闻可能是下一个时期的重要特征（Olmstead，2011）。

继搜索引擎之后，社交媒体在短时间内迅速成为新闻消费者获取新闻资讯的主要途径。媒介组织也将社交媒体视为分发新闻和联系受众的重要方式，既通过官方社交媒体账号向用户推荐和分享新闻内容，也让旗下新闻记者以个人名义分享新闻内容、培养粉丝社群。但和新闻机构的分享相比，社交媒体用户更容易将朋友和家人的分享当作新闻信息来源（Hermida, Fletcher, Korell, Logan, 2012），即传统媒体"把关人"功能被削弱，个人社交圈承担着新闻编辑的角色。值得注意的是，此时的新闻信息已经超越新闻产品的层面，成为带有社交含义的"文化货币"，用户注重的除了新闻的阅读价值，还有分享价值，这种改变带来的一个影响是受众的新闻实践变得散漫而日常。社交网络提供的信息内容十分繁杂，用户注意力在 PGC 与 UGC 等不同内容中游移，被社交圈分享过的且足够具有吸引力的新闻信息才会被用户消费。因此当新闻消费平台转向社交平台时，用户的新闻消费行为变得和其他信息消费行为一样具有偶然性，比如路透数字新闻报告显示（Reuters Institute, 2017），大部分 Facebook 的用户是在做其他事情时无意看到的新闻信息，并非特意浏览，新闻获取进入一种无意识获取的状态。

在用户需求被摆在首位的当下，情感和个人价值的凸显压制了客观事实的专业报道，新闻与其他信息的界限在不断消融，顺应了受众无意识新闻信息获取的现状，因为在受众中开始流行这样的观点：我并不会主动去寻找新闻，如果新闻真的那么重要，那我自然能看到它。

（二）用户新闻消费特征的变化

随着社交媒体上的新闻流动重塑了新闻业与受众的关系，记者的权威也被削弱，媒体机构需要知道的不仅仅是用户想要消费什么内容，更要知道他们想分享什么内容。传统的对媒体角色的规范性认识是，记者代表公众发挥着对权力机关的监督作用，并为公众参与政治事务提供关键信息，其隐藏的假设是受众不知道什么对他们来说是最好的，媒体有责任为受众把关。后来由于传统媒体逐渐失去渠道优势，消费者导向的观点开始占据上风，即新闻应当为观众提供娱乐和休闲，要遵循市场逻辑为最广泛的受众提供新闻，同时还要为观众的日常生活提供建议。因此数字化环境下，主流媒体需要思考的是如何应对技术带来的受众消费偏好和消费观念的变化。

尽管用户的媒介消费行为越来越个性化，但在消费偏好方面也表现出了一些共性。首先是用户无规律的媒介使用时间。传统媒体时代用户的媒介消费时段带有明显的规律性，比如晚上通常是电视收视黄金档，全家人坐在电视机前是再日常不过的画面。但是移动互联网赋予受众无处不在的媒介入口，受众获取信息的机会扩展至各个时间段，"消费者依托不同的终端，空前自主地安排自己的媒介消费节奏"，"分配给固定媒体的时间越来越少"（曲慧，喻国明，2017）。正是由于媒介正在填充受众的碎片化时间段比如等车等餐间隙，如何在短时间内脱颖而出抓住受众眼球成为内容制造商要考虑的首要问题。其次是用户旺盛的情感需求。正是由于移动媒介对用户碎片化时间的激活，能瞬间吸引用户消费的往往不一定是严肃优质、来自权威渠道的理性内容，更多的是与日常生活相关、符合情感需求、有"情怀"的感性内容。讲述客观事实的硬新闻难以引发舆论关注，诉诸情感或个人价值观的软新闻更容易在几秒钟内引起共鸣进而成为传播"爆款"。

新闻生产关注用户消费偏好的根本原因在于其本身的赢利需求，传统新闻机构不外乎内容变现和广告收入两种赢利模式，在发行和广告双向下跌、数字订阅大幅增长的情况下，数字新闻变现成为新的赢利方向，而变现的关键在于用户是否愿意在新闻消费过程中产生支付行为，即用户是否已经形成为新闻付费的消费观念。一方面，内容数字化的确是大势所趋，但缺乏可持续商业模式的数字媒体依然面临着行业寒流，这表明人们还不太愿意在数字新闻上花费过多时间和金钱。大量免费在线新闻资料的存在掩盖了专业新闻报道的价值，受众并没有形成新闻支付的习惯。但另一方面也有调查发现，用户认为以下新闻内容是有价值的：专业且独家的内容——稀缺性价值，有深度的内容——持久性价值，多元化观点的提供——公正性价值，用户愿意为这些有价值的新闻内容买单。由此可知，用户的新闻消费观念还处在免费转向付费的过渡期。对于媒体机构来说，增加用户的付费意愿可以从以下几个方面来努力：强调付费新闻内容的专业性——比免费信息更可靠；提供更灵活的订阅方式——有免费或低成本的试看机会；让用户意识到新闻业的艰难现状——坦白新闻业的资金危机。此外，广告作为媒体一种无法舍弃的赢利方式，与付费赢利的矛盾在于付费用户往往不愿意接收广告内容，但调查结果表明付费内容中的广告如果能为用户提供附加价值比如电子商务优惠券等，或者广告内容质量很高，也不会遭到用户太强烈的排斥（Kantar Media，2017）。因此，用户的新闻消费观念是动态的，也是可塑的。

三、数字化环境中的新闻消费生态变革

以大批量复制和规模化传播为特征的工业化生产下形成的新闻传播模式，至今已经不断地趋向开放化、多元化和复杂化。从新闻信息的生产、传播到消费，尽管各个环节所包含的要素基本不变，但在前文所述全新的互动机制与用户消费

特征的共同作用下，出现了许多新型的新闻产销关系和新闻实践形态，整个新闻消费生态在传者、内容、媒介、受者以及反馈这五个核心要素上均经历着颠覆与重构。

（一）传统媒体权力的弱化和转移

传统媒体中新闻推送是以传播者的价值考量为本位的，因为传播领域的话语权掌握在媒体机构手中，主要表现在通过对传播资源和传播渠道的占有，形成对个人或社会影响、操纵、支配的力量，以及塑造公共意见的能力。新媒体的出现必然会对原有的媒体生态产生重大影响，其中一个方面就是对媒体权力的冲击与重构。

首先是媒介权力向受众的转移。新媒体技术的发展赋予了受众新闻生产与传播的权力，用户生产内容（UGC）的盛行打破了传媒机构内容生产的垄断，社交网站去中心化的传播模式削弱了传统媒体的渠道优势，媒介机构权力弱化的表征就在于报纸、广播、电视整体利润的下滑与机构的裁减。尽管传统媒体拥有的媒介使用权转移给了每一个网络用户，但是不同用户在关系网络中的位置、功能及所占资源，使彼此间的力量产生等级划分，权力关系由此体现，微博大V等网络意见领袖也应运而生，这即是所谓的关系赋权。

其次是平台机构对传统媒体与受众传播权力的收编。和专业媒体相比，用户在微博等社交平台上是通过点赞、评论、分享等方式进行新闻信息的获取，但是这种基于社交推送的信息往往大量重复且质量参差不齐，基于此，技术平台鼓励传统新闻机构入驻并发布新闻，再对这些新闻进行抓取、筛选和聚合，通过数据与算法将新闻推送到用户面前。平台机构利用技术"一石二鸟"，一方面显性接管传统媒体的分发权，将其变为单纯的内容供应商，另一方面隐形充当用户信息接收的把关人。凭借强大的资本势力与用户黏度，技术平台决定着哪些媒体的新闻可以被传播、哪类新闻可以被用户阅读，逐渐具备了影响社会舆论形成和表达的能力。最为关键的是，算法对于权力的介入是十分隐秘的，传统新闻机构的新闻生产必须按照平台制定的规则进行，否则极易影响其新闻推送率（Bucher, 2012），而对于用户来说，让算法来识别喜好、推荐内容既省事又方便，且算法的运作过程是基于用户日常自然发生的信息消费行为，不会影响用户体验。尽管大多数社交平台仍然会让用户自发地分享他们感兴趣的内容，但应用程序可以通过产品的设计来调整新闻整体的重要程度，并控制媒体在平台上分发内容的权限。面对算法的"威胁"，传统媒体不得不将权力让渡给技术平台。

(二) 算法对内容的重新定义

内容是新闻产品的核心要素，在传统媒体"群雄逐鹿"的时代，为了争夺受众，"内容为王"一直是其主打的竞争策略，主要表现在不断推出"原创选题""独家新闻""深度报道"等优质而重要的内容。大型传媒机构具有规模经济效应和变化防御能力，再加上对各种媒介形态的掌控，其好内容的标准常常是从新闻专业性的角度考量的，旨在服务想象中的读者。从 PGC 到现在的 UGC，内容生产主体由职业新闻人扩展到普通自媒体人，受众逐渐凸显出显性的情感需求，转发量上万或者阅读量"10 万+"的内容往往含有强烈的正面或负面情感指向，具有明确的价值判断与社会情绪的新闻信息更能吸引流量。但是受众的需求不能一概而论，不同受众情感需求不同，且并非所有受众都有或只有情感需求，全面满足受众信息需求的内容才是好内容。算法的出现恰好成为匹配内容与需求的工具，它可对个体需求进行精准计算，有效地实现对信息需求长尾市场的挖掘（喻国明，杨莹莹，闫巧妹，2018），并完成内容与需求的合理匹配。

算法对内容重新定义的关键在于内容细分与需求场景适配，即通过数据挖掘细分出用户的各种需求，针对需求生产相应的新闻产品并在合适的场景下进行推送，这实际上是纳入时空维度构成新的场景要素，将个体需求进一步细化，从而追求内容生产的个性化定制。从用户整体需求来看，新闻从业者与算法合作，信息生产的依据从宏观社会环境变为微观使用场景，新闻信息消费模式从"人找信息"过渡到"信息找人"（仇筠茜，陈昌凤，2018）。从用户具体需求来看，高频需求内容的生产必不可少，但低频需求的受众也大有人在。其次，不同场景也会衍生出不同的信息需求，如衣食住行等实用性场景与社交、娱乐等社会性场景。此外，技术让新闻内容跳出"只读"层面，强化互动性的用户体验，如聊天机器人、可视化新闻以及 VR 等等。算法出现之前，低频度需求往往被忽略不计，内容生产商争相抢夺高频需求的市场份额。算法出现之后，好内容的特质已从"重要"变为"稀缺"，满足低频度需求、高场景度需求、体验性需求的内容才是稀缺的好内容（喻国明，2017）。

(三) 移动互联网平台的媒体化

社交网站的兴起代表着人与内容的连接转为人与人的连接，互联网从网页超链接的网络变为人际关系网络，移动网络的后续接入催生了多种多样的社交形态，移动互联网平台通过不断拓展新的业务领域，日益浸入人们生活包括新闻业在内的各个方面，它在便利了用户新闻消费的同时，对新闻机构也造成了重大影响。与传统媒体衰退相对应的是平台媒体的崛起，移动社交平台通过允许用户创建和交换内容逐渐发展成平台媒体，以聚合式、社交性和个性化的方式向用户推送新闻，更符合移动互联网时代用户的新闻阅读习惯，因此传统媒体的大规模传播在上述个性化定制的冲击下"败走麦城"。以 Facebook 为代表的平台媒体既在短时间内成为用户获取新闻资讯最为主要的途径，又在数字广告方面几乎包揽了美国数字广告行业的全部增长。为了稳住流量和广告收入，越来越多的传统媒体开始与平台合作，但分发权力被剥夺的媒体，单纯作为内容供应商很难在平台的整体收益上分得一杯羹。Digital Content Next（2018）的报告显示，2017 年，被调查媒体在第三方平台上发布内容获得的收入不到该媒体全部收益的 5%。

  Google 以及 Facebook 等互联网公司媒体化属性的逐渐凸显，还体现在舆论引导方面。罗伯特·爱泼斯坦（Robert Epstein，2015）发现在 2016 年美国大选期间，谷歌倾向于显示关于希拉里的正面搜索词建议，屏蔽其负面搜索关键词建议，而对特朗普则恰恰相反，在英国脱欧这个话题上的表现同样如此。Facebook 这类社交平台上的热门话题排行榜更是如此，其中显示的热门话题不一定就是大多数人在看或者支持的信息。此外，技术平台凭借其巨大的资本和流量也在主动进行媒体化变革。Google 一直在主动寻求与媒体合作的方式，比如在 2015 年上线 News Lab，为媒体记者提供工具和培训资源，同时引入 AMP 来快速加载媒体的内容页面。Facebook 恰好相反，不同于谷歌把用户导流给媒体，Facebook 通常想方设法把用户留在自己的网页上，并开始尝试将社交与媒体信息割裂，在试图减少新闻阅读量以及视频播放量的同时不断推出新闻频道与功能，比如承担直播功能的 Facebook live、媒体文章发布新模板 Instant Articles 等。在此种情境下，已经具备媒介属性的 Facebook 对整个传媒行业而言更具有侵略性。但是每类社交平台应用似乎都有其生命周期，许多用户开始从 Facebook、Twitter 等社交网络转向更为封闭的聊天式应用如 Whats App 等，理由是私密性更好，且不会被算法过滤掉部分信息。不止是移动应用的更新迭代，随着物与物连接的实现，一切物体都有可能成为信息生产、加工与呈现的主体，手机只是信息载体之一，任何一个带有传感器的物体都有可能成为传播界面或终端，未来将不仅仅是网络技术平台的媒体化，万物媒体化也并非毫无可能。

（四）受众参与成为主流

  受众参与新闻的哲学起源可以追溯到 20 世纪 20 年代杜威和李普曼的争论。

李普曼认为现代生活纷繁复杂，大众难以直接理解，需要精英人士将各类信息挑选编辑好分发给受众以帮助其接收信息。杜威则认为民主需要依靠公众的力量实现。参与式新闻的兴起实际上是杜威观点的延续，其核心是被动受众转变为积极用户，这种转变的实质是新闻的专业性生产变为合作性生产和集体性生产，因此参与式新闻改变了传统制作和消费新闻的方式，让公民个体或群体搜集、报道、分析和散布新闻或信息，极大地满足了受众的参与需求。CNN 2008 年推出的iReport，鼓励全球范围内的普通民众将自己制作的新闻稿、图片与视频上传至 CNN 网站，经过内容审核后会在 CNN 网站或新闻节目中播出。作为具有代表性的参与式新闻实践平台，将受众参与纳入传统新闻生产逻辑，顺应了新闻业领域的变革趋势，但实际上处于新闻生产主导地位的还是专业新闻从业者。尽管数字新闻由于其互动能力，为公众提供了新的行动机会，但就目前发展阶段来看，公众的兴趣过于宽泛和抽象，且受媒介素养所限，大部分公众依旧以浏览新闻为主，或者沉浸在解释和批评已有的新闻产品中，难以出现优秀的 UGC 原创作品或公民新闻作品。

和传统媒体主导下的参与式新闻不同，在社交逻辑和技术逻辑的交互作用下，数字化环境下的新型受众参与挑战了传统的专业性新闻媒体的控制逻辑。一方面社交逻辑通过增强连接赋予受众参与的可能，通过超链接从有限关联变成无限关联；另一方面计算机技术不断记录用户每天生成的新闻浏览轨迹，促使用户间接参与新闻生产。Krumsvik（2018）认为目前主要有四种受众参与策略。首先是受众审议（deliberation）策略，即延续了传统的读者来信或者热线电话功能，新闻机构发布新闻信息，受众以在线评论或者社交平台发言的形式参与讨论和互动。其次是捐赠（donation）策略，即参与式新闻报道，受众为传统媒体提供新闻内容。还有分发（distribution）策略，受众在社交网络上的分享行为是新闻产品重要的分发渠道，用户转发数量影响了新闻制作过程，新闻主题的选择通常通过转发数量来决定。最后是数据（data）收集策略，Facebook 等平台媒体累积用户数据以提供更个性化的新闻产品和服务。后两种策略门槛较低，成为目前主要的受众参与方式，正在对新闻业格局产生重要而深刻的影响。

（五）新闻业信任危机的蔓延

从新闻消费的反馈或者效果来看，假新闻的泛滥让新闻业面临受众的信任危机，且这一危机近些年来呈现蔓延趋势。对于新闻业来说，公信力是传统媒体在公众心中权威度和可信任程度的反应，是促进媒体传播力、影响力形成的无形资产，随着新闻生产与分发的分离，人们对信息来源的信任受到媒体和社交平台的双重影响。有大量调查表明近十年来新闻媒体的公信力一直在降低，比如盖洛普数据显示2016年美国公众对媒体的信任度从1997年的53%降到了32%（Swift，2016）。根据路透社的报告，近年来主流媒体和社交平台的公信力均不容乐观。影响西方民众心中媒体公信力的因素主要是民众自身的政治立场以及对于主流媒体的商业偏见。人们通常倾向于浏览与自己认识相符、立场相合的媒体的内容。还有三分之一的人认为主流媒体的新闻往往会带来"负能量"，或者基于商业利益设置议程、掩盖事实真相。人们不信任社交平台主要是因为他们在社交平台上看到的新闻信息质量不高且无法确认其真实性，或者信息带有偏见。如此看来，社交媒体的兴起反而降低了专业媒体的信任度，由于社交平台创造了一个多元化观点聚合的世界，之前只接触固定新闻机构信息的用户开始接收多方信源，这使得人们开始质疑新闻机构的可信赖程度。当然还是有许多受众依旧相信媒体能够给他们提供事实真相，尼克·纽曼（Nic Newman）等人（2017）的调查发现，人们信任媒体的理由通常有以下几点：习惯性信赖媒体；新闻从业者的专业性和严谨性；新闻报道的高度和深度；电视媒体的视频和图片报道更接近真实；报道往往包含多方观点；公众舆论压力下的记者会更加诚实。

关于假新闻的讨论是近年兴起的一个热点，麻省理工学院的研究团队选取了2006年至2017年Twitter上发布的12.6万条新闻，对谣言和真相的传播过程进行分析，发现在事实面前，假新闻传播得更快、更深、更广（Lazer et al.，2018）。首先从整个信息环境来看，在媒体、政客以及平台公司的共同运作下，谣言、低质量的新闻、政治性的宣传以及误导性的广告等随处可见，通常通过推荐算法实现有效传播。其次，用户的传播行为是导致假新闻传播迅速的首要因素。假新闻的主要特征是"新奇"，容易激发用户的猎奇心理，且往往诉诸情感引起用户情感共鸣，符合当前情感传播的主要趋势。此外，路透新闻研究院调查发现受众平均新闻素养不高，而新闻素养相对较高的群体更青睐报纸，偏好社交媒体新闻来源的受众在最低新闻素养等级人群中比例略高，更容易被新闻的评论数、点赞数和分享数吸引，而忽略新闻媒体品牌、转发者等要素，这也为假新闻在社交媒体上的泛滥起到了推波助澜的作用。这一报告也提到，多数受访者认为，媒体和平台在假新闻和不可信新闻现状的整改方面担负着重要责任（Reuters Institute for the Study of Journalism，2018）。显然，这场信任危机的出现恰好是新闻消费者对当前新闻业态的反馈：对新闻乱象不满的同时并未意识到本身消费行为对新闻生态的重要影响，期待媒体基于其专业性承担新闻质量把关人的角色。

四、用户导向下新闻业的三大转型路径

用户导向已经成为新闻业的共识，但对于如何真正从新闻消费出发考虑新闻生产，大多数媒体由于缺乏对消费生态的整体把握往往容易陷入隔靴搔痒的境地。技术与用户参与是21世纪新闻业发展的主要动力，拥有双重属性的新闻业在上述两大动力的加持下，未来发展既要考虑经济利益也要重视社会效益，既要满足自身盈利需求也要满足用户获取精准信息的需求。一方面要认真思索与技术平台的合作机制，另一方面要建立并完善用户的付费模式，除此之外，更需要仔细思考的是如何利用技术为用户提供精准服务。

（一）利益竞合：专业性媒体与技术性平台的关系构建

从媒体方来讲，新闻分发权向平台转移已成既定事实，为了稳住流量和广告收入需要与平台合作，平台方也需要媒体提供优质内容吸引用户使用，两者合作听起来顺理成章，实际上摩擦频现，呈现出竞争与合作的双重态势，根本原因在于双方难以平衡的利益冲突。

充分利用平台接近受众是媒体对于平台最初的期许，但实际上平台在为媒体大量引流、获取更多受众注意力的同时也抢走了受众注意力。另外平台从媒体方获得了内容持续供应的保障，却未给媒体一个合理的收益分配模式，仅以增加曝光量作为交换筹码显然会遭到诟病。因此媒体对Facebook等平台的批评之声此起彼伏，集中在文章推荐规则不透明、后台提供给媒体的数据不够精细等等。当然新闻机构也并非没有进行过反击战，如《卫报》《英国新闻》和《每日电讯报》等媒体组成联盟，将所有视频内容放入《英国新闻》全新的视频广告平台Unruly，尝试摆脱对Facebook的依赖。但总体来说，平台公司凭借对技术的掌握成为新闻分发规则的制定者，直接影响媒体流量，在这一前提下，媒体的处境显得较为被动，尽管对平台调整算法降低新闻权重颇有微词，也着实难以舍弃这些现成的流量入口。

媒体必须面对的另外一个危机是平台开始不再满足于为特定的内容付费，试图建立完整的媒介生态体系。短视频是各大平台目前大力发展的方向之一，比如Facebook拿出10亿元原创内容费用，打造电视机大制作和日常短视频，以期成为主要的视频内容供应商。有技术和资本"双驾马车"护航的平台公司对于媒体

行业的进军似乎无往不利，但假新闻泛滥、回音室现象、用户数据泄露等负面效应在破坏用户对平台的信任度的同时，也不利于新闻业生态的良性发展，比如《纽约时报》等媒体发布深度报道，曝光"剑桥分析"公司涉嫌利用 Facebook 用户的个人数据，运用算法给选民用户推送定向广告，影响选举结果。

媒体和平台无论如何博弈，都应该重视观众信任度的建立，前者可以创造更优质的媒介品牌，后者可以提高算法技术和隐私保护能力。对于媒体来说，与其过度担忧平台对新闻业生态的破坏，不如考虑对新闻信息的重新定义，也即利用移动通信结合用户需求与场景制作新闻信息、提供个性化服务。另外也应该意识到数字新闻平台更新迭代的新趋势，比如新闻聚合类移动应用的兴起、受众由社交平台向即时通信应用的转移。对于平台来说，其赖以生存的算法作为大数据与人工智能的节点，表面上给了用户根据自身喜好需求选择信息的能力，但它本身仍然代表政治利益或商业利益，在技术无意识层面上的运作，使用户在满足于个性化推荐的同时很大程度上意识不到自己正处于商业利益的监控之下（喻国明，杨莹莹，闫巧妹，2018）。关于算法的规制和立法正在提上日程，在真正开始实施之前媒体可以要求平台公司不断加强自我规范、进行技术更新。

（二）利润深耕：多元化用户付费模式的挖掘

长久以来对广告盈利的过分依赖，让近年来广告收入持续下跌的新闻业陷入困顿，比如 2016 年美国报业广告总收入 180 亿，只相当于 10 年前的三分之一。但一个积极的现象是用户付费比率有所上升，尤其是在特朗普上任后的美国，为新闻付费的人群比例提高了 16%（方师师，周炜乐，2017），这促使很多新闻出品方开始尝试摆脱广告依赖，向"订阅第一"的盈利模式转型。

根据路透社的最新报告，目前仅有 16% 的美国民众愿意为在线新闻付费（Reuters Institute，2017），这说明目前民众付费意愿偏低，付费潜力还有待挖掘。基于受众参与程度由浅到深，目前主要有三种付费类型，捐赠模式、订阅模式与会员模式。捐赠模式代表受众和媒体之间的慈善关系，受众基于品牌或者价值观认同对媒体进行捐赠，微信中的"打赏"功能跟捐赠的含义比较接近；订阅模式接近于交易关系，用户付费获取相应产品或服务，该种付费模式目前最为常见，具体包括"计量器"和"付费墙"两种订阅方式，前者指用户在一段时间内可以访问固定数量的网站文章，达到免费阅读上限后需要付费订阅，后者指只有付费用户可以阅读网站多数或全部内容；会员模式更像一种社交关系，用户付出金钱和时间与媒体交流专业知识和个人见解，提高了参与度与忠诚度，有形成长期付费习惯的可能。这三种付费类型各异但不互斥，可以同时运用于同一新闻机构，构成多样化的付费机制。

由于大多数新闻信息都可以免费获取，所以发展用户付费的难点在于如何培养读者的支付意愿。

用户之间付费意愿的差异并不是基于消费模式或者人口统计学因素的差异，更多的是个体的思维方式。认可新闻机构价值的人往往更容易付费，将新闻视为商品的用户会选择自己认为有价值的内容付费，而认为新闻应当是免费轻松获得的用户通常不愿意付费。

引发并维持后两类用户付费行为的首要任务，是提供有价值的稀缺内容以吸引用户关注，比如《纽约时报》察觉到用户对自我提升的渴望，推出了一个名为"A Year of Living Better"的栏目，每月推出一个全新专题，内容包括生理、心理和情绪健康等等。该栏目的目的是通过满足读者提升自我的需求来挖掘潜在付费用户，通过让订阅服务更有价值来赋予用户付费的理由，当然高效简洁的付费步骤也是引导用户完成付费的关键细节。

其次，是要优化受众参与以增加用户黏性。偶然订阅模式向长期订阅模式再向会员模式的转换是媒体机构需要进一步考虑的问题，实质是如何通过加强受众参与将"用户"转变为"粉丝"。媒体机构做好前期的用户调研工作才能为会员模式制定提供有效参考，通过访谈、调查、付费可用性测试等方法进行用户体验研究会对受众参与方式的设定产生直接作用，从可取性（人们想要什么）与可行性（网站能否做到）两个方面入手进行产品开发，同时细分观众、设计不同互动方式。《华尔街日报》近几年开始尝试优化订阅预测模型，基于诸如读者是否是首次访问者、使用什么操作系统等 60 多项指标对每一位非订阅用户的订阅倾向进行综合评分，得分较高的群体将会直接遇到"付费墙"，较低的用户可以在一段时间内免费阅读文章。《卫报》则为付费的读者提供额外的高端、优质内容和服务。法国媒体 Mediapart 实现付费订阅占收入 95％ 的关键在于"记者＋读者"的俱乐部模式，网站首页的俱乐部板块专门发布读者产出的内容，读者的重度参与加上专业记者团队的辅助，使得该板块发布多篇出色的调查新闻报道。除了在网站设计上优化交互性、加强编辑与读者交流外，举办线下活动也是建立用户信任的有效途径。"圣地亚哥之声"新闻网在组织线下活动方面颇有经验，举办多次线下沙龙、圆桌论坛，设立开放日邀请读者参观新闻室等。

由此，付费模式的确是有待新闻业大力挖掘的商业模式之一，进行用户调研、提供稀缺内容、增加用户参与感是发展付费模式的关键要义。

（三）利基重塑：用人工智能触发传媒垂直服务

无论业态环境如何变化，新闻作为信息产品其服务功能越来越凸显，制造合适的产品来满足精细的用户需求是未来新闻业发展的主要趋势，人工智能恰好给新闻产品的迭代升级创造了技术条件。目前新闻行业风头正劲的是分发环节对算法的运用，尽管基于算法的智能推送只能算是人工智能自动化新闻的第一步，但其针对用户兴趣的个性化信息推荐模式让无论是宣扬"你关心的，才是头条"还是"为你私人定制的资讯客户端"等的新闻类聚合 App 迅速抢占手机移动应用市场份额，都给还在探索媒介融合的传统新闻业敲响了一记警钟。

随着大数据技术的发展，由收集数据、创建数据、分发数据与数据变现等步骤构成的数据新闻的出现，代表着新闻生产领域的初步智能化。另外，基于自动化数据采集和新闻模板完成的机器写作也开始应用于财经报道、体育快讯等新闻类型上，和人类记者相比，这类报道在数据处理和写作速度上都显示出了巨大优势。在新闻阅读方面，数据可视化、图解新闻和数据地图的呈现方式同时也增强了用户阅读方面的交互性，引发了新闻呈现方式的变革。新浪新闻（2016）发布的《2017未来媒体趋势报告》中指出，未来的新闻将不再是用来"读"的，而是用来"体验"的，虚拟现实技术和全景视频让沉浸式新闻的实现有了技术支撑，将能通过营造"现场感"给用户更真实、更具冲击力的观看体验。目前许多新闻机构尝试推出 VR/AR 新闻，比如 CNN 推出的虚拟现实新闻单元和平台（CNNVR），将用户带入 360 度全景视频，和记者一起站在新闻第一线。因此新闻从生产到传播，每一步都已经开始借助人工智能发生革命性的变化，不难发现，这些变化的共同方向是让新闻更好地为用户服务。

媒体机构到底应该如何把握用户需求，可以从时间与空间两个角度进行考虑。一方面是基于时间属性的即时性需求。目前对于用户需求的把握还较为滞后，通常需要通过调研或者用户网络行为数据分析进行跟踪。在智能化时代，用户在新闻信息消费过程中的生理反应将直接通过传感器被生产者接收，甚至可以实时作用于信息生产过程。另一方面是基于空间属性的在地性需求。找寻受众的在地性需求能够让内容生产更具针对性，比如和其他纸媒相比，地方新闻媒体通过专注垂直服务带来了数字订阅量的可喜增长，《丹佛日报》在发现丹佛住房成本上涨和人口爆炸性增长后新开设垂直板块——附近新鲜事，削减其他内容数量以增加吸引当地观众的内容。随着媒介分工的进一步细化，同时满足用户时空交又需求的垂直化信息服务将是新闻业发展的重要进阶，未来的发展机遇是属于在垂直领域里面具有优势的媒介或个人的。新闻业实现高度智能化的服务已经成为一个发展趋势，但需要警惕的是，人的价值不可以被低估。新闻业与人工智能联姻的出发点即是对用户个体需求的重视，凸显的是"以人为本"的服务理念，技术发展永远服务于人类发展，同样地，人工智能在新闻业的运用并不是对新闻从业者的取代，而是对新闻从业者工作效率的提高，最终目的是提升人的理性和自由。

第二节　参与的受众与隐蔽的"深后台"

随着媒介技术的革新，传受关系相应而变，受众可以凭借便捷的新媒体手段提供反馈、参与新闻生产乃至创制自媒体和公民新闻，他们的体验、看法和行动渐次引入新闻业的各个层面，使得新闻生产不再是全流程由职业传播者把控和垄断，而是体现出参与式、开放性、协商性的特征。在互联网环境下，这种新的开放式新闻生产一方面由于对各种 UGC 的引入和开发而在媒体商业运营上得到重视，另一方面由于对用户需求和权利的尊重而带来媒介创新的"合法性"，逐渐在新闻业的话语上和行为上产生广泛影响。一些学者将新近的媒体技术发展给新闻业带来的整体变化总结为"新新闻生态系统"（the emerging news/journalism ecosystem）的涌现。这种新的业界生态不仅从新闻生产模式上改变了原有的生产流程，也从专业理念上冲击了原有的新闻常规和职业边界（张志安，束开荣，2015）。

虽然互联网在新闻业的应用和更新十分迅猛，但这场变革对新闻业的受众会带来怎样的影响，仍没有达成共识（Vobič, Milojević, 2014）：一方面，日益开放的新闻生产模式形成对受众的赋权，使传统新闻机构或主动或被动地让渡了自身的部分新闻生产权威；另一方面，媒介技术也可能是"想象的开放"，受众虽然得以自由接触媒介信息，却更加自愿地服从于媒介权威的文化编码。因此，对受众在新闻生产中的实际可能性应该做更为细致的讨论。本节将引入场景理论分析新闻业中传受关系的新变化，意在讨论：第一，从媒体的角度看，受众完全的主动性难以实现的内在原因是媒体无法完全开放其"后台"；第二，开放式新闻生产条件下，"深后台"的形成可能进一步强化受众的被动性。

一、"后台"的可视化：传受关系的新变化

戈夫曼和梅洛维茨先后对媒介研究与场景理论的结合作出重大贡献。戈夫曼（1959/2008）在《日常生活中的自我呈现》一书中提出了"拟剧理论"（dramaturgical theory）。他以"舞台"为隐喻，认为人的日常行为是在社会环境中的一种"表演"，由此戈夫曼做出"前台-后台"的二分法："前台"指面向"观众"的公开行为，"后台"则是"道具""剧本"的藏身之所。在戈夫曼的定义中，"前台"是运用各种象征性符号进行特定表演的场所，包括"舞台设置"和"个人前台"；"后台"上演的则是隐藏在幕后的、试图掩盖的表演。后台的功能是生产前台的"全套剧目"。由于不对观众开放，"后台"可以决定什么需要在前台被突出、什么需要隐藏在后台，从而在"前台"观众面前呈现出精心挑选的假象。"前台"和"后台"区分的意义主要有两点：第一，确保"前台"能够实现选择性呈现，让演员在表演中将不符合观众期待的行为隐藏在"后台"；第二，建构并巩固权威，一方面隐藏行业秘密、建构专业权威，另一方面制造观众与演员的距离感，巩固个人的权威。

此后，梅洛维茨（1985/2002）进一步发展了戈夫曼的理论，将"前台"和"后台"概念引入媒体研究中，定义了新闻生产的"前台"和"后台"。他融合戈夫曼的"拟剧理论"和多伦多学派的"媒介技术"视角，探讨了电子媒介对社会行为的影响。梅洛维茨认为媒介是"作为信息系统的场景"，因而电子媒介所创造的"新场景"就使信息传播脱离了物理场景的限制。梅洛维茨进一步把"前台"和"后台"区分为"前前台""中台"和"深后台"：他认为在电子媒介中，"前台"和"后台"不是单纯的二分法，而是坐标轴式的分布，"前台"与"后台"分别代表坐标轴上"正式"和"即兴"两个相反的面向。从"前台"到"后台"的过渡地带被称为"中台"，"中台"的行为模式"包括最初的台上和台下行为模式的元素，但又缺乏两种行为模式的极端行为"，由此划分的"前前台"和"深后台"会相应更加极致地体现出"前台"与"后台"各自场景的行为特点。

研究者运用梅洛维茨的理论视角分析了新媒体环境下新闻业的"可视化"（周葆华，2013），也即原有的"后台"向"中台"转化的过程。周葆华将"后台"的可视化总结为五个层面：第一，新闻生产过程。这一过程通过记者在博客、微博的自我披露而部分呈现于前、中台。第二，新闻文本。新闻产品在网络

平台上呈现"永远未完成"的状态，随时可以在受众的参与下更改、更新。第三，新闻从业者。社会化媒体给予每个从业者从幕后走到台前而"成为大V"的机会。第四，新闻话语。本属于新闻从业者内部范畴的业务讨论通过网络评论成为公共话题，受众成了新闻话语新的建构者之一。第五，新闻机构。机构通过新闻从业者个人在社交网站的披露，以及新闻机构本身的社交网站账号，实现了从"后台"走向"前台"的转变。

从后台的"可视化"可以看到，新闻生产所能实践的透明与开放程度仍限于姿态性的展示，关系到对社会事实认知、判定与选择的核心环节仍处于"深后台"中，而这种"深后台"的形成可能进一步强化传者的主动性，使传受双方的权力结构更加不平等。"后台"开放看似向受众展现了新闻生产过程，消解了"神秘感"，但这种开放还有可能造成另一种假象：受众自以为掌握了"后台"的全部信息，却忽视了"深后台"的存在。这样一来，媒体依旧可以在"深后台"施加控制，而以为自己掌握真相的受众会变得更容易相信媒体。换句话说，向受众开放的只是梅洛维茨描述的"中台"，而受众对自身"全知全能"的想象和隐藏的"深后台"会使受众更容易受控制。

运用卡茨和拉扎斯菲尔德（Katz，Lazarsfeld，2005）对传播影响的分类能够更好地理解从"后台"到"深后台"的转变。卡茨根据"传受双方是否意识到了此种影响"来区分不同的传播影响：传者意识到、受者没意识到的是"操纵"；传者、受者都意识到的是"劝服"；传者没意识到、受者意识到的是"模仿"；传者、受者都没意识到的是"传染"（见表4-1）。在传统传受关系中，媒体和受众都知道"后台"的存在，他们之间的影响属于"劝服"；而"深后台"出现后，媒体知道"深后台"的存在，受众却未必清楚，所以两者之间的影响可能从"劝服"转为"操纵"。

表4-1　　　　　　　　　　卡茨对传播影响的分类

		受众	
		意识到	没意识到
传者	意识到	劝服	操纵
	没意识到	模仿	传染

开放式的新媒体环境下，受众的被动性无法被消除、"完全主动性"无法实现，其根本原因在于媒体的"深后台"无法全部开放。由于"深后台"的存在，

除非受众获取信息完全不依赖媒体机构，否则媒体的内容生产总会存在隐藏盲区，同时，媒体自身也会思考"应当开放多少后台内容才能实现满足受众参与和维护自身权威的平衡"（Allen，2008）。"深后台"又必然会存在，因为完全的开放意味着职业边界消失和职业权威降解，所以机构型新闻媒体的开放是有限度的。因而，可以说在大众传播条件下，"媒体-受众"之别决定了被动性是"受众"概念的基本属性之一。当然，"主动-被动"二分法应避免价值判断，认为主动一定优于被动的观点是盲目的（Carpentier，2011）。在这一前提下，不妨把"被动的受众"看作大众传播的常态而非弊端，同时考察新的媒介环境对这种常态的重塑。下文将通过对一则报道案例的讨论，分析新媒体环境下的"后台"开放如何强化了受众被动的可能性。

二、新闻报道中的"后台"开放与"深后台"形成

卓伟在我国新闻界是一位"符号式"的记者，提到娱乐记者或者"狗仔"，很多人会首先联想到他。本节选择《中国青年》2016年10月上半月（总第19期）的人物报道《"中国第一狗仔"卓伟：我是有新闻理想的》（下文简称《卓》）（浮琪琪，2016）作为分析对象，主要原因是：第一，这篇报道存在多处对新闻"后台"的开放，切合研究主题；第二，卓伟在个人微博中转发了这篇报道，得到了大量评论，这有助于本书进一步分析受众的解读。

《卓》的正文分为四个部分：第一部分回顾了卓伟少年时期对"不平庸、能折腾的小报记者"的朴素向往以及他的职业历程，并谈到了卓伟自己对"狗仔"一词的看法；第二部分描写了"狗仔"工作的艰苦，总结了卓伟口中做"狗仔"必须具备的能力，卓伟在这一部分还回应了一些对他的质疑，如侵犯隐私权、为赚钱不择手段、被娱乐圈人士收买等；第三部分谈到了卓伟的新闻理想和他对新闻规范的理解；第四部分讲述卓伟成为老板后的无奈，并突出了他充沛的精力和昂扬的干劲。除了正文的四个部分外，文章最后还附上了对卓伟的问答访谈，访谈话题包括隐私权问题、对娱乐圈的看法、娱乐新闻的价值。

"狗仔"是意大利语"Paparazzi"的港译，是对八卦娱乐记者带有贬义的通俗称呼。他们为商业利益虚假报道、揭露名人隐私的行为被普遍认为是不道德的，同时"狗仔"群体也试图诉诸专业主义以确立自身的正当性（谢静，2008）。需要指出的是，无论"狗仔"如何为自己正名，其本身行为都有不当之处，应当予以批判（魏永征，2014）。在这一论调下，"狗仔"对自身的正当化建构只是一

种自圆其说的操纵手段，本质上没有说服力。

由于本节主要研究开放式新闻生产条件下传受关系的变化，所以这里主要研究新的新闻生产形式，即卓伟本人和《中国青年》杂志在微博中与受众的互动，以及微博回复中受众的发言与交流。但是，对受众行为的分析离不开文本，因为受众的评论大多针对文本，文本本身对受众行为有很大影响。因此，本节首先简要分析《卓》文本中对他平日新闻工作"后台"的开放。

《卓》是"狗仔"寻求正当化的一个具体体现，后台"开放"在此处被用作引导受众的手段。通过分析该新闻报道的框架，可以理解该文本生产中"前台""中台（开放的原有'后台'）""深后台"的关系。在框架分析中，本书采用潘忠党与考西克（Pan，Kosicki，1993）提出的分析模式，从句法结构、脚本结构、主题结构与修辞结构四个方面进行分析。

第一，从句法结构上看，《卓》的宏观句法结构采取传统的"个人经历＋人物问答"人物报道框架。报道的每个部分都穿插个人经历与人物问答这种夹叙夹议的句法结构，其特点在于，完全围绕人物展开，叙述和议论的信源都来自报道人物本身，如果报道不主动采引其他信源信息，就成了报道人物的自说自话。

第二，从脚本结构上看，"艰苦奋斗叙事"与"专业主义叙事"是《卓》文的两个典型脚本。这两个脚本结构都体现了"后台"开放的特征，实际上创造了"中台"和"深后台"的区分。

一方面，"艰苦奋斗叙事"是对新闻生产过程"后台"的开放。报道中多次提及卓伟及其团队蹲点、采写新闻的艰辛，这种对新闻生产过程"后台"的开放，实际上使新闻生产的一部分成为"中台"被强调，另一部分被隐蔽成"深后台"。具体到《卓》这篇报道，"狗仔"获取新闻素材的艰辛、社会环境的不友善、新闻寻租诱惑、创业创收的艰难等成为"中台"被强调，而"狗仔"暗访手段的新闻伦理道德争议、对公众人物隐私的侵犯等转入"深后台"被隐藏。

另一方面，"专业主义叙事"则是对新闻话语"后台"的开放。在文中卓伟多次陈述了专业主义的原则，但他的陈述是片面的。卓伟主要强调了"专业"的五个层面：其一，能吃苦、机灵。其二，独立性，主要指不接受新闻寻租。其三，真实性，试图说明"真的新闻就是好的"。其四，公共利益，卓伟没有回避隐私权的问题，而是试图采用"公众利益逻辑"和"商品逻辑"两种正当化方式回应质疑："公众利益逻辑"认为曝光明星隐私是为了维护公众利益，隐藏了报道追求"爆炸性"以实现商业利益的目的;"商品逻辑"认为明星"有商品的属性",所以公众有对商品的"知情权"。其五,道德底线。《卓》同样不回避大众对"狗仔""不道德"的批评,反而强调了"狗仔"的道德底线。

　　《卓》的"专业主义叙事"所呈现的是有选择的、被扭曲的"专业"。前述五个层面的专业主义中:"能吃苦、机灵"不是新闻业内普遍认同的"专业",只是记者的一种素质;"独立性"是被普遍认可的,如果卓伟做到了杜绝新闻寻租,可以依事实写入报道;"真实性"被曲解为"好新闻"的唯一标准,回避了媒体的社会责任;"公共利益"偷换概念,试图以广泛认可的"公众利益""知情权"提法来合法化隐私侵犯。实际上,学界对公众人物隐私权、记者暗访报道操作原则等早已达成一定共识(魏永征,傅晨琦,2014),与卓伟的辩解相去甚远,在此不再赘述;"道德底线"的界定基本符合法律、道德原则,但卓伟在实践中并没有恪守这一"底线"。综上所述,《卓》报道中呈现于"中台"的五点"专业主义"正面强调了"狗仔"在新闻专业领域的正当性,而未提及的专业主义内涵、实际操作中对专业主义的践行程度、娱乐报道对商业利益的追求、学界与业界的相关共识等因素被隐藏在"深后台"。

　　第三,从主题结构上看,全篇将卓伟塑造成"有新闻理想的专业记者"。除此之外,《卓》还尝试塑造卓伟的一些其他形象,如"文化人":文中的描述性语句以及人物外貌描写、人物照片配图都动用了多种上流知识阶层的"符号化"意象。

　　第四,从修辞结构上看,《卓》以正面修辞为主。加姆森(Gamson,1994)提出的五种框架策略都属于修辞结构范畴:隐喻、榜样、警句、叙述、视觉意象。隐喻上,"新闻理想""专业记者""文化人"三个形象隐喻贯穿始终;榜样上,"中国第一狗仔"卓伟被作为行业榜样;警句上,以大篇幅卓伟的直接引语凸显"我是有新闻理想的""无愧于心"等高大全的人物形象;叙述上,选择"金字招牌""娱乐圈中纪委""捍卫""圈内王牌"等含有褒义的词句;视觉意象上,报道配有两幅人物摄影,一幅展现卓伟日常状态,一幅精心修饰包装,两幅照片都为摆拍。

　　综合上述分析,《卓》通过"后台"开放建构"中台"和"深后台"的手段主要有三种:其一,开放新闻生产"后台"。通过反映"狗仔"新闻生产和创业过程,将"艰苦奋斗叙事"和新闻理想话语作为"中台",将新闻伦理与法规、"狗仔"的社会效益作为"深后台"。其二,开放新闻话语"后台"。记者卓伟作为唯一信源在文中阐释"公众利益""媒体底线"等应当由新闻从业人员"阐释的共同体"（Zelizer，2009）协商认可的新闻概念，使卓伟所强调的专业主义、被偷换概念的公众利益、观念上的媒体底线成为"中台"，新闻界协商共识的专业主义、公众利益、媒体的商业利益、实践中的底线操守成为"深后台"。其三，开放新闻从业者"后台"，通过塑造人物形象使原本在幕后的新闻记者卓伟走上"前台"，这种手段是由人物报道本身的特性决定的，与前两种"后台"开放互相交织。

其中，《卓》文本的新闻话语是有选择的、被扭曲的，其对新闻话语"后台"的开放值得注意。本节重点不在于揭露这些叙述的虚假性，而在于连接文本与受众解读，观察受众评论如何受到"后台"开放的影响。而新闻话语这类话题远离受众的日常生活，更容易形成隐蔽的"深后台"，强化受众被动性，应当重点关注。

三、微博回复中受众对后台开放的解读

除了《卓》文的文本中直接开放"狗仔"做新闻的后台，《中国青年》杂志、卓伟本人在微博上发布《卓》文的行为本身也构成了开放式新闻生产条件下机构和记者个人从"后台"走向"前台"的"可视化"。这种"后台"开放与新闻文本中的"后台"开放结合，有其特殊意义：《中国青年》杂志和卓伟在微博上的发布和转发行为，一方面可以看作一种"展示"，展示"狗仔"在新闻生产中的艰苦；另一方面可以看作一种"邀请"，邀请受众通过微博回复一起参与到对"专业主义""公众利益""报道动机"等新闻话语的阐释中来。

《中国青年》杂志于2016年9月30日在微博发布了《卓》文，卓伟于10月11日转发并配文"谢谢《中国青年》杂志的鼓励！无愧于心，继续努力！"，截至2016年11月20日，《中国青年》杂志微博收到423条回复，卓伟微博收到1284条回复。为了便于统计分析，本节进一步筛选出点赞数大于5的微博回复，最终得到研究样本119条，总点赞数9712个。本节对《中国青年》杂志、卓伟微博下网友回复的内容分析主要考察网友对媒体编码内容的解读。参考霍尔（Hall，1980）分类的三种解码模式，本节将受众解读分为四种类型：正向解读、反向解读、协商解读和不解读。正向解读和反向解读分别对应完全接受编码和完全否定编码，协商解读指接受一部分并否定另一部分编码，不解读指依然围绕主题发表评论，但回复不涉及文本解读，且明显与文本内容无关。

综合统计两条微博下的评论数和微博评论的点赞数（不是微博本身的点赞

数），内容分析得到的结果如表 4-2 和表 4-3 所示：

表 4-2　　　　　　　卓伟微博下网友回复的内容分析

	正向解读	反向解读	协商解读	不解读	合计
回复数	35	12	6	14	67
点赞数	2 459	264	729	4 220	7 672

表 4-3　　　　《中国青年》杂志微博下网友回复的内容分析

	正向解读	反向解读	协商解读	不解读	合计
回复数	27	9	7	9	52
点赞数	1 327	183	332	198	2 040

为了深入分析，本节进一步对受众反馈按照上述三种文本中的建构方法（开放新闻生产"后台"、开放新闻话语"后台"、开放新闻从业者"后台"）进行编码。当出现一则回复包含多项编码类目内容时，归入回复中最主要涉及的类目。编码表如表 4-4 所示：

表 4-4　　　　　　　微博回复内容分析编码表

一级编码	二级编码	举例
新闻生产	新闻生产	"记者辛苦了""蹲点吃苦是你们活该"
新闻话语	真实性	"真的新闻就是好的""不做假新闻"
	专业性	"操作专业""存在即合理"
	道德与公众利益	"无良狗仔""曝光明星丑闻维护了公众利益"
	隐私权与知情权	"靠出卖明星隐私牟利""应该监督明星"
	新闻理想	"希望你继续坚持自己的理想"
新闻从业者	人物形象	"感觉你挺有文化的"
不适用	不适用	"支持你，加油哦"

通过进一步编码，整合两个微博的回复，得到以下统计结果，如表 4-5 所示：

表 4-5　　　　　　微博回复内容分析编码结果

		正向解读		反向解读		协商解读		不解读	
		回复数	点赞数	回复数	点赞数	回复数	点赞数	回复数	点赞数
新闻生产	新闻生产	6	433	0	0	0	0	0	0

续前表

		正向解读		反向解读		协商解读		不解读	
		回复数	点赞数	回复数	点赞数	回复数	点赞数	回复数	点赞数
新闻话语	真实性	6	542	1	5	2	49	0	0
	专业性	5	328	1	6	3	92	5	146
	道德与公众利益	14	962	6	123	1	25	1	13
	隐私权与知情权	14	739	3	99	4	256	0	0
	新闻理想	5	100	2	50	1	627	0	0
	合计	44	2 671	13	283	11	1 049	6	159
新闻从业者	人物形象	4	141	0	0	1	5	0	0
不适用	不适用	8	499	8	164	1	7	17	4 259

从内容分析的结果可以直观看出：第一，大部分受众都正向解读了文本内容，正向解读无论在回复数还是点赞数上都占多数。第二，反向解读在回复数上较多，但在点赞数上几乎都为倒数，这说明持反对意见的受众更倾向于发表自己的看法，但这些看法受其他受众认可的程度比较低。第三，协商解读和不解读的回复数与反向解读相近，总体而言略低，但点赞数都高于反向解读（尤其是卓伟微博下的不解读回复），表明虽然发表这两种意见的网友较少，但这两种意见比单纯的反向解读更被大众接受。第四，"不适用"类目中不解读回复的点赞数达到4 259条之多，从表4-2可以看出，它们几乎都是对卓伟微博下回复的点赞。受到极高赞数的回复，内容都是与其他评论争辩，指责批评者"一面骂卓伟，一面爱看爆料"。本节认为，这类无关文本、有来有往的讨论之所以在卓伟微博中出现较多，主要是因为他在通过微博走向"前台"的过程中已经拥有了一批会为之辩护的支持者。

接下来具体分析不同类型的"后台"开放手段的受众解读。

（一）新闻生产"后台"开放：以情动人效果不佳

新闻生产"后台"开放是《卓》报道中着大量笔墨叙述的部分，然而，微博回复中仅有6条回应了这种"后台"开放策略。同时，6条回复都是正向解读，且点赞数比较高（平均点赞数72），说明这种策略虽然获得的主动响应较少，但存在一定支持者。

具体分析回复的内容可以发现，对新闻生产"后台"开放的正面解读都诉诸情感，本节认为这也是《卓》文的本意。回复中的主要主题是"辛苦"，如"凭什么人家辛苦的蹲点守候爆出来新闻,喷子在惊讶娱乐完,再反过头来装白莲花去骂爆料者""不容易啊";与之相对的是,"狗仔的伦理道德"作为"深后台"被忽略了,回复中没有人指出这种"后台"开放片面强调了行为的艰辛情绪,却忽略了"狗仔"行为本身的不正当。

以情动人能够达到短期的劝服效果,从回复数和点赞数来看,这种效果产生作用的程度和范围有待商榷,但总的来说,考虑到新闻生产"后台"开放在文本中的大量呈现,受众对此的响应并不理想——这与人们想当然的观点不大相符,一般的观念中,"打感情牌"贴近受众,应当有良好收效。

(二)新闻话语"后台"开放:被引导的"权威消解"与"对话的想象"

新闻话语"后台"开放是获得最多受众响应的"后台"开放策略,且无论是点赞数还是回复数都远多于其他类目。从解读类型上看:正向解读在回复数和点赞数上仍然占绝对多数;协商解读虽然回复数较少,但点赞数多,主要点赞集中在"隐私权与知情权""新闻理想"(仅一则回复有 627 赞)类目;反向解读的回复数略微多于协商解读,但点赞数较少,总的来说占比较低;不解读的占比最低。

从各类目的回复内容来看,受众解读主要集中在以下维度:

第一,真实性。《卓》文中简单地把"真实"与"好新闻"挂钩的逻辑通过开放"后台"得到普遍承认,如"只要不造谣,就是好新闻""他只是爆出事实而已,没有作假",即使是反向解读和协商解读,也都承认了"真=好"的逻辑,只是质疑卓伟的一些爆料不真实。由此,这种对"真实性"的曲解作为"中台"被受众广泛接受了。

第二,专业性。受众对专业性主要有"操作专业"和"存在即合理"两种解读,前者是文本中编码的"中台",后者更多来自受众的主动解读。"操作专业"强调卓伟团队善于挖掘明星绯闻,总能找到"猛料","存在即合理"强调"狗仔"的存在是为了满足人的需求。此外,新闻话语"后台"开放策略主要的不解读回复出自"专业性"类目,这类回复中受众没有讨论文本,而是指责其他受众一方面想知道八卦,一方面又批评卓伟,如"他拍也要有人看啊,敢问喷子你们不八卦?"。

第三,道德与公众利益。这是新闻话语的二级编码中受众回应最多的类目,对这一话题的讨论也体现出多元化的解读。正向解读和反向解读的受众分别站在"公众利益"和"个人道德"的立场上发表回复,前者认为"狗仔"的行为维护了公众利益,文中提到的"娱乐圈的中纪委"封号受到正向解读者的认同;而后者认为"狗仔"的做法是不道德的,如针对文中"无愧于心"的反向解读"可是你有愧于道德"。回复中关于"维护公众利益"和"违背个人道德"的争辩存在极化的特点,没有受众试图将这两者联系起来考虑,也没有人指出这两者之间不是质的对立关系,而是量的关系。

第四,隐私权与知情权。这一类目与第三点一样存在多元解读,结果也是正向解读压倒反向解读。正向解读强调受众有"知情权":"公众人物在树立形象赚取大额钱财的同时,就是要受到监督";反向解读强调明星有"隐私权":"公众人物也有自己的私生活,他们也是人"。在隐私权与知情权的争辩中,受众回复呈现出和前述第三点一样的特征,受众看似在同一公共领域中发表观点,但却没有对话互动,且观点表达极化。此外,这部分的协商解读占比较多,其中有一些协商解读体现出客观和折中的态度,如肯定卓伟的一些报道,同时重点否定另一些报道,或肯定卓伟的报道,指责大部分狗仔"太过分"——这些回复先不论对错,至少摆脱了非黑即白的宣泄,能保持独立思考。

第五,新闻理想。《卓》文中"理想"作为重点展示的"后台"被开放,从标题就可见一斑。然而受众对此的回应不太积极。正向、反向解读无论从点赞数还是回复数上都比较少,值得注意的是仅有一则回复的协商解读点赞数高达627赞。但本书认为这一数据并没有研究意义,因为这条回复"大概在张靓颖这件事上你还能有点理想"切了微博发布时的社会热点话题,并不能表明协商解读的内容更受网友认可。

(三)新闻从业者"后台"开放:形象塑造的长期影响

《卓》文作为人物报道,写作目的在于塑造人物形象,但回复中直接回应人物形象塑造的回复和点赞都比较少。不过,本节认为这并不表示新闻从业者"后台"开放没有成效,相反,形象塑造的影响会更为深远。

第一,新闻从业者"后台"开放的影响渗透于大众媒体之中,记者的个人微博、媒体的记者手记、名记者人物报道等形式都是新闻从业者的"后台"开放,这些信息重复出现于受众的媒体接触中,达到持续"浸润"的效果;第二,形象塑造会造成"刻板印象"(李普曼,1922/2002)。人物在媒体报道中被符号化,如提到"中国第一狗仔"会联想到卓伟,在林丹爆出出轨事件后,对事件不太关注的人会想当然地以为曝光媒体是卓伟的风行工作室。所以,不能从内容分析结果中直接否定新闻从业者"后台"开放的影响,应当看到媒介效果分为长期与短期、强化与改变等效果。

(四) 不适用的情况：脱离文本的立场之争

这类回复其实不属于本节的研究范围，但由于点赞数和回复数占比都比较大，在此作简要说明。不适用分类中的正向解读和反向解读，主要是对卓伟、《中国青年》的直接支持或攻击，如"继续加油吧""我见过最不要脸的采访之一"，因为无法判断回复者得出这些结论时有没有阅读文本，所以未归入"不适用"中；协商解读中仅有一则点赞数为7的回复；不解读类目共4 259个赞、17条回复，以对网民行为的评价为主，比如"一边爆料一边被骂，狗仔真难当"，由于明显与文本无关，所以归入此类。从这类回复的高赞数可以看出，观点间的互相指责更容易引起相同观点者的支持行为。

四、开放式新闻生产中传受关系的重构

媒介技术的发展推动着传受关系的变迁，在互联网环境下，媒体机构部分被迫、部分自觉地做出自我披露，原本"前台-后台"的传受场景二分法被打破，转而呈现出更加多元的光谱式结构。媒体"后台"的开放将原本处于"前台"的新闻文本推向"前前台"，开放后的"后台"成为"中台"，仍然隐藏在幕后的要素组成"深后台"。按照梅洛维茨（1985/2002）的观点，"中台"的出现会使"前前台"和"深后台"的行为更趋向正式与即兴这两极，但在传者主导的传播过程中，这论断是否成立仍然存疑。可以肯定的是，在重构的传受关系场景下，"前前台""中台""深后台"各自被赋予了不同特征，媒体内容生产及受众与文本互动的形式也变得更加复杂。

(一)"前前台"：新闻生产中价值判断的兴起

新闻的"前前台"与之前"前台"概念类似，主要指新闻文本，这是大众媒体最直接与受众见面的方式。在互联网环境中，新闻文本最大的变化在于摒弃了单一的事实判断，价值判断在报道中越来越被强调（喻国明，2008）。网络"去中心化"的特点使每个人都成为"传受者"，平台媒体的兴起给予大众发言、交流的机会，在此基础上，事实往往只是社会讨论的第一步，随后不同群体在网络空间的价值论战才是注意力资源的最终指向。由此，传统媒体的新闻文本形态也表现出新的价值判断取向。

这种价值判断的兴起，主要体现于媒体机构在新媒体上突破原有新闻话语的

行为。其具体表现有：运用带有强烈感情色彩的标题；在媒介机构社交平台账号上与网友进行互动甚至辩论；口语化、感情化的行文方式；在新闻文本中毫不掩饰自身价值偏向，或引导网友"站队"；频繁以"小编"自称，借此发表自己的观点。对价值判断的强调，同时也是对新闻客观性原则一定程度的消解。在政党报刊时期向商业报刊时期过渡时，为了争取不同观念和立场的读者而产生的客观性原则，如今渐渐被以聚拢相同观念读者为目的的价值原则所取代。

例如，《中国青年》杂志对卓伟的正面报道价值倾向就非常明显，杂志本身在微博上也毫不掩饰这一倾向。2016年9、10月，卓伟团队曝光张靓颖与母亲矛盾的前后，《中国青年》杂志微博先后推出包括《卓》在内的四则有关卓伟的原创推送。其他三则中，一则是对卓伟的音频专访，一则是视频专访，一则是题为《"卓伟们"存在的价值在哪里》的评论，配引文"假如有人准备拍案而起或洁身自好，请不要以最大的恶意揣测、攻讦对方，不要拖他们后腿"，该文与《卓》为同一记者所作，都是对卓伟的正面背书。作为媒体官方微博，《中国青年》杂志微博还通过转发赞同意见、驳斥反对意见参与了网友对卓伟的讨论，回应内容比较口语化。

对于受众而言，呈现于"前前台"的价值判断文本形成了新的控制，推动了受众"极化"与"碎化"。原本以接受事实信息为主的受众，由于价值信息的强化而不断聚拢到对立的立场阵营中，一方面使对立的观点更加对立，另一方面削弱了大众媒体凝聚共识的功能。从卓伟和《中国青年》杂志的微博下几乎一边倒的支持声音可以看出，有立场的社交媒体空间形成了"碎化"的观点群体，这种相互分隔的群体又为"极化"观点提供了场所。可见，这种现象并非只出现在政治和公共事件的讨论中（乐媛，杨伯溆，2010），也见于娱乐话题。通过对自身价值立场的强调，媒体可以绕过事实论据，通过价值引导赢得受众的感性支持。

（二）"中台"：新闻生产的部分开放

互联网场景中的新闻媒体"中台"包括两部分：一是网络评论，二是新闻机构和从业人员的社交媒体账号。"中台"为受众创造了前所未有的参与文本生产与讨论的机会，是互联网技术给新闻业带来的新现象。"中台"的存在说明在理论上更新传受关系模式十分迫切且很有必要。"中台"不是完全由"后台"开放转化而来，也有部分"前台"退回到"中台"。具体来说，"前台"文本中对新闻生产、新闻文本、新闻话语、新闻从业者、新闻机构的披露，在互联网环境中通过机构或记者个人社交媒体账号的转发和评论得以转入"中台",如前文所述,这种转发和评论行为既是"展示",也是"邀请",在展示原本的新闻"后台"的同时,也邀请网民在评论空间中参与对新的"中台"的讨论。

从传播者角度来看,"中台"代表媒体以自我开放赋予受众解读自主性的过程。这一过程以媒体为中心,主动的开放显示出互联网环境下传受之间的张力和妥协,媒体为了维护自身权威,必须让渡出一部分权力,"新闻透明性""公共新闻"等概念的提出是其具体表现。从受众来看,"中台"在社交媒体中呈现出受众自由讨论的形态,新闻机构和记者有时也会通过评论和转发积极参与到讨论中,或为讨论提供平台。然而,由于相关话语库的匮乏,这种讨论很难摆脱"就文本论事"的桎梏。

毫无疑问,"中台"不是完全的开放。前述五个方面的"后台"开放,都暗含隐而不发的部分,由此维护了传播者的既有权威,削弱了受众的主动性:

就新闻生产而言,现有的"中台"往往围绕新闻生产的艰辛过程做文章,目的是诉诸情感。除此之外的其他新闻生产流程,如怎样进行具体采写编评操作,仍然停留在学校教育和职业实践的范畴里——实际上,这些生产过程的开放才是提高受众媒介素养、激发其主动性的最佳途径。

就新闻文本而言,文本的纠正和改写实际上也是维护传播者权威的过程。

就新闻话语而言,受众对新闻话语的讨论被限定在传播者给定的范围内。一般的观点多认为,社交媒体的出现使公众得以参与到专业话语的界定中。具体到新闻业,以往由新闻界专业社群内部协商确立的新闻话语,在新媒体环境下被置于"中台",任何人都可以参与新闻话语的建构和修正,专业人士的权威被消解了,受众得到赋权。但是,从本节的研究结果来看,这种受众参与的话语建构也是可以被引导的。《卓》文中开放的新闻话语"后台"收到的受众反馈以正向解读为主,并且越专业的"中台"新闻话语越容易被受众接受,因为专业性较强的话语远离受众的日常实践,导致受众难以提出批判性建议,更倾向于全盘接受或否定。这种情况下,隐藏在"深后台"的新闻话语难以被察觉,"中台"新闻话语内容被当作完全的"开放"。

就新闻从业者、新闻媒体和新闻机构借助社交网站进行自我披露而言,受众在网络空间的自由交流不一定能达成共识。越来越多的观点认为社交媒体有助于公众充分沟通,但通过分析持相反意见的受众在微博中的回复行为,本节发现不同观点间几乎不存在交锋和说服,而是"各说各话"。想象中微博作为公共领域的对话并没有出现，传统的传受权力关系没有因为公开讨论而改变，受众也没有在讨论中达成共识。从对"道德与公众利益""隐私权与知情权"回复的分析可以看出，微博的评论空间中并没有理想中的"对话"产生，只有各自观点泾渭分明的"表达"。持不同观点的网友在回复中体现出观点极化的特点，且很少存在跨观点的对话，"点赞"作为支持特定观点的行为，实际上是一种"站队"，强化了观点的隔绝。这一现象从一个侧面印证了"对话并非民主之魂"（舒德森，2008/2010），应该说社会化媒体仅提供了对话的可能，却并不能保证对话必然发生（Mutz，1992），这也在一定程度上为双向理解的困境提供了一个现实的注脚。

（三）"深后台"：新闻职业权威的维系和控制

在互联网环境下形成的新闻媒体"深后台"场景，一方面是新闻界维护职业权威的需要，另一方面重申了传播者更为隐蔽的控制力。在分析"深后台"对传受关系的重构时，既要看到其必要性，也要看到其欺骗性。

首先，只要新闻行业存在，就不可能存在完全的"后台"开放，因为边界消除意味着权力的瓦解。不问目的的"透明性"会带来更多的问题而非增益（Allen，2008），"后台"开放是传统新闻机构为了应对新媒体的挑战而进行的权力让渡，其目的仍然是维护自身职业权威和行业自治。与之相反，完全的"开放"意味着完全放弃自身权力，这与"后台"开放的目的背道而驰。所以，不妨把"后台"开放看作新闻业一种以退为进的边界工作，只要新闻仍成其为一种职业，"深后台"就不可能消失，也不应该消失。

其次，"深后台"的存在又进一步强化了传者的控制力和受众的被动性。从本节研究结果来看，《卓》文本中的"后台"开放得到了大多数回应受众的正向解读，这说明"后台"的开放也许不是想象中那种"田园牧歌式"的美好。"后台"开放可能成为宣传的一种操作手段，因为"后台"的开放不是完全的开放，而"深后台"较之原本显在的"后台"更具有隐蔽性，受众很容易陷入"后台"开放的陷阱，自以为掌握了"剧目"的全部信息，从而更轻易地被传者引导。这种更为隐蔽、更有技巧的控制方式不但没有消解权力，反而固化了传者原本的主导权力地位。

除了公众媒介素养、媒体社会角色等显在原因外，"深后台"具有欺骗性的本质原因在于，定义"中台"与"深后台"的决定权始终在传者手中。传播者可以决定什么应当被推到"中台"，什么需要继续隐藏在"深后台"，且这一操作是隐蔽的。虽然传者的决策不可避免地需要考虑受众的主动解读，两者间存在互动与协商，但其中的主导因素仍然是传者。当然，"深后台"对受众被动性的强化存在限定条件。如公民新闻，原本的受众自己建立了媒体，成为传者，也就不存在"深后台"问题了。此种传受关系需要考虑的是社会资本和注意力资源分配等问题。

受众的主动与被动之辨，并不是非此即彼的二元对立，本节强调"被动的受众"，也并不代表对受众主动性的否定。应该看到，我们当前正处在媒介形态深刻变化的时代，而每当媒介技术面临重大革新时，"技术决定论"就会甚嚣尘上。当下对互联网为受众赋权、提升受众主体地位的研究已经足够多，应当有更为多元的声音来回应这种"技术乌托邦"观点。媒介研究应该放在更长远的历史背景下考量，而非新技术一出现就落入技术决定论的窠臼（莫利，2006/2010）。在对互联网技术充满期待的同时，也不能忽略传受关系中固有的被动性，以及新技术强化这种被动性的可能。本节作为探索性研究，意在提出"后台"开放与传受关系的另一种可能性。比起本节所分析的"前前台—中台—深后台"模式，更有意义的是在面对新媒体环境下的新闻文本时去思考"什么被推到中台而强调了""什么被置于深后台而隐藏了""传者强调与隐藏这些信息的目的与意义何在"等议题，从而更理智地认识新闻业生产变革的全貌。

参考文献

方师师，周炜乐，2017. 艰难转型中的新闻业：皮尤、路透新闻业报告综述［J］. 新闻记者，(7)：45-50.

浮琪琪，2016. "中国第一狗仔"卓伟：我是有新闻理想的［J］. 中国青年，(19)：24-27.

戈夫曼，2008. 日常生活中的自我呈现［M］. 冯钢，译. 北京：北京大学出版社.

乐媛，杨伯溆，2010. 网络极化现象研究：基于四个中文BBS论坛的内容分析［J］. 青年研究，(2)：1-12，94.

李彪，2018. 未来媒体视域下媒体融合空间转向与产业重构［J］. 编辑之友，(3)：40-44，85.

李普曼，2002. 公众舆论［M］. 阎克文等，译. 上海：上海人民出版社.

林文刚，2005/2007. 媒介环境学：思想沿革与多维视野［M］. 何道宽，译. 北京：北京大学出版社.

梅洛维茨，2002. 消失的地域：电子媒介对社会行为的影响［M］. 肖志军，译. 北京：清华大学出版社．

莫利，2006/2010. 传媒、现代性和科技："新"的地理学［M］. 郭大为等，译. 北京：中国传媒大学出版社．

彭兰，2017. 未来传媒生态：消失的边界与重构的版图［J］. 现代传播（中国传媒大学学报），39（1）：8-14，29.

仇筠茜，陈昌凤，2018. 黑箱：人工智能技术与新闻生产格局嬗变［J］. 新闻界，(1)：28-34.

曲慧，喻国明，2017. 超级个体与利基时空：一个媒介消费研究的新视角［J］. 新闻与传播研究，24（12）：51-61，127.

舍基，2008/2009. 未来是湿的［M］. 胡泳，沈满琳，译. 北京：中国人民大学出版社．

舒德森，2008/2010. 为什么民主需要不可爱的新闻界［M］. 贺文发等，译. 北京：华夏出版社．

魏永征，2014. 警惕把"狗仔"合理化的取向：香港"狗仔队"文化的借鉴［J］. 新闻界，(10)：21-24.

魏永征，傅晨琦，2014. "公众人物"不是"狗仔"报道的挡箭牌［J］. 新闻记者，(5)：43-46.

谢静，2008. 新闻业的话语实践与专业意识生产：以媒介有关狗仔队的话语为例［J］. 现代传播（中国传媒大学学报），(1)：55-57.

新浪科技. 今日头条CEO张一鸣：已有1.4亿活跃用户 每天平均用76分钟［EB/OL］. (2016-11-17)［2019-01-19］. http：//tech. sina. com. cn/i/2016-11-17/doc-ifxxwrwk1313520. shtml.

新浪网. 新浪联合硅谷布道师：未来媒体趋势报告［EB/OL］. (2016-10-24)［2019-01-19］. http：//news. sina. com. cn/2016-10-24/doc-ifxwztrt0308410. shtml.

喻国明，2008. 中国传媒业三十年：发展逻辑与现实走势［J］. 北方论丛，(4)：56-61.

喻国明，2017. "互联网发展下半场"：关于技术逻辑与操作路线的若干断想［J］. 教育传媒研究，(6)：95-96.

喻国明，杨莹莹，闫巧妹，2018. 算法即权力：算法范式在新闻传播中的权力革命［J］. 编辑之友，(5)：5-12.

张志安，束开荣，2015. 新媒体与新闻生产研究：语境、范式与问题［J］. 新闻记者，(12)：29-37.

周葆华，2013. 从"后台"到"前台"：新媒体技术环境下新闻业的"可视化"［J］. 传播与社会学刊（香港），(25)：35-71.

QuestMobile 研究院. 2022 中国移动互联网半年大报告［EB/OL］.（2022 – 07 – 26）［2022 – 07 – 26］. https：//www.questmobile.com.cn/research/report-new/254.

ALLEN D S，2008. The trouble with transparency：The challenge of doing journalism ethics in a surveillance society［J］. Journalism Studies，9（3）：323 – 340.

BUCHER T，2012. Want to be on the top? Algorithmic power and the threat of invisibility on Facebook［J］. New media & society，14（7）：1164 – 1180.

CARPENTIER N，2011. New configurations of the audience? The challenges of user-generated content for audience theory and media participation［M］//V. Nightingale. The Handbook of Media Audiences：190 – 212.

Digital Content Next. Digital Content Next Report Find Facebook，Google Experiences Together Account for Less Than 5% of Total Digital Revenue for Publishers［EB/OL］.（2018 – 02 – 08）［2019 – 01 – 19］. https：//digitalcontentnext.org/blog/press/digital-content-next-report-finds-facebook-google-experiences-together-account-less-5-total-digital-revenue-publishers/.

DOMINGO D，2008. Interactivity in the daily routines of online newsrooms：dealing with an uncomfortable myth［J］. Journal of Computer-Mediated Communication，13（3）：680 – 704.

EPSTEIN R，2015. How Google Could Rig the 2016 Election［EB/OL］.（2015 – 08 – 19）［2019 – 01 – 19］. https：//www.politico.com/magazine/story/2015/08/how-google-could-rig-the-2016-election-121548.

FISKE J，1987. Television Culture［M］. Londres：Methijen.

GAMSON W A，MODIGLIANI A，1994. The changing culture of affirmative action［J］. Equal employment opportunity：labor market discrimination and public policy（3）：373 – 394.

HALL S. Encoding/decoding［M］//Culture，Media，Language：Working Papers in Cultural Studies. London：Hutchinson，1980.

HERMIDA A，FLETCHER F，KORELL D，LOGAN D，2012. Share，like，recommend：Decoding the social media news consumer［J］. Journalism studies，13（5 – 6）：815 – 824.

Kantar Media. Attitudes to Paying for Online News［EB/OL］.［2019 – 01 – 19］. http：//reutersinstitute.politics.ox.ac.uk/sites/default/files/2017-09/KM%20RISJ%20Paying%20for%20online%20news%20-%20report%20230817_0.pdf.

KATZ E，LAZARSFELD P F，2005. Personal Influence：The Part Played by People in the Flow of Mass Communication [M]. New Jersey: Transaction Publishers.

KRUMSVIK A H, 2018. Redefining user involvement in digital news media [J]. Journalism Practice, 12 (1): 19-31.

LAZER D M, BAUM M A, BENKLER Y, BERINSKY A J, GREENHILL K M, MENCZER F, METZGER M J, NYHAN B, PENNYCOOK G, ROTHSCHILD D, SCHUDSON M, SLOMAN S, SUNSTEIN C R, THORSON E A, WATTS D J, ZITTRAIN J L, 2018. The science of fake news [J]. Science, 359 (6380): 1094-1096.

MUTZ D C, 1992. Impersonal influence: Effects of representations of public opinion on political attitudes [J]. Political Behavior, 14 (2): 89-122.

New York Times. Journalism That Stands Apart [EB/OL]. [2019-01-19]. https://www.nytimes.com/projects/2020-report/index.html.

NEWMAN N, FLETCHER R. Bias, bullshit and lies: Audience perspectives on low trust in the media [EB/OL]. [2019-01-20]. https://www.digitalnewsreport.org/publications/2017/bias-bullshit-and-lies-audience-perspectives-on-low-trust-in-the-media/.

Nieman Reports. Breaking News, mastering the art of disruptive innovation in journalism [EB/OL]. (2012-09-15) [2019-01-19]. http://niemanreports.org/articles/breaking-news/#part1.

OLMSTEAD K, MITCHELL A, ROSENTIEL T, 2011. Navigating news online: Where people go, how they get there and what lures them away [J]. Pew Research Center's Project for Excellence in Journalism, 9: 1-30.

PAN Z, KOSICKI G M, 1993. Framing analysis: An approach to news discourse [J]. Political communication, 10 (1): 55-75.

Reuters Institute for the Study of Journalism. Digital News Report 2018 [R/OL]. (2018-04-02) [2019-01-19]. http://media.digitalnewsreport.org/wp-content/uploads/2018/06/digital-news-report-2018.pdf?x89475.

Reuters Institute. Digital News Report 2017 [R/OL]. (2017-06-22) [2019-01-19]. https://reutersinstitute.politics.ox.ac.uk/sites/default/files/Digital%20News%20Report%202017%20web_0.pdf.

SWIFT A. Americans' Trust in Mass Media Sinks to New Low [EB/OL]. (2016-09-14) [2019-01-19]. https://news.gallup.com/poll/195542/americans-trust-mass-media-sinks-new-low.aspx.

THOMPSON J B, 1990. Ideology and modern culture: Critical social theory in the era of mass communication [M]. Stanford University Press, 227-228.

VOBIČ I, MILOJEVIĆA, 2014. "What we do is not actually journalism": Role negotiations in online departments of two newspapers in Slovenia and Serbia [J]. Journalism, 15 (8): 1023-1040.

ZELIZER B, 2009. Journalism and the academy [M] //WAHL-JORGENSEN K, HANITZSCH T. Handbook of Journalism Studies. New York: Rutledge.

第五章　互联网时代的新闻职业理念

以社交媒体为代表的新兴传播技术给新闻工作带来了新的挑战，一方面使新闻工作的传播力、影响力大为提升，另一方面也提高了新闻工作"后台"的社会能见度，将新闻媒体与新闻从业者置于广泛的社会关注、监督、批评之下，进而对新闻业长期以来形成的职业理念提供了反思与调适的契机。

从本体论来看，互联网时代的新闻职业理念不仅包括新闻从业者如何使自己的工作更为专业、权威、合法，也包括了新闻工作后台前置以后提出的新命题，比如新闻从业者如何理解与反思自身的社会角色，新闻从业者如何处理其与公众的关系、与技术的关系等新的维度。

从认识论和方法论来看，新闻职业理念不再是单纯由职业共同体界定、宣称和阐述的，而是在其与社会各界的互动与协商中实现内涵的重构，因此近年来实践的立场、文化的视角、建构主义的分析策略被广泛运用于新闻职业理念领域的研究议题，同时真实性和客观性等经典的概念也从规范性讨论转向规范与经验研究并重。

本章从两个方面推进对于新闻职业理念的探究。一是从关系的、动态的视角再思真实性与客观性这些基础性的新闻职业理念，把互联网时代的互动与对话这一核心文化症候带入对二者的理解和考察当中去；二是结合新技术带来的新闻生产与分发的新特点，对新闻从业者的职业角色内涵进行了扩充，梳理了新闻职业角色的理论争辩与实践演变。

第一节　传受关系视野中的新闻真实

新闻真实观是一套人们关于新闻真实的系统观点，在传媒生态的变革下，对于新闻真实性的理解也会随之变化更新（杨保军，2006）。随着技术发展，社交媒体已经成为受众获取新闻资讯的重要途径（Matsa, Shearer, 2018），面对新的媒介环境，媒体从业者应该如何理解与实现新闻真实，这是本书所要探讨的问题。

李普曼在《公众舆论》中提出，我们生存在两个环境之中：现实环境和虚拟环境。这两个环境建构了三种现实：客观现实、媒介现实以及受众现实。[①] 讨论媒介技术如何影响新闻真实性表达，实际上关注的就是技术驱动之下三种现实间的比照关系，陈卫星（2004：207）将其称为新闻报道的"真实效果"。

从新闻生产的视角出发，新闻真实重点讨论的是"报道真实"的特征及其实现（杨保军，2017a），即新闻报道与客观事实之间的符合程度，强调"媒介现实"与"客观现实"之间的二元对照。然而网络技术赋予了受众更多的选择权和主动性，研究者们开始从新闻收受者的视角来重新审视这一问题：在"报道真实"的基础之上，受众的理解与接受程度逐渐纳入新闻真实与否的评判体系之中，如果受众不相信，那么真实的新闻内容对受众而言就实质性的不存在了（杨保军，2017a）。因此，除了事实真实，"信任"也是新闻真实性实现的关键环节，"信任性真实"是感性的、间接的以及中介化的真实（杨保军，2017a）。

上述特征在社交媒体环境中体现得尤为明显，比如，社交媒体空间在某种程度上建构了基于情感化真相（emotional truth）的拟态环境，人们对真相的判定标准不再局限于事实本身，而开始服膺于社交媒体"小圈子"中的立场、情绪、经验以及交往关系，从而产生偏离真相本身的主观判断（史安斌，杨云康，2017；王维佳，2018），即使那些原本客观真实的新闻报道也难以得到受众的信任。在这一情况下，新闻从业者应该如何使真实的报道获得受众的信任，从而实现新闻的"信任性真实"？本书希望通过一项实证研究来回应这一问题。

具体而言，本节以记者和编辑为研究对象，借鉴卢曼的信任理论，展现并总结媒体从业者的实践策略。从生产者视角切入的原因在于，其一，本研究关切的核心主题是技术与新闻实践的关系，对从业者进行分析可以直接反映出技术驱动之下的新闻生产变革。其二，有关新闻信任的研究多以受众视角切入，若将镜头转向生产者，或能对该领域进行有益补充。其三，新媒体时期的新闻生产凸显了"反推式变革"的特征，从业者们意识到，新闻生产的逻辑起点应该是在理解受众的基础上反推新闻供应端的场景建构（王斌，程思琪，2018），即在职业规范的指导之下，新闻实践需要以受众为导向，通过揣摩受众的惯习、偏好以及心理

[①] "客观现实"指我们生活的现实世界；"媒介现实"指媒介所呈现的社会现实；"受众现实"指受众通过大众媒介获得的关于现实的认知。参见陈卫星（2004）《传播的观念》，北京：人民出版社，第207页。

特征来反推新闻生产策略。从这一角度来说，对生产者的分析实际上也包含了对受众的关照。

本研究的意义在于，从实践层面看，理解受众的最终目标在于更好地促进新闻生产，通过对从业者的深度访谈，展现并总结社交媒体环境中实现新闻真实性的策略，可以为新闻实践提供具有参考价值的一手经验；从学理层面看，既有研究积累了大量经验数据，但理论色彩稍显不足，本研究将信任置入社会学的视角加以分析，尝试在理论上解释并回应新闻实践的结构性变革。

一、文献综述

（一）从"事实性真实"到"信任性真实"："对话新闻"视角下新闻真实的实现

社交媒体时代从"对话新闻"的视角来反思新闻实践是合乎情理的。其实早在 20 世纪 90 年代，人们已经逐渐对计算机产生了新的解读方式：计算机不再被当作是一种增强智能的器具，而是更多地被理解为是一种交往的传媒（克莱默尔，1998/2008：2）。社交媒体具有一种与生俱来的社会性（sociality）和连接性（connectivity），为信息交往提供了更多可能（Van Dijck，2012）。O'Sullivan 和 Carr（2018）进而提出了"大众-人际传播"（Mass-personal communication）这一概念，用来解释社交媒体如何弥合了大众传播和人际传播的分野。

电子传播技术催生了"对话新闻"的理念，新闻实践也由此产生了由"客观新闻"到"对话新闻"的转向，"反映论"让渡给"对话观"（史安斌，钱晶晶，2011）。"客观新闻"关注"吾它关系"（I-it relationship）（Buber，Kaufmann，1970：3），新闻记者应该像"墙上的苍蝇"一样承担"局外人"和"观察者"的角色，新闻报道的首要目的是客观而准确地传递信息。与之相反，"对话新闻"强调的是"吾它关系"（I-thou relationship）（Buber，Kaufmann，1970：3），对话的目的在于促进不同主体之间的交流与理解，而非局限于反映客观现实，可以说"对话新闻"就是一种以"对话"为基本理念的新闻实践（李习文，2010）。

在此背景下，对新闻真实的理解也产生了由"客观真实观念"向"对话真实观念"的转变：新闻真实是不同新闻活动主体之间对话的结果，而非单一传播主体对新闻的客观反映（杨保军，2017b）。人们在社交网络上对真实性的追求远比传统的"事实再现"这一逻辑更为复杂，仅仅反映事实是不够的，还需要让受众理解它、接受它，最大限度地在多元主体之间实现认知平衡，使新闻实践更加适应社交媒体的技术语境。

具体而言，在事实性真实的基础之上，新闻真实性同样指从人的视角出发而产生的"相对意义的真实性"（韦尔施，1998/2008：149）。新闻真实是"我"（收受者）相信的真实，如果受众不相信，那么新闻真实对"我"也就实质性地不存在了（杨保军，2017a）。某种程度上，新闻实践的目的不仅在于"求真"，还在于"赢得信任"（操瑞青，2017），仅仅"真"是不够的，你还必须相信它（陈嘉明，2003：32）。

有鉴于此，在"对话新闻"的理念之下，本节尝试将新闻真实的实现划分为两个基本环节："事实性真实"以及"信任性真实"。前者指涉"报道真实"，是新闻真实性实现的基础以及首要特征（杨保军，2006：99）；后者则强调真实的新闻内容对于受众而言的实质性意义，是一种认知层面的真实性，而这一层面的真实性是本书关注的重点。

（二）"系统信任"与"人际信任"：信任的建立与实现

"信任"是社会学中的一个重要概念，从最广泛意义上讲，信任指的是"对某人期望的信心"（卢曼，1968/2005：1），产生于信任施予者（trustor）与信任对象（trustee）之间（Vanacker, Belmas, 2009）。《牛津英语辞典》将"信任"（trust）定义为"对人或物可靠性、真实性或能力的坚定信念"[①]。媒体信任也是一种社会信任，特指受众对媒体行为的预期，信任对象包括新闻内容、新闻记者以及媒体组织等（Williams, 2012）。

"媒体可信度"（media credibility）是传播学者在回应媒体"信任"问题时所使用的一个具有操作化意义的切入点，是指受众对媒体可信任程度的感知（Gaziano, Mcgrath, 1986; Freeman, Spyridakis, 2004），受到信源、媒介属性、资讯内容以及受众特征等因素的影响（Flanagin, Metzger, 2007）。这类研究多以问卷调查的形式展开，以期通过量化的方法将媒体信任中能够测量的部分标准化，虽然积累了大量经验数据，但理论色彩稍显不足，在各个因素与"媒体可信度"之间的关系上，不同学者得出的结论也不尽相同（廖圣清、李晓静、张国良，2005；Kohring, Matthes, 2007；周树华、闫岩，2015）。

近年来，研究者开始有意对"信任"这一概念进行正本清源的考察，从社会

[①] 《牛津英语辞典》"trust"词条：参见：http://www.oed.com/view/Entry/207004?rskey=gufyaF&result=1#eid。

学视角回应媒体信任建立的问题。比如周树华和闫岩（2015）借鉴社会学家 Zucker（1986）的理论，从属性（characteristic）、过程（process）以及制度（institution）层面剖析了媒体信任的产生机制：一方面，新闻职业规范以及生产原则给媒体带来了天然的制度性信任，另一方面，媒体自身的属性，以及读者对媒体内容的接触和阅读频率，都在不同程度上强化以及巩固了受众对媒体的信任程度。Kohring 与 Matthes（2007）将新闻信任问题与社会学理论相勾连，提炼出影响新闻信任的四大因素：话题选择、事实选择、描述的准确性以及记者自身能力。本节同样尝试从社会学理论切入，聚焦于新闻媒体，以期从理论层面来回应新闻"信任性真实"的实现策略。

德国社会学家尼克拉斯·卢曼（Niklas Luhmann）（1968/2005：50 - 85）将信任区分为"系统信任"（system trust）与"人际信任"（personal trust），二者并行不悖，相互加强而非相互排斥（Wong，1991）。如今社会学领域内关于信任模式的划分往往都建立于卢曼的这套体系之上（周怡，2013），关于信任建立的探讨也呈现出两条与之呼应的逻辑主线，即从制度规范层面以及人际交往层面来分析信任的实现策略。

一方面，"系统信任"是指对专家系统以及制度体系的信任。随着现代性的加剧，身边的熟人越来越少，信任赋予便转向了某些专家、符号以及规则（胡百精，李由君，2015）。从一般意义上来说，人们对媒体行业的信任也具有"系统信任"的特征（龚文娟，2016），即对"新闻专业性""新闻真实性原则"、职业规范以及对职业身份的信任，"系统信任"降低了交往过程中的复杂性，此时的信任不再是受众和从业者个体之间的交付，而是双方对职业规则的认同。

另一方面，"人际信任"表达的是个体与个体之间的信任关系，"信任的操作者正是有血有肉的人"（吉登斯，1990/2000：74），甚至有学者将"人际信任"称为"信任之基石"（高学德，2015）。因此在某种程度上，从人的视角出发来审视信任的建立，既是出发点也是落脚点。

"人际信任"产生于个体的两两互动之中，通过社会交往而习得（罗家德，2010：22），需要"循序渐进的人际交往以及不落俗套的自我表现"（卢曼，1968/2005：53）。从这个角度来说，传受之间"信任性真实"的实现，同样建立在新闻生产者和收受者之间信任关系的基础之上。

"人际信任"的实现是一个复杂的问题，但整体而言，日常生活中的信任是理性考量以及情感付出的结合，"人际信任"的形成兼具理性成分以及情感性成分，既有建立在交往对象可信性以及可靠性基础上的认知型信任，也有建立于情感连接以及相互照顾中所形成的情感型信任（杨中芳，彭泗清，1999）。

首先，"人际信任"的建立需要对方展现出可信赖的行为，卢曼（1968/2005：52）认为如果一个人没有显示信任的能力，那么他赢得信任的机会就会受到限制，这意味着媒体若想建立传受之间的信任关系，就需要提供信任的理由并对新闻内容的可信赖程度进行"展现"。"展现"是指明显地表现出来，在信息过载时代仅仅保证内容真实是不够的，还需要向受众"展现"真实。比如，告诉读者"我们是如何得到这个结论的""报道这则新闻我们采取了什么方式"。

其次，"人际信任"的形成离不开在人际交往基础之上形成的"情感关联"，在信息冗杂的时代，表述者的诚意甚至比新闻内容本身更为重要（杨中芳，彭泗清，1999；胡翼青，2017）。在中国的文化背景之下，信任的建立往往基于彼此之间的亲密程度，熟悉是信任的前提（Liu，Rau，2012）。比如一个人首先会信任熟人，然后才是较为生疏的人，与之类似，数据显示公众对某一媒体机构的熟识程度是影响新闻信任的重要标准（郭雅楠，2016）。这说明在"展现"新闻真实性的同时，媒体从业者有必要从"关系"维度入手，以期通过"关系""情感"以及"熟识程度"来为新闻真实性"背书"。

（三）媒体的"信任危机"与重建

如果一个社会出现"信任危机"，那么首先应该考虑的并非个体品质，而是抽象体系中的规则系统出了问题（郑红娥，张艳敏，2008）。就现实情况而言，近年来受众对媒体的信任一度走低，直接表现为受众不相信媒体内容的真实性，这与社交网络的技术架构不无关系（周树华，闫岩，2015；苏振华，2017）。

一方面，网络技术打破了传统媒体在信息发布中的垄断地位。在信息相对闭塞的时代，我们信任媒体是因为若想获取资讯，除此之外别无选择，新闻职业规范也使得媒体机构天然地带有一种权威性。然而社交网络为受众提供了一个相对平等和开放的虚拟身份，媒体不再是读者获得资讯的唯一渠道，信任的产生逐渐由依靠"权威性"（authority）转向依赖"可靠性"（reliability），只有那些经过验证之后还能保持一致性（consistent）的信息才是真实可信的（Lankes，2008）。

另一方面，奈特基金会（Knight Foundation）的研究显示，社交媒体时代，媒体"信任危机"的原因大多指向了新闻生产者与收受者之间对真实性判定标准的差异：新闻媒体追求的是"报道"与"事实"相符合，然而新闻受众习惯于以自身的生活经验为参照框架，与新闻内容相互印证（谢静，2016）。比如：受众会积极回应与自己认知相符的信息；受众习惯于以个人偏好作为信息评价标准；受众的认知难以改变；政治参与度高的受众更容易受到"回音室效应"（echo chamber effect）[①]的影响等等（Watzman，2018）。

由此可见，从受众的视角来看，社交媒体时代既有的职业规范似乎难以为新闻机构赋予天然的合法性，这并不是说新闻内容本身的真实性有待商榷，而是说网络技术架构以及社交网络时代受众逐渐凸显出的信任机制正在冲击媒体的"系统信任"，有时即使真实的、符合"事实再现"逻辑的新闻报道也难以被受众相信。

然而我们也应该意识到，在"系统信任"陷入危脆的同时，电子技术使得人类实现了"重新部落化"，为虚拟空间中"人际信任"的形成提供了新的契机：社交媒体将"一对多"的模式转换为传受之间的个人关系，大众传播的渠道逐渐建立于人际网络之上，这套技术架构也由此潜藏着建立关系、促进对话以及重塑信任的可能性（谭天，苏一洲，2013；胡百精，李由君，2015）。

那么在社交媒体环境中，新闻从业者究竟采取了何种策略来促进传受之间的信任建立，从而夯实受众对新闻报道的"信任性真实"呢？如前文所述，依据卢曼的信任理论，人际信任的建立需要信任施予者"展现"出可信赖的行为，同时也依赖于传受之间的情感关联，对新闻生产而言，上述两个维度分别对应着从新闻的"内容展现"以及"情感连接"层面来回应信任建立的问题，在这一过程中媒体从业者采取了何种策略？这是本节所要重点探讨的。

二、研究方法

本节从深度访谈切入，通过对一线新闻从业者的访谈来勾勒出社交媒体环境下的媒体实践图景。

2018年5月—2018年6月，笔者采取立意抽样的方式对25位新闻从业者进行了半结构访谈。25位新闻从业者来自北京、上海、大连、厦门、海口5地，供职于13家不同的媒体机构。有4人属于面对面访谈，2人属于邮件访谈，其余19人采用电话访谈，对受访者进行了匿名处理，以供职媒体、从业年限和职位进行区分。平均访谈时间为40分钟。

[①] "回音室效应"是指在一个信息相对封闭的媒体环境中，一些意见相近的声音不断重复，令处于这一环境中的受众认为这就是信息的全部。

在新媒体环境下，很多媒体机构都开设了新媒体平台，为了更好地了解到社交媒体环境下的新闻从业者的新闻真实性实践，访谈对象主要集中于两部分人群：其一为内容生产者，包括记者与编辑；其二为新媒体运营者，此处的新媒体是指传统媒体自身的微博、微信以及客户端，新媒体的运营者是与新闻受众进行接触的"一线人员"，受访者信息见表 5-1。通过对上述两类对象进行访谈，分别从"内容展现"和"情感连接"两个层面来探讨如何建立传受之间的"人际信任"，进而实现新闻的"信任性真实"。

表 5-1　　　　　　　　　访谈对象基本信息

编号	性别	供职媒体	从业年限	职位	编号	性别	供职媒体	从业年限	职位
A1	男	中央级媒体	8年	记者	B1	男	中央级媒体	10年	新媒体编辑
A2	男	中央级媒体	5年	记者	B2	男	中央级媒体	4年	新媒体编辑
A3	女	省级机关报	6年	记者/编辑	B3	男	中央级媒体	7年	新媒体编辑
A4	女	市级机关报	3年	记者	B4	女	中央级媒体	1年	新媒体编辑
A5	女	市级都市报	30年	编辑	B5	女	中央级媒体	1年	新媒体编辑
A6	女	市级都市报	19年	记者/编辑	B6	女	中央级媒体	1年	新媒体编辑
A7	女	市级都市报	18年	记者/编辑	B7	男	中央级媒体	1年	新媒体编辑
A8	女	市级都市报	19年	记者/编辑	B8	男	市级机关报	7年	新媒体编辑
A9	男	市级都市报	4年	记者	B9	女	市级机关报	25年	新媒体编辑
A10	女	商业媒体	2年	记者	B10	女	市级机关报	18年	新媒体编辑
A11	女	商业媒体	3年	记者	B11	女	市级都市报	23年	新媒体编辑
A12	女	商业媒体	3年	记者	B12	女	市级都市报	9年	新媒体编辑
					B13	男	行业报	15年	新媒体编辑
"内容展现"层面						"情感连接"层面			

注：1. "从业年限"指受访者在接受访谈时已经从事了多长时间的新闻工作；
　　2. "职位"指受访者在接受访谈时所处的职位；
　　3. 访谈对象 B8、B9、B10、B11、B12 以及 B13 在从事新媒体编辑之前，从事过记者/编辑工作。

三、研究发现及讨论

社交媒体环境中的新闻生产显现出了一种"旧惯习"与"新常规"的统一，作为一种专业主义的"职业语境"与作为一种新的生产模式的"变革语境"共存（张志安，束开荣，2015）。

一方面，社交媒体并没有改变新闻生产的内核，"真实、公正、客观"仍然是新闻实践的道德规范，比如有受访者指出"即使在社交媒体时代，传统媒体仍然保持着一套比较规范的采编系统，具备层层审批的制度，这些都有利于保证新闻的内容真实"（A7）。此外，近年来新闻机构对社交媒体的运用也逐渐趋于理性："在社交媒体刚刚兴起的那几年，我们报社对新闻采写的要求是'又快又准'，如今我们的标准已经改成'又准又快'，真实与准确还是放在首位。"（B8）

另一方面，在新的技术条件下，如果从"内容展现"和"情感连接"两个层面来审视传受之间人际信任的建立，那么在新闻生产过程中，媒体从业者产生了以"可视化"以及"交朋友"为突出特征的新的实践策略，进而实现新闻的"信任性真实"。

（一）"可视化"：展现真实内容

在新的技术条件下，除了既有的规范以及传统的信息核查方式，新闻真实性实践产生了以"可视化"为特征的方法论变革。

媒体从业者意识到，仅仅保证新闻的"内容真实"已经不能满足受众对"真实性"的体验以及期待，与传统媒体时代不同的是，社交媒体为新闻作品的呈现形式提供了更多的可能性，从业者在保证新闻内容真实的基础之上，还会通过对"呈现形式"的精心琢磨来"展现"真实。

一方面，从内容生产来看，"可视化"表现为一种新闻实践的"透明化"，通过对新闻生产过程的"展现"进而使受众相信新闻内容的真实性。透明化是一种讲述事实的技巧，是指将传统的影响新闻生产的流程公开化（Allen，2008），将过去私密的新闻采写流程以一种受众可以理解的方式呈现出来，其核心在于："新闻既效忠于真相，也效忠于公民"（科瓦奇，罗森斯蒂尔，2001/2011：99）。新闻生产的透明性可以分为两种类型，其一是"披露的透明"（disclosure transparency），即展示新闻的生产过程，比如向读者展示信源以及信息搜集的方式。其二是"参与的透明"（participatory transparency），也就是让公众加入新闻生产的过程中来，打开新闻生产的"黑箱"（Karlsson，2010）。然而事实上，"参与的透明"在实施过程中往往受到了来自传媒市场和新闻伦理等方面的阻碍（李习文，2010），在实践层面还有待进一步推进，目前关于新闻透明性的实践主要集中于信息的披露层面。

首先，"披露的透明"表现为对信源的披露。真实的起点在于源头的真实性，对公开信源的检视、把关以及清晰的说明是实现新闻透明性最有效的手段（科瓦奇，罗森斯蒂尔，2001/2011：83）。一位记者说："我们单位要求最好不要出现匿名信源，因为这样会影响到新闻真实性，如果用了匿名信源，那么对这个人的称谓也要尽可能接近真实身份。此外，你不能以同一个人的不同身份去引用他的观点。"（A10）可以说，记者对信源的披露同样是新闻机构在新媒体环境下顺势而为的结果。"现在的网友有很多信息获取的渠道，他们会给我们留言发表很多意见，如果报道中有没有交代清楚的内容，网友们会一直追根究底……报社要求记者不能只写'小王'和'小陈'说了什么，一定要提供全名，这样观众才不会说我们是乱讲的，以前倒是并没有这样的规定。"（A4）

其次，对新闻报道过程进行解释和呈现同样是新闻透明性原则的具体体现，这种策略的使用某种程度上凸显出了媒体的"诚意"。正如科瓦奇和罗森斯蒂尔（2001/2011：83）总结道：如果新闻工作者是真相的追求者，他们必须对公众真诚，"诚实地告诉人们你知道什么的唯一方法就是尽可能披露你的信源和知晓方法"。访谈中记者表示，"有的采访会通过调研来获取相关数据，在写作过程中我们有必要向受众解释新闻中所使用的数据来源，样本的选取方式等等，向读者解释一下我们的分析过程。"（A11）还有编辑补充道，"我们会要求记者保留采访录音和证据，也会对记者进行严格的业务培训，虽然编辑没有时间去把每一条录音都听完，但是如果出现问题，录音和证据会为我们提供支持。"（B8）

另一方面，从呈现手段来看，"可视化"同样表现为新闻生产的"视觉化"。在社交媒体时代，新闻机构综合使用音频与视频的方式，使新闻内容变得可见、可感、可知。随着传播技术的发展与新闻生产理念的变革，"可视化"手段兼具"再现性"与"体验性"特征（常江，2017），不仅对新闻内容的真假进行把关，而且可以把这种事实性的"真实内容"延伸为一种"真实感"或者说是"真实体验"。

具体而言，新的技术手段提供了更多通往真相并且呈现事实的路径，新闻从业者可以通过文字、图片以及视频等技术手段直接让受众对新闻事实进行检验。这种操作手法遵循了一种事实再现的逻辑，将"可视化"视为一种工具性的操作技术。"近两年'新闻实验'的手段用得比较多，比如有网民爆料说市场上有一种玩具枪很危险，可以击穿苹果，于是我们就去找记者做实验，看看这些枪的射程和损害程度到底有多少，然后拍成视频放到公众号上，事实证明传播效果非常好。"（A4）

随着技术发展，新闻的视觉化生产也逐渐由"再现性"上升为"体验性"，受众在接受新闻内容时不再与其保持着一定距离，而是期望能够获得一种身临其境的体验（常江，2017）。"人的感官是一种连续体，擅长把所有东西集中到一起去感受，比如出去旅游的时候，你是带着所有的感官一起去旅游的。"（A3）该记者接着补充道："融媒体表达是一种'声光色'的综合表达，能够传递出的信息维度很多，维度越多大家就会觉得'越真实'，这很好理解，比如我们会说'有图有真相'，图片和视频的信息量要比文字大很多，多媒体的表达手段会让人觉得更真实。"（A3）此处的真实不仅指涉信息的真假，同样还旨在形塑一种真实感，"可视化"手段给观众带来了一个不经中介的"自在世界"（哈克特，赵月枝，2005：52），增强了受众在消费新闻时的"沉浸感"和"在场感"，于是，受众感觉到新闻事件是真实发生的，从而产生新闻消费的"真实体验"。

可以说在"有图有真相"的时代，新闻生产逐渐展现出了由"后台"向"前台"的边界移动（周葆华，2013），仅仅在"后台"保证内容真实是不够的，还需要通过"前台"来"展现"真实。面对鱼龙混杂的社交媒体信息，受众会习惯性地对信息更加挑剔，"可视化"的意义在于通过内容生产的"透明化"以及呈现形式的"视觉化"等手段为受众提供"检验真实"或者"感受真实"的路径，在受众的理性分析以及认知层面来为受众形塑传受之间的信任性真实。

（二）"交朋友"：建立情感连接

社交媒体实现了"内容网络"和"关系网络"的融合，在内容连接的基础之上逐渐拓展人的连接，形塑出新的交往形式与体验，"能让受众对自己的网络进行选择与管理，是社交媒体最新奇的价值"（Hendrickson，2013；彭兰，2013）。社交媒体环境下的"类社会互动"（parasocial interaction）[①] 已经走向"真实化"，受众可以和媒介机构"交朋友"，建立"亲密关系"（周葆华，2013）。

"真实化"使媒介机构具有了一层"拟人化"的色彩，媒体的社交账号以一个"人"的姿态存在，并通过"交朋友"的方式与读者建立起真实的关联，进而形成传受之间的"人际信任"，使得读者更愿意或者更有可能接受媒体发布的信息。当信息内容真伪难辨时，"交朋友"策略的重要性更为凸显。"交朋友就是取得读者信任的过程……只有和读者做朋友，取得了读者的信任，在一些关键时刻

---

① 美国社会学家 Donald Horton 和 R. Richard Wohl 于 1956 年提出"类社会互动"（parasocial interaction）这一概念，用于指称传媒形象（media figure）与媒体使用者（media user）之间的关系。参见 Horton, D., Wohl, R. (1956). Mass communication and parasocial interaction: Observation on intimacy at a distance. Psychiatry, 19 (3), 215–29.

他们才能静下来听你说话。"(B3)正如卢曼(1968/2005：52)所言，当人际信任建立起来之后，新的行为方式才成为可能，信息传播者也由此获得了进一步阐释和澄清的机会，社交媒体时期传受之间的人际关系变成了一种重要资源。

那么如何同读者做朋友呢？网络带来的首要问题是信息过载，此时"相对兴趣"就变得尤为重要。访谈者B3补充说："其实就像我们生活中交朋友一样，要想和一个人成为朋友，就要聊一聊他们感兴趣的话题……如果某些稿件涉及很专业的内容，超出了普通读者的认知范围，在新媒体端呈现的时候我们干脆就把这些内容都删掉，否则读者可能看了一会儿就不想看了。"访谈者B2也表达了类似的观点："新闻语言必须要让受众听得懂，在受众理解的范围之内去尽可能地还原事实。"(B2)换言之，"信任性真实"是基于受众理解的真实，其核心在于受众的理解与接受。"可以对一些过长或者过于专业的内容进行摘编，虽然摘编会损失掉一些信息，但是经过摘编之后，可能有1 000个人接近了90%的真相，然而没经过摘编的新闻，却只让10个人接近了95%的真相（可能只有10个人才能看懂专业性较强的新闻内容），你觉得哪一种效果会更好？"(B2)当然，挑选受众感兴趣的话题并不意味着需要一味地满足受众的信息偏好，新闻生产者要做的是在保持专业自主性的基础上去理解受众，而不是迎合。"不能只给读者'喂'他们感兴趣的内容，不能说读者想看什么，就不停地给他们灌这个东西，这样也会出问题。"(B8)

此外，为了拉近和读者的关系，社交媒体中所呈现议题的内容也更为多元，除了新闻资讯之外，也会加入一些轻松有趣的话题类内容，这些内容已经超越了传统意义上的新闻范畴，其主要目的在于培育传受之间的关联关系，"我们有一个板块叫作'睡前一唠'，比如我们会在这个板块里和读者聊一聊'领导说过的让你最无语的一句话是什么'这种议题，加强和读者之间的互动。"(A11)这种板块的加入会让读者觉得他们的确在和一个有情感的"人"在打交道，聊天意义在于保持彼此之间的社会纽带关系，而非交换实质性的信息内容（莫利，2007/2010：228），以期在此基础上来形塑"人际信任"。

除了议题选择与内容筛选之外，语言的表达方式同时是"交朋友"时应该考虑的重要因素之一。社交媒体时代的"关系网络"则为真实性表达提供了另外一种可能性，即除了内容的真实性之外，还有关系的真实性，此处的"真"可以引申为一种"真挚"的表达与"真切"的存在，让读者感觉到屏幕对面的媒体正以一个真真切切的"人"的姿态存在。"经过专业训练的主持人会让人产生一种距离感，反而越像朋友一样说话，会让受众感觉越真实。"（A3）"新媒体其实是对新闻稿件进行'二次创作'的过程，在不改变新闻内容本身的基础上，应该使用更加活泼和口语化的表达方式。"（B11）当然，这种"活泼化"和"网络化的表达方式"也存在原则与边界，有分寸的表达才会体现出分量，比如一位受访者就指出"社交媒体的语言不是低幼化、儿童化也不应该是卖萌化"（B3）。也就是说，社交媒体表达的核心在于和受众进行平等对话，让受众感觉到屏幕对面的新闻媒体既不是一个高高在上的机构，也不是一个冷酷无情的机器，而是一个举止得体并且说话有分寸的"成年人"，并且愿意和这样的"人"交朋友。

最后，提高读者在新闻生产过程中的参与感是和读者"交朋友"的方式之一。在新媒体环境下，"参与性"已经成为一项"新"的新闻价值观，旨在推动对话式以及公共性的新闻生产（丁方舟，2018）。"我们单位把一些愿意拍照并且愿意表达的热心市民都发展成了通讯员，和他们建立长期联系……对于一些'无伤大雅'的新闻议题，通讯员传过来的照片基本可以直接用，比如市民通讯员拍摄的晚霞照片等等……我们还会评选出'优秀通讯员'，为他们准备礼品，也会在单位的公众号上开展一些抽奖活动，与普通读者互动，一点一滴地把读者变成我的'铁粉'。"（B9）

四、新闻的"信任性真实"

本书从新闻生产者的角度来探析新闻"信任性真实"的实践策略。在感性超越理性的"后真相"时代，本书探讨的核心在于如何通过"人际信任"来培育新闻的"信任性真实"。通过经验材料的分析，笔者将这一实践策略概括为"可视化"与"交朋友"，这两种特征在某种程度上是媒体从业者"反推式变革"的写照，当然，作为一项探索性研究，"可视化"与"交朋友"两种策略并没有展现新闻实践的全貌，随着日后研究的不断深入，该领域的研究也会逐渐精进。

"信任性真实"强调了一种认知层面的真实性，这并非一种再现的真实观，而是在经验与关系基础上的真实性建构（谢静，2016）。社交技术彰显了"对话新闻"理念，同样凸显出对"受众现实"的观照，受众对新闻的认知程度逐渐纳入新闻真实性的考量范围之内。

对于工作在一线的媒体从业者来说，这些受访者或许很难直接告诉研究者他们对当下新闻真实性的理解是一种"信任性真实"，但是从访谈中笔者发现，如何取得读者的信任已经成为他们工作中重要的一部分，以"可视化"和"交朋友"为特征的实践转向，凸显了新技术对媒体从业者带来的潜移默化的影响。

此外需要指出的是，"信任性真实"并非是社交媒体时期新闻真实性的独有特征，而是一种在技术驱动下逐渐衍生出来的思考新闻真实性的角度，回过头来我们会发现，其实在传统媒体时代，我们同样可以从"信任"角度对新闻真实性进行剖析，只不过社交媒体的技术特征，以及网络环境中爆发的以"后真相"为代表的一系列新现象激发我们从"信任"视角来重新审视新闻真实性问题。

基于卢曼对信任的分类，同时结合访谈的经验资料，本书尝试从"系统信任"和"人际信任"两方面勾勒新闻"信任性真实"的概念框架（见表5-2）。

表5-2 社交媒体时代新闻"信任性真实"的维度、来源、现状以及实现策略

社交媒体时代新闻真实的实现				
"事实性真实" 新闻事实的真实	"信任性真实" 受众所相信的真实（被感知的真实）			
基础性地位	构成维度	系统信任	人际信任	
	信任来源	规则、制度、职业规范、专家系统等	传受之间的互动	
			展现可信赖的行为	建立情感连接
	实现策略	新闻职业规范及新闻生产原则等	"可视化" 内容生产的"透明化" 内容呈现的"视觉化"	"交朋友" 议题选择 语言表达 传受互动
	社交媒体环境中的实际情况	系统信任陷入危脆	社交媒体为人际信任的建立开辟新的空间	

新闻职业规范以及生产原则仍然在约束以及指导着新闻实践，行业规范本身是超越技术形态的，不论媒体技术如何变迁，新闻生产总是体现出了一种旧惯习和新常规的统一，新闻内核没有变，变的是新闻的样态与生产方式。然而在社交媒体的技术条件下，受众对新闻内容变得更加挑剔，对新闻真实与否的评价标准往往建立在自己的经验框架之内，在这一背景下，新闻信任性真实的建立则更多地转向了人际层面。

从网络技术架构来看，社交媒体技术为传受之间"人际信任"的建立开辟了空间。依据卢曼的信任理论，"人际信任"产生于人际互动之中，既需要理性分析，也需要情感认同，进一步而言，媒体需要对新闻内容的可信赖程度进行展现，并且借助社交技术与受众建立情感连接。

从操作化层面来说,"内容展现"与"情感连接"分别对应着"可视化"与"交朋友"的实践策略。"可视化"包含着两层含义,其一是"透明化",新闻生产流程体现出了一种从"后台"到"前台"的边界流动,展现在受众眼前的文本包含了更多的细节性信息,比如数据的获取途径、受访者的真实姓名等等,这些"有意为之"的细节信息使得新闻内容更加生动,不仅进一步保证了新闻的事实性真实,也"展现"了真实。其二,"可视化"同样包含着"视觉化"的意涵,这一手段兼具"再现性"与"体验性"的特征,不仅完成了信息传递,还为受众搭建了语境与场景,为受众营造出"真实感"与"在场感",将"真实内容"上升为"真实体验",并进一步聚合了传受之间的交往关系。"交朋友"策略则从情感层面来思考传受之间信任建立的问题,比如使用简短快捷的口头语,选择合意的话题,通过与读者"交朋友"来建立信任关系,在这一过程中,媒介组织与受众之间的关系也变得"真实化":用户可以对他们"媒介朋友"所发布的内容进行评论和转发,甚至获得反馈。

相比于传统媒体时代,社交媒体给受众带来的真实感不同于大众传媒再现的真实,这是社交媒体所"给予"的真实(谢静,2016)。"传媒构造出感知、认识和行动的范畴,在这个范畴里我们才形成与在相关形式中理解和意象的真实性的关系。"(塞尔,1998/2008:220)在新的技术环境中,真实不仅指涉内容真实,这一概念还延伸到真实体验以及真实化。

此外需要强调的是,在社交媒体时代,信任是实现新闻真实性的重要环节,是对"事实性真实"的修补与完善,只有人们愿意相信新闻是真实的,它在人们心中才能够成为真实的新闻(杨保军,2017a)。然而新闻报道的真实性并不依赖于受众的信任,事实真实才是衡量新闻真实性的终极性标准(杨保军,2006:99),真实的基础仍然在于"事实性真实",需要回归到报道对现实的"再现"逻辑中去(杨保军,2016)。

总之,新技术会让新闻变得更加出色,但是也赋予了新闻工作者更多的责任(科瓦奇,罗森斯蒂尔,2010/2014:182)。如何在保证新闻内容真实性的基础上,让报道获得受众的理解、接受与信任,同样成为媒体从业者应该关注的旨归。

第二节 新闻透明性的理念、内涵与限度

近年来，传统媒体面临着多种转型期的挑战，面对包括来自信息技术、商业模式以及公众层面的压力。特别是在互联网、大数据、云计算、智能传播等这些新技术涌动的环境下，如何重塑自身核心竞争力和维系长期形成的公信力是媒体必须应对的课题。传统的、经典的新闻专业规范还能否继续生成新闻机构的专业权威，也引发了学界业界的广泛讨论。社交网络的崛起不仅成为人们获取新闻信息的重要渠道，也成为媒体机构和个人打开"后台"的窗口。互联网的交互性特点使得受众在新闻生产中的参与更为便捷。经典的新闻生产过程和新闻专业理念也因为频频暴露在公众视野中而遭遇讨论。作为新闻业核心原则的新闻客观性虽然自诞生起就处在各种各样的争议之中，但迄今为止它仍是绝大多数新闻工作者信奉的专业准则。当新闻生产走向透明时，也就产生了对客观性的挑战，因此透明性和客观性的关系成为新闻业转型过程中的一个重要议题。

新闻透明性并非全新的概念，但是随着新媒体的发展，尤其是社交媒体的兴起，关于透明性的讨论逐渐增多。技术手段为透明性的深层次发展提供了支持，互联网的开放式文化也使得透明性的理念得到认可。有学者已经将透明性提升为新的新闻业专业准则，也有人认为公开和透明不一定能增加公众对新闻业的信任。有的记者认为应当毫无保留地公开自己知道的内容，但也有记者担心过度的公开会招来偏见和质疑。在互联网环境下，增加传媒业的公信力与新闻媒体运作的"祛魅"构成了透明性的一体两面。在新媒体环境下，新闻实践正从一种相对封闭的新闻生产体系（由传统信源和专业记者把控信息生产）向一种更加开放的体系转变（Picard，2014）。开放式新闻生产是传媒发展趋势，封闭运作必然会招致公众怀疑，媒体转型的挑战之一就是用怎样的方式去推动何种程度的新闻业透明性实践，以期改善由于过度商业化和封闭化引发的传媒公信力式微。本书试图对新闻透明性这一浮现中的新闻业的新规范做理论考察。

一、新闻客观性的争议与新闻透明性之兴起

新闻的客观性原则被广泛认为是新闻从业的基本准则之一。然而客观性理念并不是天然存在的，其诞生过程受到了复杂的政治、社会、经济和文化因素的交互影响。美国媒介社会学者迈克尔·舒德森在研究美国新闻业"客观性"理念的

发展历史时指出，到了 20 世纪 20 年代，记者不再相信事实能够不证自明，不再坚持中立性的态度（舒德森，1978/2009：108）。从社会思潮看，尼采等思想家所传授的怀疑主义和质疑态度在 20 世纪也走入了大众教育的殿堂，民众开始意识到事实和利益之间的关联，理性自身也会受到偏见的影响。新闻界长久以来所信奉的客观性理念正是在这样的背景下诞生的。学界一般将新闻客观性原则的内涵概括为对"事实"的信奉和对"价值"的不信任，即"新闻从业者在报道事实的时候，对事实本身要非常尊重，对有关事实的评论要持一定的怀疑的态度"（陈力丹，张建中，2013：99）。客观性不仅是一种理念，也是一套具体的操作模式，学者塔奇曼（Gaye Tuchman）认为："记者会情不自禁地遵循这一套程序办事。"（舒德森，1978/2009：169）

但客观性的发展不是一帆风顺的，围绕客观性的争锋从未停止："有人诅咒它的虚伪，有人悲叹它的式微，有人以捍卫它为借口来影响公共舆论，更有人在客观性的旗帜下与影响媒体的外部政治经济权力进行抗争。"（哈克特，赵月枝，2010）争辩并没有动摇客观性作为新闻从业规范的基石。事实上，客观性成为一个令人迷惑的概念，它有大量不同且有争议的定义，每种定义都在具体实践中有自己的支持者。科瓦奇和罗森斯蒂尔（2001/2011：73）在《新闻的十大基本原则》中谈到："这一概念最初的意义现在已经彻底被误解并且基本上被抛弃。"他们认为，原始的客观性理念将客观性理解为一种方法，当客观性理念最初被引入新闻工作时，并没有暗示新闻工作者不受偏见的影响，而是恰好相反。来源于公众的不信任，成为威胁这一理念的关键因素。

在媒体公信力受到削弱的背景下，透明性概念的提出就与客观性面临争议的境况产生了交集。一部分学者认为，透明性的分量正在增强而客观性的分量有所减弱，透明性是优于客观性的呈现事实的手段。基于此，科瓦奇和罗森斯蒂尔（2001/2011：77）提出，新闻工作者如果要将长期以来指导其工作的价值观坚持下去，"首先必须知道获得正确事实的规则和方法，然后想方设法让公众知道这一方法"。这就意味着新闻工作者要做到公开和透明。因为新闻工作者是真相的追求者，他们也必须对受众真诚。这项责任要求新闻工作者尽可能如实、公开地告诉受众，他们知道什么以及不知道什么。透明、公开（openness）有助于新闻工作者养成为公众服务的动机。

从本质上来看，透明性并不是要否定客观性的要求，透明性实则延续着主流新闻业的基本价值规范。关于客观性和透明性的关系，科瓦奇和罗森斯蒂尔

(2010/2014：190) 明确表示，透明性的意思更接近于过去所谓新闻客观性的原始含义。而且，透明性原则这一朴素的观念中最有价值的地方正在于它和互联网的新型开放式架构不谋而合（科瓦齐，罗森斯蒂尔，2001/2011：84）。透明与公开所营造出来的双向交流的空间为受众甄别信息提供了更大的可能性。也有学者更注意强调在信息爆炸时代透明性所展示的说服力。在一个信息数量如此庞大，新闻生产如此有限的时代，已经没有机构和个人敢于声称自己掌握了全部的真相。在这种情况下，透明化地呈现新闻运作中的局限要比傲慢地宣称自己绝对地客观、专业更有说服力（刘海龙，2012）。

此外，新闻工作者的性别因素也是推动新闻操作理念向透明性转向的作用力之一（Hellmueller, Vos, Poepsel, 2013）。女权主义理论通常认为客观性是一种男性化的操作方式，客观性使得重男轻女的霸权合法化，因此客观性需要被彻底摒弃。透明性由于开放和对话的本性，则被认为是一种更女性化的获知手段。相较于客观性，女性新闻工作者可能会更倾向于接纳透明性的理念。Lasorsa (2012) 的一项实证研究也指出，相较于男性，女性新闻工作者在"推文"中明显表现出了更多的开放性。

二、新闻透明性的核心理念是"后台披露"

作为一种职业理念，新闻透明指向新闻业的公开化，这一核心诉求通常被理解为新闻业对其一直以来引以为傲但又神秘的"后台"进行袒露。学者们引用戈夫曼（Goffman）和梅洛维茨（Meyrowitz）阐述的"前台"与"后台"概念来描述新闻业对于社会公众的"可见性"被提升的过程，这里的可视即意味着公开和透明。根据戈夫曼的观点，每一个社会情景都可被看作一个戏剧舞台，日常生活中的人类行为则被解释为特定场景中的角色扮演。"前台"是面向观众公开的表演区域，人们在此按照既定的社会规范进行表演，具有较强的公共属性；而"后台"则是设计与排练的空间，具备一定的个性色彩。"前后台"的区分，有助于特定人群呈现其理想化的形象以及建构职业权威。

在传统的媒体运作模式中，新闻业的"前后台"区隔明显，新闻记者从事的工作由于可以接近一些特殊的人物、事件和场合，常被普通大众认为是有趣的、神秘的、难以企及的。只是在比较偶尔的情形下，新闻生产的过程才会被揭示出来。其中一个典型的案例是《南方周末》自 2006 年起推出的《后台》丛书，到 2010 年一共出版三辑。《后台》的出版宗旨在于："追寻真相"的真相，"没有表达"的表达。它从一种独特的角度记录了新闻与新闻人、现实与反思者（邓科，2006：1）。有学者认为类似这种后台的揭露属于隐而不彰的"潜在写作"，"在更深一个维度上延伸了新闻的意义，也使那些前台的新闻变得更加丰满、更具立体感"（张涛甫，2010）。"后台"的呈现，让观众对于"前台"的故事有了更全面的感知。《后台》书系可以视为媒体将后台可视化的一种主动性探索，新闻机构将原本仅存在于内部刊物的业务探讨公开出版，为大众打开了一扇深入了解媒体运作和新闻话语的视窗。不论是经验、缺憾、差错，还是自省，都一一铺陈在读者面前。

上述《后台》的出版只是一个非典型个案。通常来说，在传统的新闻生产中，非公领域和公共领域的边界是明显的，新闻从业者和受众之间的角色也是明确的。新闻从业者扮演着事实告知的角色，而受众则会据此回应以不同程度的信任。在互联网环境下的新闻业中，此种情形发生改变。新闻生产过程的透明化成为一种难以抗拒的趋势，为了响应公众的需求，新闻业需要将影响新闻生产的因素适度公开，这样做可以展示存在于新闻业"后台"的具体运作与媒体发掘事实真相的职业目标二者之间的联系。进入21世纪以来，以Facebook、Twitter、微博、微信等为代表的社交媒体，已经渗透到了人们的日常生活中。媒体也同样逃离不了社交网络的场域。无论是作为媒体的官方代表，还是被媒体人用作个人的社交工具，这些社交媒体已经与新闻也产生了各式各样的关联，社交媒体已经深刻地改变了新闻业。

延续着梅洛维茨关于技术推进的思路，可以研究新媒介技术对"前后台"关系的重构以及人们对新闻透明性的认知与实践。在传统媒体时代，记者的"个人角色"与"职业角色"能够得到相对明晰的划分。但是兼具社交属性与媒体属性的微博使得两种身份既有的界限被打通。"倾向于个人化的社交属性与倾向于职业性的媒体属性"交织在一起（张学标，欧健，2014：98-99），记者的私人角色扮演从幕后走到台前。研究者调查了新闻从业者的社交媒体使用（周葆华，2014），发现新闻从业者运用社交媒体披露新闻生产和新闻业"后台"的情形较为常见，曾经有过此类行为的比例达87.6%，其中最常出现的行为是"第一时间披露新闻现场或采编过程中所见所闻"。新闻从业者的社交媒体使用分为"工作运用""常规表达"和"后台披露"三个层面，实际上，"工作运用"和"常规表达"这两种形态与新闻透明性也是相关联的。社交媒体的开放性在一定程度上使获取新闻线索的过程、新闻工作者的采写编播等常规工作状态也处于部分袒露的状态。在社交媒体的条件下，从前不露面的把关人已经逐步演变成更具有对话色彩的"复合体"：兼具新闻信息的意义阐释者、传播网络的搭建者、用户与内容产生关联的激活者等多重角色（王斌，顾天成，2019）。

新闻生产维度的透明化只是"前后台"理论所能提供观察视角的一个方面。在社交媒体广泛运用于信息传播过程特别是新闻从业者和新闻机构的业务工作中以后，"后台"边界移动的过程较为全面地体现在新闻生产、新闻从业者、新闻文本、新闻话语与新闻机构等层面（周葆华，2013）：就新闻生产而言，新闻生产的过程不再神秘，甚至是"后台"的一些失误也能被传播出来；就新闻从业者的角度而言，他们从"后台"走向"前台"，逐渐培养出自己的粉丝；从新闻文本的角度来看，新闻产品呈现"永远未完成"（permanently beta）的"液态"；对于新闻话语，很多之前藏于幕后的"行业话语"和"私人话语"为大众所看见，同时受众也能够利用"前台"与新闻从业者开展可视化的交流；新闻机构的形象不再局限于新闻产品，而变得更为立体，内部的一些特征得以展现。

三、新闻透明性对新闻职业内涵的重塑

在社交媒体时代，记者常常发现他们的权威性被受众的质疑所挑战，透明性被视为媒体应对当前挑战、建立公信力的一种职业理念。Chadha 和 Koliska（2014）在一项研究中通过访谈获知一线记者如何定义新闻透明性：在访谈中记者们提及的定义包括：允许受众查看后台，让人们看见我们是怎么获取这些消息的，向人们解释我们是如何做出决策的，对于读者的批评保持开放的态度。其中，最频繁提到的就是"让人们看见新闻是如何制作的"。除此之外，也有记者将透明性和编辑室内更好的沟通机制、对信源要诚实等联系起来。这一源自提升公信力的理念正在新闻实践中形成较为系统的职业内涵。

第一，对于新闻透明性内涵的理解存在两种思路，即分别从媒体和受众的角度来思考。这两种思路有所差别但也彼此关联，Karlsson（2011）将其对应地划分为两种模式：披露式的透明性（disclosure transparency）和参与式的透明性（participatory transparency）。披露式的透明性是指新闻工作者能够解释新闻是如何选择和生产的。披露式的透明性预设了新闻机构和新闻消费者之间的共同信念，但是没有促成明确的公众参与。通过提供对原始素材的链接，披露式的透明性已经可以实现。同时，对于错误的承认和纠正也属于披露式的透明性的范畴。在网络新闻的环境下，披露式的透明性体现为在具有流动的新闻版本中强调时间

和变化。而参与式的透明性则更加强调受众的参与。实现的方式包括让受众参与新闻采集、播报、出版、分析、讨论等新闻生产的各个环节中（Axel，2004）。Deuze（2005）建议新闻的透明性应当被解释为："新闻业内外的人都能够有机会去监督、核查、批判，甚至是介入新闻生产的过程中。促成这种状况的途径和方法会持续地增长。"另外，新闻发布之后的公共讨论也允许受众提供对新闻的修订意见。总之，披露式的透明性强调的是与公众的沟通，而参与式的透明性则是鼓励受众参与新闻生产的全部流程。

第二，从新闻透明性的影响层次看，可以把新闻透明性划分为三个维度：生产的透明性（production transparency）、从业者的透明性（actor transparency）和对话的透明性（dialogue transparency）（Groenhart，Bardoel，2012）。生产的透明性是指提供与新闻生产相关的不同方面的信息。生产透明性最突出的理念在于增加可信度，它还能够帮助受众更好地理解新闻产品，同时有助于增强受众的忠诚度。从业者的透明性向受众展现出组织目标、规章、质量标准、资金来源和所有权等信息。除此之外，记者本人的姓名、照片、简历，甚至是性格、政治偏向等资料也属于从业者透明性的范畴。值得关注的是"对话的透明性"，这是一个根本的概念差别。许多记者都提到受众是透明性的关键因素。一方面，受众能够提供他们对于新闻产品的反馈（认可或者批评），促成一种媒体内自我审视的氛围。另一方面，记者们认为只有在公众要求他们解释职业行为的时候他们才会这样做，这种情况下受众的互动并非透明性的主体，而是一种促成透明性的方法。

第三，新闻透明包含了一组新闻实操中的逻辑要点。透明性如果要能够被新闻从业人员所使用以及被他人所理解，就需要将其从一个宏观的概念转化为具体的方法，正如同曾经对于客观性操作方法的具体化一样。在新闻文本方面，科瓦奇和罗森斯蒂尔（2001/2011：85）在《新闻的十大基本原则》中对新闻的透明提出三个关键要素：第一，尽可能地说明新闻机构是如何得到这一信息的；第二，对处理信息的方式做出解释，包括新闻的取舍过程；第三，新闻工作者必须承认，报道中还有一些没有得到回答的问题。这几年在全球范围内受到广泛关注的数据新闻，在相当程度上就契合了透明性的理念。许多数据新闻的报道都会给出报道采用的所有原始数据，这些开放的数据既可以供受众检视，又留有余地，为单篇报道中尚未解答的问题提供新的报道空间，因为同一组数据集往往还能挖掘出新的信息点。

总结来看，新闻机构和记者要实现透明性，底线是不能欺骗受众，同时要尽量做到开放和不隐瞒。Gynnild（2014）归纳了透明性的三个主要原则：一是可靠性原则（the principle of accountability），指将新闻操作中的资料和方法公开，方便获取和查看。它要求确保无争议事实的准确性，对方法手段进行阐释以及提供原始资料的接口。二是交互性原则（the principle of interactivity），指给予受众参与新闻生产过程的机会。这一原则可以通过建立受众评论空间，邀请公众提供新闻素材来实现。三是背景公开的原则（the principle of background openness），要求记者提供他们自己的个人背景信息。这些可能对新闻采集有影响的背景信息的公开将有助于增加记者工作的可信度。

四、新闻透明性的功能边界与价值限度

新闻透明性理念的积极影响集中在增加可信度、实现新闻机构的人格化以及维系受众等方面。基于一线记者的深度访谈，Groenhart和Bardoel（2012）在将透明性划分为三个维度的同时也分别描述了各自条件下透明性的作用。他们认为透明性最突出的作用在于提升可信度（credibility）。从业者的透明性对新闻的质量以及记者自身的荣誉感都能起到积极的作用。正面的形象也有助于记者去接近信息源。同时，从业者的透明性实践还能够实现新闻机构的人格化。除此之外，开放化的公共讨论也使得媒体和受众之间的关系更为紧密。孙藜（2013）从媒体反思文化和受众媒介素养两个方面论述了透明性的作用和价值："将透明性理念着陆探索的最大价值，在于鼓励新闻工作者采取一种公开自我反思的媒体文化，包括在日趋多元化的现代社会中如何对话，并且通过对话矫正自身偏见的可能。这既关涉专业的新闻生产，又密切联系着公众媒介素养的养成。"

正如每一种概念的出现都伴随着质疑，"就新闻伦理而言，透明性的黑暗面很少得到关注"（Allen，2008）。即便是经过细致的解释之后，一些人仍然不能够赞同新闻透明性的观点。事实上，"透明性""公开""参与"等观念在新闻从业者和新闻受众中并不像一些学者憧憬的那样可以取得很好的认可和践行。

首先，从媒体角度看，许多媒体目前实践的只是低风险的、可以把控的透明性。Chadha和Koliska（2014）在对一些美国领先媒体的检视中发现，它们对透明性的采纳是极其有限的，具体的措施仅仅包括展现错误的修订、对引文的链接、员工的简历等。这些手段似乎只是一种展示媒体开放性的表面文章，它们不会愿意让受众看到更为核心的新闻生产环节。新闻机构不情愿展现决策制定、新闻判断以及记者自身的观点。一些记者提到，透明性并非是无趣的，但是一些特

定形式的公开对媒体可能是一种威胁,甚至会削弱媒体作为"诚实中间人"的形象。例如,对记者本人偏好的展示就可能招致公众的批评。在互联网环境下,新闻媒体虽然将"后台"部分地袒露,但又形成了"深后台"场景(王斌,李岸东,2018),这一方面是新闻界维护职业权威的需要,另一方面重申了传播者更为隐蔽的控制力。

其次,从新闻从业者角度看,他们对透明性的认知与实践存在着明显的张力,这一理念由于与隐私、伦理等交织密切,尚难以达到像客观性那样的高度认知共识或者认知"正确"。Revers(2014)在一项关于记者个人Twitter使用情况的实证研究中发现,从专业性的角度来看,Twitter被视为获取信息、塑造公共讨论、提供公共服务和贴近受众的一种工具。有记者在接受采访时甚至赞叹Twitter是"无价的,最棒的"。也有记者坚持不使用Twitter来发布信息,他们认为这种即时性的信息推送最终会有损于真正的好故事。对于Twitter的使用者而言,是否要彰显出自己的私人特征?在这个问题上也存在着不同的看法。一种看法是,要求别人对自己做到开放和透明,那么自己也应当是透明的,这类记者试图去留下一种毫无隐瞒的印象。而质疑这种看法的记者认为,完全的公开会影响到自己本身的职业行为,使得受众产生联想或是猜测,这类记者在使用社交网络时会将公私领域区分开。

再次,从受众角度看,对话式透明性也存在弊端,一方面,与受众的互动会增加工作负担,而且许多记者也不会注意到网络上的反馈意见(Groenhart, Bardoel, 2012);另一方面,网络意见是自由的,记者无法掌握,公共空间存在许多不理智的言论。过度的对话透明性可能会损害媒体的中立性和专业性,甚至导致运动和民粹主义。透明性的实践实质上是媒体与受众互动的过程。学者们研究的时候更多是在关注媒体如何操作以及如何审视透明性,但对于受众的分析较少。人们为什么对媒体的信任感降低?透明性的实践有许多种具体的方式,受众会偏向于关注哪些领域,媒体公开的信息是一厢情愿,还是真正有被关注的需求呢?这些问题还有待更深入的探讨。

最后,从社会层面看,英国哲学学者Onora(2002)指出,透明性的增加不一定会导致信任的增加。她认为信任的建立和透明性之间没有太多的联系,信任会妨碍而不是需要透明。据她观察,人们并不需要他们信任的人做到透明。透明性反而可以成为欺骗的一种手段。"如果我们需要修复信任的话,我们应当减少欺骗和谎言而不是秘密。"某种意义上,透明性的提出是在"用户导向"逻辑下对既定的新闻职业理念和伦理规范的反思和试错,这与传统媒体面临的技术、用户、商业模式、公信力等多种挑战有关,这些新的理念和举措旨在消解新闻媒体在当前所面对的转型压力,并借此巩固自己的职业权威(王斌,翁宇君,2016)。

美国学者 David S. Allen(2008)认为哈贝马斯(Habermas)和福柯(Foucault)两位哲学家的观点对新闻透明性有更深入的启发。前者提倡公共领域内良好沟通的基本原则、后者将被观察者置于"全景监狱"之下审视权力关系,这些都对我们理解透明性有借鉴之处。透明性不应当仅仅在工具价值上被认知,新闻从业者也不能只是把它当作增加其公共地位和存在合理性的途径,因为这种方式可能并不会取得预期中的好成效。人们应该从透明性本身的角度出发来审视透明性,一方面透明性有助于民主交往的建立,另一方面透明也意味着代价,透明所带来的监视和约束可能使新闻记者们所追求的目标适得其反。

因此,新闻的透明所涵盖的不只是表层的原则和方法,透明性与理性、民主、现代性、伦理规范等话题都有着密切的联系。哲学层面的思考似乎是为透明性泼了一盆冷水,然而却有助于将这一理念思考得更为深刻,而非轻率地将其上升为新的新闻业基本原则。在社会环境和技术因素催生的新闻业剧变时期,我们探讨新闻透明性,其意义不仅在于探求新闻运作层面的创新路径,更在于反思新闻业的社会角色和功能,推动新闻业重塑自身的价值规范和职业理念,进而通过积极对话与及时调适新媒体时代的新闻实践来更好地为公众服务。

第三节 新闻职业角色的理论争辩

自新媒体出现后,它对于传统媒体的意义一直是新闻研究者关注的焦点。而立足于传统新闻业之上的新闻专业性,也在这种语境中受到冲击与重构。有学者称"后新闻业时代"已经显露出来(杨保军,2008),其维度之下的记者职业意识、新闻价值标准和新闻伦理都在受到新的挑战与考验。研究新闻专业性的核心指标——记者职业角色,将有助于我们从相对微观的视角去深入探究新闻生产过程中个体的遭遇和转型,将其作为一个切入点体察新媒体时空背景带来的"变"与"不变"。在信息数字化时代,记者的职业角色发生了什么变化?哪些因素迫使记者的职业角色发生了转变?记者的职业角色可能会呈现什么趋势?记者如何看待自身所处的职业环境和角色?这些都指向新闻生产中的能动部分,也是新闻业转型的关键机制所在,厘清对这些问题的理论思考有助于在进一步调查研究时保持方位感。

一、作为研究视角的记者职业角色

从角色理论和系统互动理论出发，每个人都有其对应的角色，将个体的人放在系统的结构之下，将整个环境视为一个整体时，个人在环境中所扮演的角色通过人与其他环境要素的互动，形成相互的影响。新闻记者亦是如此，其职业角色并不是先天存在，而是在社会分工的实践中，通过与各个要素的互动产生的。因此，界定记者的职业角色，可从记者与新闻场域中其他要素的互动关系入手，以此考察记者的职业角色内涵。本节选取职业功能、职业分工、职业地位和职业归属四个维度，试图呈现整个新闻系统中记者与自身、记者与新闻生产、记者与受众、记者与媒体组织这四对关系的互动情形。通过考察记者与四个要素之间的互动情景来探究互联网时代记者职业角色的内外张力。

第一，记者在传统新闻业中扮演的角色，已经无法适应新时代下的新闻生产。虽然"未来新闻学"等主张有夸大技术优势之嫌，但已有实证研究表明，身处媒介巨变漩涡的中国新闻工作者群体，"普遍存在焦虑情绪"（周勇，2009）。他们如何看待自己在转型期的职业角色，将直接影响他们对新闻信息的处理和报道。

第二，除了应对中国新闻改革的现实之需，有关新媒体语境下记者职业角色的学术研究也处于模糊和零碎状态。以往关于记者职业角色的研究，多是从功能主义出发，关注记者应该发挥的职业功能，在"中立者"和"参与者"两极寻找职业定位，却鲜有考察记者在与新闻生产、受众和组织的互动中日益显露的角色特征。新媒体语境下，记者职业角色的定位仍然延续了历史的脉络，但却再难只用类似"中立者""倡导者"或"参与者"的定位来简单划分。现有的研究基本都承认"记者的职业角色认同受到了挑战，记者需重新定位角色"这一事实，但还较少探究其转变背后的作用机制和结构因素。

第三，往更深层次考量，记者职业角色作为新闻专业性的核心指标，具备中国新闻专业性局域化和碎片化的特征。探讨新媒体语境下记者职业角色的转变，与其说是从传播技术层面考察，倒不如说是从微观层面探究网络权力的介入如何影响了政党、市场和专业性三股力量之间的制衡关系。当宏观上的改变投射到具体的新闻运作上，互联网技术的发展将令新闻从业者和学者重新看待新闻领域的职业功能、职业分工、职业地位和职业归属问题。正如学者指出的："互联网这

一外部科技因素的影响力可被内化到记者的职业准则中，促进新闻专业性，并成为中国新闻改革的催化剂。"（周裕琼，2008）

从上述三个角度来说，考察新媒体语境下的记者职业角色具有重要意义。本节试图通过四个维度"职业功能、职业分工、职业地位和职业归属"来考察"记者与自身、记者与新闻生产、记者与受众、记者与媒体组织"的互动关系，走近转变背后的作用机制和结构因素，以此界定互联网时代记者的职业角色。

二、职业功能之惑——我用新闻做什么？

记者关于自身社会角色的认知，基本是从传媒的角色推导出来的。例如，当取"监督者"角色时，就意味着记者把新闻当作舆论监督的工具；当取"中立者"角色时，就意味着记者用新闻客观呈现社会事实；当取"倡导者"身份时，就意味着记者通过新闻影响公共议题走向。当下记者对于自身角色的认知，首先来自对新媒体语境下新闻职能的理解。记者回答"我用新闻做什么"的问题，其实是在回答互联网时代"我能用新闻做什么"的问题。换句话说，在信息数字化背景中，记者利用互联网技术从事新闻活动，究竟是被赋予了更大的权力？还是权力受到了更多的限制？

第一，从技术层面思考，技术使记者更便利地介入新闻事件或引导舆论，向"倡导者"一端靠拢。互联网为新闻提供了无限的技术可能，近年来的研究指向了与消息来源有关的新闻常规和实践的变化，帕弗里克就强调了记者如何使用网络工具来搜索信息或者与人联系（白红义，2013）。从中国记者的实践来看，更多的记者开始通过微博来找寻自己的消息来源，尽可能全面地搜寻事件的背景资料，从而在"技术"上有可能逼近记者想要的"真相"。同时，技术使记者可通过社会化媒体与受众产生紧密互动，记者有可能在受众的期待下，产生参与事件的冲动。如研究所发现的，"不少调查记者在微博上体现出更强的倡导色彩，他们的行为方式变得十分激进，甚至自己成为新闻事件的主角，参与、介入、影响新闻事件的发展进程"（张志安，2012）。

第二，从专业意识层面来看，网络一方面更苛求记者的"中立者"身份，一方面却为"中立者"身份制造障碍。互联网环境带来的透明性和公开性，是对记者"客观真实中立"角色的巨大考验。相对于传统媒体的渠道而言，网络空间里新闻报道被接受的范围要扩大很多，而更多的同仁、专家和当事人都会看到这些报道。记者不专业的报道在众目睽睽之下将难以遁形，记者能否成为真正的"中立者",势必受到更多挑战。然而即使记者想坚守"中立者"的角色,也难免遭到网络环境的解构。有学者指出:以微博为代表的社会化媒体,使网民更快捷、直接、深刻地影响着调查记者的新闻生产,汹涌的网络民意容易干扰他们的专业实践。对于当下的调查记者来说,"倡导"容易,"中立"更难(白红义,2011)。

因此,记者在新媒体时代究竟应该扮演什么样的角色?恐怕难以一言以蔽之。互联网的环境,既因技术发达为其成为"倡导者"而拓宽了空间,又因透明性对其恪守"客观真实"提出了挑战,还用网络民意消解着"中立者"的根基。

三、职业分工之惑——我在新闻生产中做什么?

互联网的普遍应用和以微博为代表的社会化媒体的快速兴起,正深刻改变着传统报道的生产方式和传播机制,也改变着传统记者的角色定位。当新闻生产由传统的专业组织生产转变为社会化大生产时,公民开始从源头上参与生产,记者在新闻生产链条上的分工和职业定位也会随之动摇。

第一,从消息来源上看,记者被迫放弃"把关人"身份,向"引导者"靠拢。在以前,记者作为绝对控制者,担任着"把关人"的角色,新闻信息是否发布、什么时间发布以及用什么方式发布,都要经过记者编辑等一系列审核。也就是说"传"总是先于"受"发生,反馈是末位环节(范文德,2013)。但是随着互联网对新闻生产常规的解构,记者丧失了"筛选"源头的权力。通过分析近几年来的热点舆情事件的传播规律,不难发现,其传播的基本路径都是:综合或专业论坛爆料——微博扩大传播面——传统大众媒体"主流化""仪式化"——门户网站进行转载进一步扩大到整个社会层面(张志安,2011)。记者越来越难控制消息源,新型的传播模式打破了"传者生产"一统媒介的局面,更多的"受众生产"的信息开始进入社会生活中。当记者"把关者"的身份被剥夺,记者只能向"引导者"转化。有学者认为"记者编辑的职能已经不是采集新闻,而是对浩如烟海的新闻和信息进行筛选和重新组合,使这些杂乱的信息呈现出相互联系和深刻意义,并使之转化为知识。新闻从业工作也因此在某种意义上成为知识生产和管理的工作"(蔡雯,2007)。可以明显看出,这种引导者带有"意见领袖"的意味。记者的角色定位与职责便通过分工的重新调整而显得更加明确了。

第二,记者的采编能力被不断边缘化,同时要承担更新的工作任务。在传统新闻业中,记者以采访和写稿为主要工作内容,并不会参与后期的编辑和发布。但是新媒体对这种原有的业务职责造成了冲击,"从专业的认知维度来看,传统新闻专业核心采编能力在网络新闻实践中是被边缘化的"(谢静，2013)。记者被新闻机构提出了更多的要求。有台湾学者从"液态现代性"的角度对当代新闻工作环境的变化进行了阐释，他们认为在"速度即权力"的液态现代性社会中，新闻媒体为追求更快速的新闻讯息而不再有固定截稿时间，不仅24小时新闻频道的记者面临无时无刻不在的截稿压力，传统平面媒体也在与新媒体接轨、经营多媒体新闻平台要求记者24小时待命，随时准备采访、上传最新讯息(华婉伶，臧国仁，2011)。除此之外，记者不仅在采写上被施加更多压力，同时还可能担任更多新的工作任务。比如在一些新媒体机构，记者要开始思考产品、社区、数据和经营(王清颖，2013)，他们不再仅仅是体制内的记者角色，而且还可能是一个管理者和经营者。

　　记者职业角色在新闻生产中遭遇的尴尬，使人联想起一个较为特殊的记者类型——网络新闻工作者。依据中国现实考察，现有新闻机构中出现的网络新闻工作者队伍，多从市场招募新手或是由传统记者或编辑"转行""兼职"构成。网络新闻工作者更关心的是新闻如何呈现，而不是新闻如何报道。他们也不像传统新闻人那样认可新闻媒体的服务公众、分析复杂问题和监督调查的职能。事实上，在网络新闻业中实践着的是一种混合工作模式，它可能集编辑、改写、网上搜索、更新、编程和技术于一体(王清颖，2013)。当传统记者"转行"或"兼职"成为网络新闻工作者时，其原有的职业分工势必要发生变化，忽视采写，重视编改。而这种职业分工的变化可能会带来对记者职业角色的重新调整。

　　从上述角度来论述，互联网背景下，新闻生产分工的确发生了变化。但这并不意味着记者的职业角色立刻就会发生颠覆性转变，而是一个缓慢而充满变数的过程。有学者通过实证研究考察了网络时代的日常新闻生产，无论在获取消息源、确立新闻生产规则，还是在期待社会的认可方面，当前的新闻实践都顽强地与新闻传统保持着一脉相承的关系。传统新闻实践的"结构性特征"依然在当下的新闻生产中稳定地发挥着制约作用(王辰瑶，2010a)。这表明，信息技术带来的新闻生产分工确实变了，记者的分工也随之悄然变化。但这种变化是否能彻底颠覆原有生产模式下"稳固"的结构性因素，才决定着新媒体是否能颠覆记者原有的、"根深蒂固"的交织在生产模式中的职业角色。因此，传统记者通过技术优势走向"反败为胜"的逆袭之路，利用网络新闻重塑专业角色，是个值得观望和期待的未知之数。

四、职业地位之惑——我在受众面前是谁？

首先，新媒体语境下，记者与受众的地位走向"趋同"。在传统新闻生产模式下，记者是掌握消息来源的"把关人"，也是令受众感知和获取周围环境信息的唯一渠道。在新闻领域记者比受众掌握着更大权力。但是新媒体技术带来的便利模糊了传受界限，造成新闻记者角色的深层焦虑感。对于受众而言，新媒体赋予人们的不仅仅是信息接近权，更是信息发布权（刘丹凌，2012）。这种权力曾经是专业传媒机构和职业新闻人的专属权力，而如今，权力的主体不断扩大，基本覆盖了所有的公众。

其次，记者地位存在低于受众的风险，甚至出现记者"讨好"受众的情景。台湾学者认为：在华人社会的士大夫传统下，以往台湾新闻记者多以"知识分子"或"读书人"身份自居，强调新闻在民主社会的监督功能与专业角色（华婉伶，臧国仁，2011）。但一切都变了。媒体大亨默多克曾指出，现今年轻人接触新闻的方式已有了革命性改变，但仍有太多编辑与记者与其读者脱节，年轻的受众不再想依赖如上帝般高高在上的媒体告诉他们什么才重要，更不想要新闻内容如真理教条一般。这就说明，记者不仅可能在讯息和知识上不再享有权威，甚至必须尽可能想办法吸引受众的目光，才能延续自己的职业生命。

学者间有关记者和受众地位的争论，其背后根源来自对"公民新闻"这一新媒体产物的认可程度。认为记者早该走下"精英"神坛者，看重的是技术赋权于受众，受众因而获得的能动性和创造性；而坚持认为记者地位不容撼动者，看重的是记者专业理念的不可替代性。后者犀利地质疑民众变成"公民"的可能性，从而直接动摇了公民新闻品质的可靠性，他们还坚持，即使民众将来能具备较高素养，"公民们是否有时间、动机和能力完成一系列新闻生产任务呢？"有学者通过深度访谈发现，现实中很多新闻从业者将记者比作"专业医师"，认为"感冒人人都会吃药，但社会总需要医生"（王辰瑶，2010b）；同时还有学者通过研究发现，"人人是记者"这一事实并未在中国真正存在。在微博、论坛等空间中，真正提供原创新闻的，不过是注册ID的5%，而这活跃的5%的公民记者，相当大比例是真正的专业媒体的记者，只不过他们宣称自己的活动是非职业行为而已（吴飞，2013）。"公民新闻"的真实情况和发展潜力尚未明确，记者和民众的关系变得忽明忽暗，记者不得不思索"我在民众面前究竟是谁"？

五、职业归属之惑——我在组织面前是谁？

在传统新闻生产中，为了应对组织内经营与采编之间的矛盾，新闻组织像其他专业组织一样，发展出两套运作原则：管理原则和专业原则（谢静，2013）。记者作为个体，就和作为组织的新闻机构，在两种原则下相互制衡。到底管理原则更占上风，还是专业原则更占上风，体现的是记者专业自主权的大小。互联网的出现，是否改变了两种原则的制衡？换句话说，记者的专业自主权有增长吗？

首先，记者专业自主权有可能依据社会化媒体的出现而有所增长。事实上，关于管理原则和专业原则的两难选择，并不是有了微博之后才出现的。微博只不过放大了过去新闻行业中被暂时掩盖的一些固有的基本矛盾（刘海龙，2012）。有学者从职业社会学的角度认为，专业技巧的可自由支配性质和从业者可在不同工作环境流动的特点，也能减低他们对于特定机构雇佣的依赖，从而具有较大的工作自主性（Freidson，1995）。从专业自主权的角度看，微博等新媒体给了从业者更大的空间，使其更能实现职业召唤，从而更专业。虽然关于"记者要不要开微博"的问题尚存在争议，但从现实中可以窥见，不少记者利用社会化媒体这个新型平台，发布消息，扩大影响，就可以理解为专业自主权的增大。

其次，从职业共同体的角度来看，新媒体环境可能会加速记者职业共同体的形成。有学者发现，有的调查记者将本媒体未发的报道在微博上报出来，其他同行就会积极转发；而调查记者就某一话题在网上进行讨论时，借助共同体的作用，促使调查记者多些冷静和理智的判断，形成同行监督（张志安，2012）。也有学者指出，借助 QQ 群进行的职业协作和正在形成的"价值共同体"，是调查记者职业共同体非常重要的方面，尽管它离真正的职业共同体还有很大距离（张志安，2012）。当然，互联网只是一个外界因素，记者职业共同体的形成，根本还在于组织化新闻生产中的结构性作用，但新媒体可能成为加速这一进程的契机。

新媒体语境下，传统新闻业的理念、模式和具体操作都在发生嬗变。互联网逐步渗透到传统新闻生产中，媒介融合趋势愈演愈烈，公民新闻的实践也日益多元。在这种时代，记者和新闻的内涵都已经被改变。大量实证研究和现实场景都提醒人们：记者对新闻的理解变了，记者在新闻生产中的分工变了，记者和受众的关系变了，记者和组织的关系变了。身处转变旋涡中的记者，也因此越来越看不清楚自己，找不到明晰的角色定位。

本节述评围绕新媒体环境下有关记者职业角色进行的理论争辩，从职业功能、职业分工、职业地位和职业归属来考察"记者与自身、记者与生产、记者与受众、记者与组织"的互动关系。经归纳发现：其一，互联网的环境，既因技术发达为记者成为"倡导者"而拓宽了空间，又因透明性对其恪守"客观真实"提出了挑战，还用网络民意消解着其"中立者"的根基；其二，记者分工从"把关人"走向"引导者"，同时被赋予了更多新的任务和挑战，但专业优势暂时不容撼动；其三，记者和受众的地位趋向平等，但前提是中国的公民新闻能够有真正的发挥空间；其四，记者在社会化媒体繁荣的背景中，专业自主权呈现增强趋势，同时网络环境也为凝聚新闻职业共同体提供了新的契机。

在这场技术的风暴洗礼中，记者的职业角色究竟发生了什么变化？恐怕目前尚难给出定论。因继承了中国新闻专业性碎片化和局域化的特征，加之互联网带来的复杂局面，记者角色变得更难以概括和把握。在这种情况下，可能的研究路径之一，就是既走到记者背后，看看哪些机制的改变可能影响了认同的动摇；同时又要走到记者面前，看看他和组织、和受众的关系，是否因为技术的参与而发生了改变；还要走近记者内心，看看他如何看待信息技术时代的新闻，如何期许这场变革中的自己。因为职业角色研究，归根结底关注的是"人"。因此，关于该问题的未来研究取向，还是应该结合现实情境，对新媒体语境中的记者进行深度访谈，以此观照其内心对职业的认知嬗变。

对于新闻业未来发展图景的预期，不妨回到美国新闻社会学家舒德森（1995/2011：1）的分析，他在 1995 年就曾写道："想象一个世界，在那里，政府、商界、议员、教会、社会运动者都可以直接通过自家电脑向公众发送信息，新闻业顷刻间被废弃。但经过了最初的欢快、混乱和权力转移，值得信赖的人将不得不将新闻分类，并以可理解的方式表述出来。新闻业将重新发明，专业的传媒集团将再度出现……"无论新媒体语境下的工作机制具体怎么变化，当记者对自身职业角色产生混乱、焦虑和迷惘时，应当回到新闻工作的社会价值来审视当下的困惑。

第四节 新闻职业角色的内涵拓展

以互联网为代表的新媒体已经融入人们的日常生活，深刻改变了人们的媒介接触行为和新闻消费形态,这一"互联网+"的底层逻辑的转变倒推了新闻机构的业务流程再造和职业理念调适,新闻业的生态前所未有地呈现出发展的不确定性,也赋予从业者和研究者对其未来前景的丰富想象力。

传统的专业新闻机构高呼"媒介融合"的口号已摸索了十余年,在智媒时代来临后,不论在欧美还是中国,科技公司、互联网服务公司、社交媒体平台也已悄然进入新闻业,这些新加入的行业主体推动新闻业业态的进一步多元化。数据、算法与平台型媒体所代表的智媒要素正在全面重塑新闻业,新闻从业者的角色也随之面临嬗变。

其一,数据与新闻的结合早已不仅仅停留在炫酷的新闻可视化手段上,数据进入了新闻生产的方方面面,特别是向受众端延伸,改变了受众反馈的测量和预测,赋予受众以新的价值,再逆向传递到新闻业前端的新闻选择。其二,算法的影响逐步深入到新闻业的各个行业环节——新闻生产、新闻分发、新闻消费以及选题发现和舆情监测。算法改进了媒体运作中的新闻价值判断,部分地代偿新闻从业者的把关人角色,也牵动着记者、编辑等新闻人对自我职业角色的重估。其三,平台型媒体实现了对职业化新闻媒体传播力的"降维"打击,其高效能的信息分发和以个性化推荐为导向的特性掌控了信息传播的最后一公里,并最终可能影响到新闻业一直独有的进行信息环境监测、社会事实再现(representation)的重要角色。本节将在梳理新闻从业者角色认知历史的基础上,对这些智媒环境中的新因素与新闻从业者职业角色的关系展开探讨。

一、从把关到守门:新闻职业角色内涵的演变

新闻职业的角色从早期的规范性论述到后来的实证性描述有一个认识论上的改变,这就体现出美国媒介社会学研究存在的两种主要范式的差异,即"反映论"与"建构论"。"反映论"重点关注媒介内容是否确切地反映了社会实在。"建构论"重点关注媒介如何反映了社会实在以及为何要如此反映(张斌,2011)。在这两者中,"建构论"从新闻生产的视角对新闻媒介及新闻从业者进行了扎实的研究。以新闻从业者作为一种专门职业为前提,怀特和布里德对新闻媒介组织内部的个人(新闻从业者)和组织(编辑部)进行了建构论取向的研究。怀特受到施拉姆和心理学家卢因的启发,据此正式地提出了新闻在传播过程中的"把关人"理论。把关理论的生命力极其旺盛,"意见领袖""议程设置"都与把关理论有着千丝万缕的联系。"意见领袖"以及在此基础上诞生的多

级传播理论等，实际上仍旧在延续着自卢因把关思想以来的一个研究传统：在信息流动中，信息传递受到哪些因素的制约，而最终又会产生什么影响（李钢，2016）？

怀特的把关人理论内涵可以概括为：新闻媒体从业人员的工作的形式是从大量的信息中做出删选，以决定哪些消息是受众愿意接受的，记者在选择消息时具有很个性化的趋向（李红艳，2005）。怀特的研究背景与对象是1950年的美国报社编辑部与记者。传播技术在过去半个多世纪里日新月异，该经典理论在每一波新媒介技术的高潮来临时势必受到挑战。

在经典的"把关人"理论中，"人"从微观上指新闻媒体从业人员，以记者、编辑为典型代表，宏观上指媒体机构，也包括媒体的拥有者，包括政府、私人和其他诸如联合国在内的政府机构。宏观"把关人"虽不在新闻采编一线，对新闻生产没有直接影响，却能够对媒体本身形成一定压力。它们通过间接方式影响新闻价值判断、新闻选择和新闻生产趋向。

该理论在整个20世纪的大众传播学中被广泛地进行扩展型研究和实证研究，成为经典理论。然而直到2005年，面对互联网技术和电子信息移动设备的兴起，有学者对其发起了牵涉本质的质疑。有中国本土学者指出："90年代初网络以无比迅猛的速度社会化，使得网络从业者暂时未能调整控制姿态和积蓄管理经验。这固然造成了全知全能式'把关人'的隐退，但同时因为网络巨大的公众影响力和技术至上特征，使得更多的组织甚至个人介入'把关人'角色，呈现出网络'把关人'的无序状态。网络'把关人'不是下岗了，而是有更多的人竞争上岗。"（黄楠，2005）

澳大利亚学者阿克塞尔·布鲁斯（Axel Bruns，2005）指出，互联网的开源性削弱了传统把关人的删选功能。"把关人"无法像水库的闸门一般完全地"keep"（把关）住新闻，转而更像一名足球场上的守门员，对球门进行"watch"（看守），对信息进行防守拦截。自此，由于互联网带来的信息数量上的爆炸式极大丰富和开源便捷的可获取性，新闻从业者只能践行传统把关人角色的部分功能，从"把关"转为"看守"，并将工作重点转移到信息的搜集和处理上。从把关人角色向守门人角色的转变，是从控制角色向共建角色的转变。表5-3比较了建构论视角下两种新闻从业者职业角色的内涵。

表 5-3　　　　　　　　　两种新闻职业角色的内涵比较

建构论视角下新闻从业者职业角色的传统内涵	
把关人（gatekeeper）	守门人（gatewatcher）
心理学家 Kurt Lewin（1974 年）首次提出了把关人（gatekeeper）的概念。原始含义是指人们对食品种类的选择和消费渠道的建立模式。"传播"与"把关"在这里首次作为一对术语出现。基于"渠道理论"，身为心理学家的卢因认为影响渠道通行的首要的是人的因素，将其归纳为把关人的认知结构和把关人的动机，并认为人的心理因素是主要原因，在把关过程中个人的因素、个体的价值判断起着主要作用。 　　David Manning White（1950 年）通过考察美国中西部一份报纸的一名白人电讯编辑的实际工作流程，将该概念正式引入新闻传播学。通过对一名新闻工作者的工作流程的实证考察，分析被选择和被删去的消息，他认为信息的选择和记者的个人心理构建有很大的关系。	澳大利亚学者 Axel Bruns（2005 年）指出，从把关人角色向守门人角色的转变，是从控制角色向共建角色的转变。互联网的开源性，令新闻从业者只能践行传统把关人角色的守门功能，即着重在搜集和处理信息。 　　与之相呼应，Leo Bowman（2008 年）认为随着互联网和信息化技术的发明发展，人们开始通过新媒体阅览在线新闻。在一些学者和新闻从业者看来，以报纸、广播、电视为载体和形式的传统把关对象和渠道，因为新媒体的加入失效了。他们认为，传统把关人无法通过在内容生产环节的删选和控制进行把关活动，而受众也绕过了这层删选机制即可直接接触到海量信息，并作出相应反馈。

二、智媒环境下新闻从业者职业场景的重构

　　职业角色的转型与改变可反映在和细化于特定职业的日常工作行为。从传媒业职业行为来看，有三个新的影响因素。

　　数据，特别是用户反馈数据，丰富和改变了新闻从业者获取用户反馈、进行受众测量的模式，并将进一步影响新闻从业者把关和守门角色的实践标准。大数据时代的到来令记者的数据搜集、数据整理、数据储存、数据调用、数据可视化行为日常化。

　　算法，特别是信息分发算法，将深刻地改变新闻的分发渠道和分发模式，并因算法内部的核心因子区分与各因素的权重差异，影响新闻价值取向的传导。算法将与人工一起判断新闻，并影响新闻的现实建构与社会事实再现功能。

　　平台型媒体，作为数据、算法、社交网络、新闻专业编辑的集大成者，将改变新闻从业者对自己的职业想象。平台型媒体令新闻的生产环节和消费环节更便捷地统一了起来。去中心化的传播结构和对 UGC（用户生产内容）的开发利用将增加新闻供给的多元可能性，对职业新闻人的独占性权力构成了挑战。

(一) 数据重构新闻职业判断

数据在进入新闻从业者的工作场域之初，被一种功能主义的实用视角所采用。此"数据"指代的是作为新闻内容构成的"数据"，如央视的《数说命运共同体》系列报道。而在新闻传播院校开设的职业预备专业课程也是教会学生如何搜集新闻数据，并将数据作为新闻采编、可视化的重要组成部分。

然而，近一两年来，数据在新闻传播领域焕发出另一种更为深刻的内涵。因物联网、数据挖掘等新技术手段的使用，媒体面对的数据的体量和品类极大丰富，用户画像分析和新闻受众反馈数据成为新闻业和从业者无法回避的议题。在传统"把关人"理论的视野下，新闻价值的选择判断与新闻从业者的职业文化息息相关。然而用户反馈数据的出现，将一直以来静稳的新闻职业文化场域搅动起了涟漪。针对新闻从业者对用户反馈数据的使用，欧美的一些学者已经进行了较为成熟的研究，其核心提问在于用户反馈数据将如何以及在多大程度上影响新闻从业者的职业判断和改变新闻业的工作常规。

首先，属于不同编辑部的新闻从业者对用户反馈数据有不同的态度和使用。对于诞生伊始就存在于平台型媒体的互联网新闻编辑部，存在唯用户反馈数据马首是瞻的使用倾向。这类新闻从业者有别于传统意义上的新闻人，他们中的相当部分职员也并不毕业于新闻院系。他们的基础工作任务便是以流量为指针的，在这个工作逻辑中，用户反馈以数据形态被完整曝光给编辑部，全体成员可以获取、使用，用户反馈数据成为编辑部职员的主要工作对象，牵引了全体编辑部的职业判断。

以今日头条为例，今日头条是一款基于数据挖掘技术的个性化推荐引擎产品，它在2012年8月上线。与国外的同类产品BuzzFeed不同，今日头条并没有采编人员，也不直接生产内容，更像是一个内容仓库，吸引不同内容生产者入驻，并通过算法记录用户阅读轨迹，根据喜好进行个性化推荐。据统计数据显示，截至2016年12月底，今日头条平台上累计激活用户为7亿人，其日活跃用户有7 800万人。2016年10月，今日头条新推出媒体实验室项目，向内容生产者（包含媒体）提供多维度的用户数据，以生产出更符合用户需求的内容。今日头条积累了海量的用户数据，包括用户的人口统计学特征、所用终端信息、阅读喜好信息、深度参与信息等（徐笛，2017）。

描画受众并洞察其需求，本是新闻工作的题中应有之义，然而它却一直是新闻生产链条中的薄弱环节。实际上，受众一词本身就带有单向传播或被动接受的意味，也日益被诟病。对于传统的报纸、广播、电视，以及它们根据新技术、新载体所兴办的新媒体渠道与客户端，用户反馈数据受到编辑部中高层的数据使用偏好影响更大。传统媒体用户的数据库，大部分都是从合作方获取，对于数据分析工具而言，其源头是"数据"，如果没有充分的数据量的积累，没有内容比较精准的结构化的数据，数据分析工具就很难得出科学的分析结果（陈昌凤，2016）。这成为传统媒体对比平台型媒体和互联网新闻编辑部的又一阿喀琉斯之踵。用户反馈数据对编辑部内部不用层级的从业人员有不同的曝光程度，一般只有中高层从业者能够获取完整的数据，并受到数据波动的影响。一线采编人员的新闻采编和职业判断常规尚未受到用户反馈数据的过度波及。但用户反馈数据依然悄然影响着媒体人的"挣工分"式的职业评价体系，阅读量和转发量成为评价其日常工作的重要参考指标。

其次，有意思的地方在于，用户反馈数据内部有着丰富的样貌。今天的技术手段对用户画像的描绘可谓无所不用其极，已经达到了高度还原、精准制导的地步。用户反馈数据可能比各种应用的用户和新闻信息的受众更了解自己的信息获取习惯和偏好。

对于不同形式的分发渠道，用户反馈数据的呈现有所不同。如 App 新闻的评论区和电子报纸、网络电视的评论区呈现不同的样貌，对不同年龄段的新闻从业者有不同程度的影响；用户评论和用户点赞数据、转发行为数据存在判断取舍。

用户反馈数据不仅存在数字的量化统计，还存在对用户性别、年龄、手机型号、新闻消费的时段和地点的记录。这些用户画像的组成部分从微观到宏观依次列开，都是影响新闻业的新颖因素，它们影响着新闻从业者的职业判断，使得新闻从业者无法再根据自己的个人价值观和对目标受众的想象去行使"把关人"或"守门人"的角色。

（二）算法重构新闻职业权威

在传统新闻业的长期职业实践中，"把关人"角色是记者、编辑自我角色认同的重要组成部分，也是专业新闻媒体社会话语权的来源。受不同媒介形式、职业理念以及政治、经济、文化等社会因素的影响，"把关"的标准和尺度存在着复杂性，"把关人"角色本身存在着多元性。对新闻等其他形式在内的信息内容传播渠道独占，使得新闻从业者天然获取了这种"把关人"权利，并将之生成为自己的核心职业角色。

以互联网技术为代表带来的传播渠道大变革，已经极大地削弱了新闻从业者对信息发布和传播渠道的独占。一方面，信息大爆炸使得报纸、广播、电视作为专门的媒介形式，无法囊括不断演化的媒介形态；也使得记者、摄像、编辑作为专门的内容生产搜集者跟不上事物变化的速度；另一方面，新媒体的快速广泛扩散使得普通民众参与到了新闻生产的实践中，改变了新闻生产的常规。职业化新闻从业者已经难以做到对社会整体信息运行进行过滤、筛选、取舍的有效"把关"。依靠算法筛选内容，定向发布，能够为新闻媒体提供大量资源，极大地提升传播效率。与以往媒介革命以技术为导向不同，这次的"算法转向"不仅与技术有关，更是一种新闻生产方法论和思维方式的大变革，重构着数字新闻生产理念（张超，钟新，2017）。

这些现象也影响了新闻从业者的职业自信和角色认同。如果没有职业权威和职业边界，沦为数据和算法附庸后的新闻职业可能丧失身为一项专门职业的尊严与价值。新传播环境下，以算法为代表的计算机技术，反而更好、更精准、更时时、更广泛地实现了信息过滤、筛选和取舍的行为。可以说，作为人工的新闻从业者因技术变革被倒逼让渡出了部分的"把关人"角色。但是需要注意的是，这并不是意味着新闻从业者完全丧失了"把关人"的功能，知名新闻机构的优秀历史声誉，知识与信息转译的专业性，信源采编的独家或权威性，令专业新闻机构和专门新闻从业者依然保留着"把关人"行为与议程设置的能力。

同时，用户数据反馈和算法分发的滥用会造成信息茧房效应。算法把关和算法分发的出现，一定意义上限制了媒体的编辑决策，分流了新闻媒体的广告收入，冲击了新闻从业者的职业角色权威。在此过程中，过滤泡（filter bubble）、回音室（echo chamber）、后真相社会（post-truth society）、群体极化等问题层出不穷，不利于人们冲出既有算法框架，扩大认知视野，全面理解世界（赵立兵，2017）。这折射出以新闻为代表的公共功能与平台背后的商业利益、科技理念之间的博弈（方师师，周炜乐，2017）。

然而，算法与新闻从业者的关系并不是"剥夺"与"让渡"这样一种简单二元对立的关系。从职业发展的角度看，算法也解放出"把关人"角色的三种新职业内涵。在"把关"的层层进阶中，新闻从业者需要改变曾经的全序把关理念，向"人机合作把关""后置把关（属性把关）""分享把关"转移。

首先，"人机合作把关"是不可避免的趋势。算法虽然占据了部分传统"把关人"角色的行为，但也解放了部分新闻生产力。"人机合作"将为新闻生产实践提供新范式，使新闻生产走向高度去中心化、差异化、定制化、个性化。对于确凿的虚假新闻，可由算法精准制导，全天候疏导抑制处理。对于亦真亦假或可能引发爆点的新闻，可由算法挖掘提醒。对于人们应该了解的新闻和人们感兴趣的新闻，算法提供了最客观准确的数据反馈和用户画像，专门从业者需要自行判断如何使用。

其次，新闻从业者职业角色在新闻传播次序中的"后置"。在现有技术水平下，算法可以对已有信息进行甄别和筛选，但尚且无法对甄别和筛选做价值判断和阐释。新闻从业者的"把关人"角色，后置转移到了信息传播抵达受众后的阶段，把握好"属性议程设置"能力，挖掘作为专门的新闻从业者，甄别、解读、阐释的能力。

最后，对 UGC（用户生产内容）内容的"分享把关"。用户原创内容对新闻业的冲击主要在时效性和贴近性。专门新闻机构和专门新闻职业从业者在对信息的"转发"层面具有对原创内容进行信息流通的加速作用。新闻从业者对 UGC 内容的整理、加工、增值、推送等可以给它们带来地位赋予的实际效果。

（三）平台型媒体重构新闻职业想象

《数字时代》（*Digiday*）撰稿人于 2014 年 8 月首次提出：平台型媒体是指既拥有媒体的专业编辑权威性，又拥有面向用户平台所特有开放性的数字内容实体。平台型媒体在现今流量为王的时代成为各种媒体形态中的无冕之王。一些传统新闻从业者作为"把关人"和"守门人"面对无门可把、无门可守的话语权困局，其背后本质是新闻传播效能的窘境。

平台型媒体的本质是信息节点的集群。个人、商业或非商业利益组织以及专业新闻机构共同组成的信息节点在平台间自由流通、平等互动、相互聚合（喻国明，焦建，张鑫，2015）。平台型媒体天然的组织架构成为新闻从业者"把关人"职业角色和议程设置能力断崖式"下降"的原因。结合前文提及的数据反馈与算法技术可以发现，通过削弱新闻从业者作为信息"把关人"的职业角色，平台型媒体实现了对社会话语权的分割。伴随着话语权的去中心化，是对个人社会话语权的放大，对个人的信息需求的迎合，对个人闲置资源的重新分配。这种去中心化的趋势，对新闻从业者的职业自信造成了冲击，对新闻从业者的职业文化即新闻专业性亦提出了挑战。传统媒体退化为与通讯社类似的单纯的内容提供商，并将导致整个行业格局的巨大变动（喻国明，焦建，张鑫，2015）。

平台型媒体和平台新闻同时也对"守门人"角色的拦截阻止和信息圈地行为构成了挑战。根据皮尤研究中心的调查，社交媒体已经成为美国人获取新闻的重要渠道，超过 60％ 的美国人利用社交媒体来获取新闻。各家社交媒体、各类平台型媒体对传统的新闻业构成了巨大的冲击。国内微博、微信、移动客户端已经将人们获取新闻的注意力蚕食殆尽，今日头条仍不甘示弱。而国外社交媒体也正发起一波"新闻革命"，脸谱网（Facebook）、谷歌（Google）正陆续推出自己的新闻产品线。以脸谱网为例，作为全球规模最大的社交平台，脸谱网近年来将触角伸向新闻业，通过推出"即时文汇"（Instant Article）、"通告"（Notify）和"讯号"（Signal）等三大应用软件，构建了基于社交媒体平台的新闻产品矩阵。

在这个过程中，脸谱网凭借庞大的用户基数和高度的用户黏性，以及对用户数据、程序算法技术和平台控制运营的优势，正在取代传统主流媒体而成为新的"信息把关人"和"议程设置者"。通过掌握新闻信息流向受众的主要渠道，平台型媒体颠覆了新闻业传统的利益格局，一些传统主流媒体渐次成为互联网技术公司的内容提供商（史安斌，王沛楠，2017）。曾经，报纸的版面、广播的频段、电视的栏目是新闻业在大千现实世界和公众的社会认知之间建立的一道"关"和"门"，媒体机构也借此建立起自己的职业权威。然而平台型媒体对新闻内容生产、新闻产品运营和新闻分发渠道三个层面的全面进入，把依据版面、栏目、页面组织起来的媒体产品降解到了一则一则信息推送的"碎化"层面，信息"门"和"关"被更为细小、密致、流动性强的社会"网"所取代，也使得新闻从业者正面临"无门可守"的境地。因而，新闻从业者需要从界限分明、壁垒森严的职业化人群与普通公众的区分中重新想象自身特权被降解以后该如何重塑本职业的社会价值。

三、"策展人"：智媒时代新闻职业角色的赋能

算法与平台并举的智媒时代，新闻还是"新近发生的事实么"？新近发生的事实还需要特别被加工为"新闻"后才进行传播吗？无处不在的监控摄像头，基于直播和移动定位的社交深度定制，机器学习与人工智能对数据的信息抓取、处理、分发能力，令"新近发生的事实"越来越回归到一种人们在日常生活的本能接触与提取，而非职业化的新闻。新的职业新闻需要改变信息加工和新闻生产的机制和门槛。

策展（curation）被高频应用于艺术行业。所谓策展，指的是"人们赋予任何搜集、组织而得到的事物'定性判断'，从而增加这些事物的价值"。迄今，策展新闻没有统一的定义，澳大利亚学者布鲁斯（Axel Bruns）和海菲尔德（Tim

Highfield) 提出"协作性策展新闻"（卞清，赵金昳，2015）这一概念。所谓的协作性策展新闻是指记者或博主等大范围的用户利用社交媒体进行言论发表和新闻链接转载等跨平台的参与。换句话说，策展并非原创性的生产，而是通过对现有资源的筛选、整合，实现"资产增值"。媒介机构不再是新闻事件的唯一阐释主体，基于互联网社交平台，新闻报道的价值和意义经由公众的集体参与而被不断重塑，新闻生产流通的速度大大加快。新闻职业社区的专业控制和社会大众的开放参与之间，形成了强大张力，组织化新闻生产正在变成协作性新闻"策展"（curation）（陆晔，周睿鸣，2016）。

"策展"的重要前提是"用户生产内容"。平台型媒体的出现降低了新闻生产的门槛，传统媒体或新闻网站也可以利用用户提供的内容"为自身服务，降低采编成本"，然后加工制作出高质量的丰富多彩的新闻产品（苏宏元，舒培钰，2017）。对现实的再现，对作为一种社会资本的话语权的争夺，越发取决于能否发动一场日常生活的展览。这可以是一场数字策展、内容策展、知识策展、社会策展。策展已经被验证为完善于新闻之上的，更符合新传播环境的社会再现手段。在这种认识的基础上，专门新闻从业者面临转型。传播权利正在向算法、平台和智媒转移。然而作为一种社会沟通机制的新闻，对于具体新闻事件和社会话题的把握与跟进，仍旧具有高度的不可替代性。这是大包容大集成的平台所不具备的角色。

从现有新闻职业工作的挑战和智媒情境的趋势出发，"守门人"需要注入新的角色内容，新闻从业者需要在做好信息采集与核实的"把关"基础上，调适对智能环境下社会需求和技术变革的响应能力，适度进化为新闻"策展人"。"策展人"要求新闻从业者同时具有对用户的洞察能力，对数据的分析能力，对新闻的敏锐直觉。在以上单一能力维度之上，身为"策展人"的新闻从业者需要同时具备这些单一能力，并进行"collaboration"（合作）式地协同交叉使用，从而达到回归内容却又高于内容的层面。这其实是一种高于"删选"和"筛选"的新传播把关形式，即通过传播内容的策展，重新占据整合社会传播资源的能力。但"策展人"的角色不同于传统"把关人"和"守门人"的地方在于，"策展"将新闻生产的传统常规流程拆分了，不再纠结于新闻生产者和消费者的角色区分，转而更关注于对流量的导引、对个人信息需求的洞察和对互联网闲置传播资源的激活。即以"（数据）导引＋（算法）集成＋（平台）分发＝新闻策展"代替"（人工）筛选＋（渠道）分发＋（新闻专业性）常规＝新闻把关与守门"。这种职业角色的转型将使得新闻从业人员不再是单一的"做新闻"的信息传播者，而兼具有新闻信息的意义阐释者、传播网络的搭建者、用户与内容产生关联的激活者等多重角色。

当然，这一角色转型并不完全是智媒时代的全新产物，事实上，新闻业发展演进的历程也是新闻机构和新闻从业者寻找自身角色定位和平衡媒体与公众关系的过程，所谓以环境守望和客观平衡报道为核心的"新闻专业主义"，不过是近代大众报业兴起后才建构起来的职业理念。当社会环境发生改变时，新闻业服务公众的方式和机制需要与时俱进，这也必然牵动在具体的新闻运作背后所嵌入的新闻职业理念。新闻策展有其特定的适用语境，并非所有新闻媒体、所有新闻类型都会在这个维度上演化。但讨论此问题的要义在于：在一个流动性强的、液态的、变革未竟的新闻业版图中，我们重新思考新闻从业者以把关和守门为核心的职业角色，其目的无意于否定新闻业过去的职业化历史，更重在建构未来的新闻业形态和重新夯实新闻业和公众之间的有机联系，可谓出发太久勿忘初心。正如俄国思想家赫尔岑所言："充分地理解过去，我们可以弄清楚现状；深刻地认识过去的意义，我们可以揭示未来的意义；向后看，就是向前进。"

参考文献

白红义, 2011. 汹涌的网络民意对新闻专业主义的挑战：以近期几起公共事件报道为例 [J]. 新闻记者, (6): 8-11.

白红义, 2013. 冲击与吸纳：互联网环境下的新闻常规 [J]. 现代传播 (中国传媒大学学报), 35 (8): 44-50.

比尔·科瓦齐, 汤姆·罗森斯蒂尔, 2011. 新闻的十大基本原则 [M]. 刘海龙, 连晓东, 译. 北京: 北京大学出版社.

比尔·科瓦奇, 汤姆·罗森斯蒂尔, 2014. 真相：信息超载时代如何知道该相信什么 [M]. 陆佳怡, 孙志刚, 译. 北京: 中国人民大学出版社.

卞清, 赵金昳, 2015. 媒介融合语境下的编辑部改造：基于"澎湃新闻"日常实践的考察 [J]. 新闻记者, (12): 61-70.

蔡雯, 2007. 从"超级记者"到"超级团队"：西方媒体"融合新闻"的实践和理论 [J]. 中国记者, (1): 80-82.

操瑞青, 2017. 作为假设的"新闻真实"：新闻报道的"知识合法性"建构 [J]. 国际新闻界, 39 (5): 6-28.

常江, 2017. 蒙太奇、可视化与虚拟现实：新闻生产的视觉逻辑变迁 [J]. 新闻大学,

(1): 55-61, 148.

陈昌凤, 2016. 数据分析工具：驱动记者与用户的新型互动融合：数据助益媒体融合时代信息生产模式的变革 [J]. 新闻与写作, (11): 41-45.

陈嘉明, 2003. 知识与确证：当代知识论引论 [M]. 上海：上海人民出版社.

陈力丹, 张建中, 2013. 新闻理论教程 [M]. 北京：中国人民大学出版社.

陈卫星, 2004. 传播的观念 [M]. 北京：人民出版社.

戴维·莫利, 2010. 传媒、现代性和科技："新的地理学" [M]. 郭大为, 常怡如, 徐春昕, 译. 北京：中国传媒大学出版社.

邓科, 2006. "追寻真相"的真相与"没有表达"的表达 [C]. 后台（第一辑）. 广州：南方日报出版社.

丁方舟, 2018. "新"新闻价值观的神话：一项对即时性、互动性、参与性的考察 [J]. 新闻记者, (1): 81-89.

范文德, 2013. 从"信息把关人"到"信息引导人"：媒介融合时代传统媒体新闻传播角色的转换 [J]. 编辑学刊, (3): 47-51.

方师师, 周炜乐, 2017. 哥伦比亚大学托尔数字新闻中心报告第三次浪潮：平台公司如何重塑美国新闻业 [J]. 汕头大学学报（人文社会科学版）, 33 (7): 70-74.

高学德, 2015. 社会流动与人际信任：基于 CGSS 数据的实证研究 [J]. 西南大学学报（社会科学版）, 41 (6): 29-37, 189.

龚文娟, 2016. 环境风险沟通中的公众参与和系统信任 [J]. 社会学研究, 31 (3): 47-74, 243.

郭雅楠, 2016. 新闻消费社交化移动化：看什么、怎么看、相信谁？：牛津路透新闻研究院《2016年数字新闻研究报告》[J]. 新闻记者 (7): 32-42.

胡百精, 李由君, 2015. 互联网与信任重构 [J]. 当代传播, (4): 19-25.

胡翼青, 2017. 后真相时代的传播：兼论专业新闻业的当下危机 [J]. 西北师大学报（社会科学版）, 54 (6): 28-35.

华婉伶, 臧国仁, 2011. 液态新闻：新一代记者与当前媒介境况：以 Zygmunt Bauman "液态现代性"概念为理论基础 [J]. 传播研究与实践（台北）, (1): 205-237.

黄楠, 2005. 新媒体环境下"把关人"理论的变异与危机管理 [D]. 复旦大学.

吉登斯, 2000. 现代性的后果 [M]. 田禾, 译. 南京：译林出版社.

克莱默尔, 2008. 传媒、计算机和实在性之间有何关系？[M] //克莱默尔. 传媒、计算机、实在性：真实性表象和新传媒. 孙和平, 译. 北京：中国社会科学出版社.

李钢, 2016. "把关"再认知与回到勒温 [J]. 现代传播（中国传媒大学学报）, 38 (5): 164-165.

李红艳，2005. 守门人理论研究的新视角［J］. 新闻界，（2）：86-87.

李习文，2010. 论中国现实语境下的"对话新闻"［J］. 国际新闻界，（2）：46-50.

廖圣清，李晓静，张国良，2005. 中国大陆大众传媒公信力的实证研究［J］. 新闻大学，（1）：19-27.

刘丹凌，2012. 困境中的重构：新媒体语境下新闻专业主义的转向［J］. 南京社会科学，（2）：109-116.

刘海龙，2012. 新闻工作者微博应用的困境及其根源［J］. 新闻记者，（9）：30-37.

卢曼. 信任：一个社会复杂的简化机［M］. 瞿铁鹏，李强，译. 上海：上海人民出版社，2005.

陆晔，周睿鸣，2016. "液态"的新闻业：新传播形态与新闻专业主义再思考：以澎湃新闻"东方之星"长江沉船事故报道为个案［J］. 新闻与传播研究，23（7）：24-46，126-127.

罗伯特·哈克特，赵月枝，2010. 维系民主？西方政治与新闻客观性（修订版）［M］. 沈芸，周雨，译. 北京：清华大学出版社.

罗家德，2010. 社会网分析讲义（第二版）［M］. 北京：社会科学文献出版社.

迈克尔·舒德森，2009. 发掘新闻：美国报业的社会史［M］. 陈昌凤，常江，译. 北京：北京大学出版社.

迈克尔·舒德森，2011. 新闻的力量［M］. 刘艺聘，译. 北京：华夏出版社.

彭兰，2013. "连接"的演进：互联网进化的基本逻辑［J］. 国际新闻界，35（12）：6-19.

彭泗清，1999. 信任的建立机制：关系运作与法制手段［J］. 社会学研究，（2）：55-68.

塞尔，2008. 实在的传媒和传媒的实在［M］//克莱默尔. 传媒、计算机、实在性：真实性表象和新传媒. 孙和平，译. 北京：中国社会科学出版社.

史安斌，钱晶晶，2011. 从"客观新闻学"到"对话新闻学"：试论西方新闻理论演进的哲学与实践基础［J］. 国际新闻界，33（12）：67-71.

史安斌，王沛楠，2017. 传播权利的转移与互联网公共领域的"再封建化"：脸谱网进军新闻业的思考［J］. 新闻记者，（1）：20-27.

史安斌，杨云康，2017. 后真相时代政治传播的理论重建和路径重构［J］. 国际新闻界，39（9）：54-70.

苏宏元，舒培钰，2017. 网络传播重构新闻生产方式：协作、策展与迭代［J］. 编辑之友，（6）：58-62.

苏振华，2017. 中国媒体信任的来源与发生机制：基于CGSS2010数据的实证研究

[J]. 新闻与传播研究, 24 (5): 51-68, 127.

孙藜, 2013. 从客观性到透明性？网络时代如何做新闻 [J]. 当代传播, (1): 19-22.

谭天, 苏一洲, 2013. 论社交媒体的关系转换 [J]. 现代传播（中国传媒大学学报）, 35 (11): 108-113.

王斌, 程思琪, 2018. 反推式变革：数字环境中的新闻消费特点和转型路径 [J]. 编辑之友 (12): 65-74.

王斌, 顾天成, 2019. 智媒时代新闻从业者的职业角色转型 [J]. 新闻与写作, (4): 29-36.

王斌, 李岸东, 2018. 隐蔽的"深后台"：开放式新闻生产中的传受关系：以《中国青年》对卓伟的报道为个案 [J]. 国际新闻界, 40 (4): 144-161.

王斌, 翁宇君, 2016. 中国新闻改革中的"嵌入"与"脱嵌"关系 [J]. 山西大学学报（哲学社会科学版）, 39 (6): 36-42.

王辰瑶, 2010a. 结构性制约：对网络时代日常新闻生产的考察 [J]. 国际新闻界, 32 (7): 66-71.

王辰瑶, 2010b. 自信与隐忧：互联网时代新闻从业者的自我形象认知 [J]. 电视研究, (12): 14-17.

王清颖, 2013. 我们的记者、编辑去哪儿了？：访中、美、英、日媒体人和研究者，看新传播格局下的人才变化 [J]. 中国记者, (7): 50-52.

王维佳, 2018. 什么是真相？谁的真相？：理解"后真相时代"的社交媒体恐惧 [J]. 新闻记者, (5): 17-22.

韦尔施, 2008. "真实"：意义的范围、类型、真实性和虚拟性 [M] //克莱默尔. 传媒、计算机、实在性：真实性表象和新传媒. 孙和平, 译. 北京：中国社会科学出版社.

吴飞, 2013. 新媒体革了新闻专业主义的命？：公民新闻运动与专业新闻人的责任 [J]. 新闻记者, (3): 11-19.

谢静, 2013. 从专业主义视角看记者微博规范争议：兼谈如何重建新闻人与媒体组织间的平衡 [J]. 新闻记者, (3): 20-25.

谢静, 2016. 微信新闻：一个交往生成观的分析 [J]. 新闻与传播研究, 23 (4): 10-28, 126.

徐笛, 2017. 边界的交融：科技公司媒体服务样本 [J]. 中国出版, (12): 7-10.

杨保军, 2006. 新闻真实论 [M]. 北京：中国人民大学出版社.

杨保军, 2008. 简论"后新闻传播时代"的开启 [J]. 现代传播（中国传媒大学学报）, (6): 33-36.

杨保军，2016. 新闻真实需要回到"再现真实"[J]. 新闻记者，(9)：4-9.

杨保军，2017a. 论新媒介环境中新闻报道真实的实现[J]. 编辑之友，(4)：5-12.

杨保军，2017b. 论收受主体视野中的新闻真实[J]. 现代传播（中国传媒大学学报），39(8)：25-28.

杨中芳，彭泗清，1999. 中国人人际信任的概念化：一个人际关系的观点[J]. 社会学研究，(2)：3-23.

喻国明，焦建，张鑫，2015. "平台型媒体"的缘起、理论与操作关键[J]. 中国人民大学学报，29(6)：120-127.

张斌，2011. 新闻生产与社会建构：论美国媒介社会学研究中的建构论取向[J]. 现代传播（中国传媒大学学报），(1)：23-27.

张超，钟新，2017. 从比特到人工智能：数字新闻生产的算法转向[J]. 编辑之友，(11)：61-66.

张涛甫，2010. 中国语境下新闻生产的"后台"观察：兼评《南方周末·后台》[J]. 新闻记者，(3)：80-84.

张学标，欧健，2014. 记者微博与记者角色扮演[C]//罗世宏，童静蓉. 社交媒体与新闻业. 台北：优质新闻发展协会：98-99.

张志安，2011. 新闻生产的变革：从组织化向社会化：以微博如何影响调查性报道为视角的研究[J]. 新闻记者，(3)：42-47.

张志安，2012. 互联网、调查记者及职业共同体："数字化时代的调查性报道"研讨会述评[J]. 新闻记者，(1)：64-67.

张志安，束开荣，2015. 新媒体与新闻生产研究：语境、范式与问题[J]. 新闻记者，(12)：29-37.

赵立兵，2017. 移动互联时代的内容分发市场：类型与变革趋势[J]. 新闻战线，(13)：73-76.

郑红娥，张艳敏，2008. 论系统信任：关于中国信任问题的思考[J]. 江淮论坛，(1)：116-122.

周葆华，2013. 从"后台"到"前台"：新媒体技术环境下新闻业的"可视化"[J]. 传播与社会学刊（香港），(25)：35-71.

周葆华，2014. 中国新闻工作者的社交媒体运用及其影响因素：一项针对上海青年新闻从业者的调查研究[J]. 新闻与传播研究，(12)：34-53，119-120.

周树华，闫岩，2015. 媒体可信性研究：起源，发展，机会与挑战[J]. 传播与社会学刊（香港），(33)：255-297.

周怡. 信任模式的社会建构[EB/OL].(2013-08-31)[2019-01-19]. http：//

epaper. gmw. cn/gmrb/html/2013-08/31/nw. D110000gmrb_20130831_1-11. htm.

周勇, 2009. 转型期的困境与压力：对中国新闻工作者心理焦虑的实证分析 [J]. 国际新闻界, (8): 55-61.

周裕琼, 2008. 互联网使用对中国记者媒介角色认知的影响 [J]. 新闻大学, (1): 90-97.

ALLEN D S, 2008. The trouble with transparency: The challenge of doing journalism ethics in a surveillance society [J]. Journalism Studies, 9 (3): 323-340.

AXEL B. 2005. Gatewatching: Collaborative Online News Production [M]. Peter Lang Publishing.

BUBER M, KAUFMANN W, 1971. I and Thou [M]. New York: Scribner.

CHADHA K, KOLISKA M, 2014. Newsrooms and Transparency in the Digital Age [J], Journalism Practice, 9 (2). 1-13.

DEUZE M, 2005. What is journalism? Professional identity and ideology of journalists reconsidered [J]. Journalism, 6 (4): 442-464.

FLANAGIN A J, METZGER M J, 2007. The role of site features, user attributes, and information verification behaviors on the perceived credibility of web-based information [J]. New media & society, 9 (2): 319-342.

FREEMAN K S, SPYRIDAKIS J H, 2004. An examination of factors that affect the credibility of online health information [J]. Technical communication, 51 (2): 239-263.

FREIDSON E, 1995. Professionalism Reborn: Theory, Prophecy and Policy [J]. Contemporary Sociology, 24 (4): 1175-1176.

GAZIANO C, MCGRATH K, 1986. Measuring the concept of credibility [J]. Journalism quarterly, 63 (3): 451-462.

GROENHART H P, BARDOEL J L H, 2012. Conceiving the transparency of journalism: Moving towards a new media accountability currency [J]. Studies in Communication Sciences, 12 (1): 6-11.

GYNNILD A, 2014. Surveillance Videos and Visual Transparency in Journalism [J]. Journalism Studies, 15 (4): 449-463.

HELLMUELLER L, VOS T P, POEPSEL M A, 2013. Shifting Journalistic Capital? Transparency and objectivity in the twenty-first century [J]. Journalism Studies, 14 (3): 287-304.

HENDRICKSON E, 2013. Learning to share: Magazines, millennials, and mobile [J]. Journal of Magazine Media, 14 (2): 1-7.

KARLSSON M, 2010. Rituals of transparency: Evaluating online news outlets' uses of transparency rituals in the United States, United Kingdom and Sweden [J]. Journalism studies, 11 (4): 535-545.

KARLSSON M, 2011. The immediacy of online news, the visibility of journalistic process and restructuring of journalistic authority [J]. Journalism, 12 (3): 279-295.

KOHRING M, MATTHES J, 2007. Trust in news media: Development and validation of a multidimensional scale [J]. Communication research, 34 (2): 231-252.

LANKES R D, 2008. Credibility on the internet: shifting from authority to reliability [J]. Journal of Documentation, 64 (5): 667-686.

LASORSA D, 2012. Transparency and Other Journalistic Norms on Twitter [J]. Journalism Studies, 13 (3): 402-417.

LIU J, RAU P L P, 2012. Effect of culture interdependency on interpersonal trust [M] //Yong G J. Advances in affective and pleasurable design. Hoboken: CRC Press: 160-166.

MATSA E M, SHEARER E. News Use Across Social Media Platforms 2018 [EB/OL]. (2018-09-10) [2019-01-19]. http://www.journalism.org/2018/09/10/news-use-across-social-media-platforms-2018/.

O'SULLIVAN P B, CARR C T. Masspersonal communication: A model bridging the mass-interpersonal divide [J]. New Media & Society, 2018, 20 (3): 1161-1180.

ONORA, O, 2002. A Question of Trust [M], Cambridge: Cambridge University Press.

REVERS M, 2014. The Twitterization of News Making: Transparency and Journalistic Professionalism [J]. Journal of Communication, 64 (5): 806-826.

PICARD R, 2014. Twilight or New Dawn of Journalism? Evidence from the changing news ecosystem [J]. Journalism Practice, 8 (5), 488-498.

VAN DIJCK J, 2012. Facebook as a tool for producing sociality and connectivity [J]. Television & New Media, 13 (2): 160-176.

VANACKER B, BELMAS G, 2009. Trust and the economics of news [J]. Journal of Mass Media Ethics, 24 (2-3): 110-126.

WATZMAN N. How can we restore trust in news? Here are 9 takeaways from Knight-supported research [EB/OL]. (2018-06-08) [2019-01-19]. https://www.niemanlab.org/2018/06/how-can-we-restore-trust-in-news-here-are-9-takeaways-from-knight-supported-research/.

WILLIAMS A E, 2012. Trust or bust?: Questioning the relationship between media trust and news attention [J]. Journal of Broadcasting & Electronic Media, 56 (1): 116 - 131.

WONG S L, 1991. Chinese Entrepreneurs and Business Trust [M] //Gary G Hamilton (ed.). Business Networks and Economic Development in East and Southeast Asia. Hong Kong: Centre of Asian Studies, the University of Hong Kong.

ZUCKER L G, 1986. Production of trust: Institutional sources of economic structure, 1840 - 1920 [J]. Research in organizational behavior, 8: 53 - 111.

第六章　互联网时代的多元新闻业态

互联网不仅是一种技术手段，更是一种社会运行的底层平台，具有对社会资源进行组织与再造的力量。其连接与开放的特征给传统新闻业带来了新主体（如自媒体）、新要素（如数据和算法）、新形式（如数据新闻）、新机制（如众筹众包），使得新闻业不再是仅仅由专业新闻机构唯一主导的行业。互联网环境下的新闻业事实上已经成为一种网络化（networked）、协作式（collaborated）、多样化（diversified）的社会事业。在互联网的赋权与赋能影响下，新闻业在内容生产、话语风格、商业运营等诸多方面都有新的尝试。本章考察了几种具有理论探讨价值的互联网新闻新业态，探讨其运作方式、典型特征以及给经典新闻理念带来的启示。

第一节　大数据新闻与行业认知更新

利用信息技术支持新闻报道并非一个全新的事物，早在20世纪50年代就产生了计算机辅助报道（Computer-Assisted Reporting，CAR），随后70年代又产生了精确新闻（Precision Journalism），这些实践有助于突破记者个人能力和精力的局限，扩充媒体发掘事实的范围和深度。大数据技术建立在Web2.0背景下的数据挖掘基础上，核心是对以关系为纽带的社会网络的识别、发掘和利用，其对社会生活的广泛嵌入性和自动化规模化处理信息的快捷性进一步把媒体报道的工作范围和创造性提升到新的水平。本节以正在兴起的大数据新闻为观察对象，分析新闻生产模式和理念的新变化。

一、大数据新闻的实践尺度

数据新闻奖（Data Journalism Awards，DJA）于2012年首度设立，是国际上第一个表彰数据新闻领域优秀工作的专业竞赛，对参选者进行分析可以管中窥豹地了解全球大数据新闻的实践尺度。该奖由全球编辑网（Global Editors Network，GEN）发起和组织，谷歌公司资助奖励。全球编辑网是一个非营利、非政府的行业协会，汇聚了有前瞻性思维和对未来新闻业有热情的新闻主编和媒体高管，他们来自印刷、广播电视、数字、移动等多种新闻平台，旨在打破传统媒介和新媒体的壁垒，对未来新闻业界定一个开放的工作模式，创造新的新闻理念和工具。数据新闻奖向媒体机构、非营利组织以及自由职业者或个人开放，其目的是：

- 在数据新闻方面设定高标准和展示最佳实践；
- 启发记者的数据新闻创意；
- 向媒体编辑和媒体高管彰显数据新闻的价值；
- 强化记者、开发者、设计师和有关专家间的合作。

首届数据新闻奖评选是目前大数据技术在新闻业的最高水平展示，吸引了众多大数据新闻实践者参与，共计51个国家286个参赛项目，入围59个项目/作品，最终6项获得大奖，代表了世界范围内新闻业应用大数据技术的最佳创意和创新。从参选情况看，有以下特点：

第一，从地域上看，大数据新闻在世界范围内已有普遍实践，包括非洲、中东等地区，欧洲是大数据新闻的最大热衷者，约占全部项目的40%。各地项目数量分别为：欧洲116个（英国、荷兰、西班牙），北美洲80个（美国、加拿大、墨西哥），非洲22个（肯尼亚、尼日利亚、埃及），亚洲21个（菲律宾、印度、中国香港），东欧18个（罗马尼亚、俄罗斯、乌克兰），南美洲12个（巴西、阿根廷），中东11个（吉尔吉斯斯坦、巴基斯坦、阿联酋），大洋洲6个（澳大利亚、新西兰）。

第二，从行动主体来看，大数据新闻涉及政府、商业、媒体等机构，媒体是大数据新闻的主要参与者，约占55%。在全部181个参赛者/机构中，媒体101个，自由职业者18个，广告机构16个，公司13个，行业协会13个，大学12个，政府机构8个。

第三，从内容资源看，这些项目的数据来源主要是公开数据。公开数据198个，其中有38个项目的数据是应项目需求而公开的，自主收集70个，私有数据56个，社会化媒体11个。大数据新闻的主题主要涉及财政预算、环境污染、法律和权益问题、居民消费等，而这些领域的主要资源都在政府部门手中，所以政府的公开信息是这些项目的主要途径。

第四，从运行过程看，大数据新闻的工作团队呈现高效精干的特点。大数据新闻比拼的不是采访力量和团队规模，更看重具有新闻敏感的人、具有数据挖掘和分析能力的人以及数据可视化呈现的人相互协作。这些参赛作品中每个团队平均只有 4 人，单人团队有 87 个。所有项目的设计和执行平均耗时 5 个月 10 天，耗时最短的项目只用了 8 个小时。

首届数据新闻奖将大数据新闻项目的创新分为三个类别，数量最多的是"数据驱动的调查性报道"（data-driven investigative journalism）121 个，其次是"数据视觉化和数据叙事"（data visualization, storytelling）107 个，第三类是"数据驱动的应用"（data-driven applications）58 个。我们将分析这些类别实践项目中的新闻工作理念创新，特别是对解决传统的新闻职业困境带来的启发。

二、媒体客观性悖论与发掘社会深层现实

客观性是新闻业的基本准则之一，但是也因其难以实现而成为新闻业的迷思。一方面，媒体应当收集信息、发现和确认事实，为社会各界提供决策依据；另一方面，社会事实变动不居，媒体工作对象是持续动态发展的事物，特别是在风险社会背景下，今天的新闻事实明天可能就会改写，新闻生产常规和新闻价值选择往往截取社会运行过程中的表象片段，为碎片化的现实所牵制，难以洞察社会现象背后的潜流、进而发挥为社会预警的功能。"与记者在某一个视野有限的观察点上对事物进行的观察与分析不同的是，有效加工的大规模数据可以揭示更大范围内的或更接近事实的情状。"

一个典型案例就是首届数据新闻奖中六个最终获奖作品之一的《骚乱中的谣言》。在伦敦骚乱中，英国《卫报》（The Guardian）运用数据新闻帮助读者更深入地理解事态进展和背后原因。当时英国政治界人士认为骚乱原因之一是由于 Facebook 和 Twitter 等社交媒体传播的谣言煽动了民众，并据此要求暂时关闭社交媒体，而政府急于应急处理骚乱，并未调查骚乱发生的真正原因。《卫报》（2011）与学界合作组建"解读骚乱"（Reading the Riots）数据新闻团队，利用法院和地方政府的数据，使用地图显示骚乱发生地和该地域贫困程度之间的对应关系，一定程度上反驳了卡梅伦在事件起初声明的"骚乱与贫困无关"。同时，研究者对微博信息进行了内容分析，并对数据进行可视化处理，指出 Twitter 并非只是传播谣言，在纠正谣言和动员民众恢复街区秩序方面也发挥了作用。

数据驱动的调查性新闻给媒体带来工作层面的一个跃迁：从关注社会表层现实到发掘社会深层现实，这在一定程度上可以提高媒体对社会现象的把握能力，

也在一定程度上改进客观性的具体践行方式。这也提示我们重新思考对新闻职业理念的研究路径。如果把新闻真实、新闻客观、新闻平衡作为规范性理论对待，那么将一直存在应然和实然二者之间的张力，现实的种种制约将使我们对职业理念感到困惑甚至绝望。如果把客观性拉低一个讨论层次，从操作性和可行性探讨，那么传播技术带来的可能将进入我们的视野，职业理念不再是一个僵死的东西而是可以改进和优化的，是有发展预期的。事实上，近年来学界和业界亦在讨论新闻业从客观性到透明性的追求，"透明意味着在新闻报道中植入一种新的意识，说明新闻是如何获得的以及为什么要用这种方式表达"（科瓦齐，罗森斯蒂尔，2001/2011：89）。大数据新闻运用社会科学研究的方式探寻事实及其背后的联系，采用的数据和分析数据的技术都是相对公开和客观的，这有助于媒体建立起面对复杂社会问题时进行新闻报道的透明性。

三、新闻从业者角色悖论与意义生成者

新媒体的发展使得新闻工作者的职业角色和工作目标出现了一个悖论：一方面，信息爆炸和自媒体时代到来极大地挑战了媒体的报道范围和时效，新闻工作者要尽可能地与非职业化新闻生产建立协作关系，学会使用社会化媒体等来发现线索和事实，在履行"报道者"职责方面扩充新手段、使用新工具；另一方面，与源源不断的自媒体信息保持连接和关注使得记者编辑深陷社会化媒体技术，较难有精力核实、挖掘和解读新闻事实，现在都市媒体中大量消息直接搬用微博和微信内容代替记者采访即是最好的注脚。换言之，"有限的新闻窗"和无尽的社会化信息始终有不可对接的结构性错位。

然而，碎片化的传播格局给人们带来的是比过去需要付出更多时间精力成本以获取有效信息，新型的新闻工作者"应该帮助受众从信息中理出头绪……加以整理，使它能被人们迅速有效地理解"（科瓦齐，罗森斯蒂尔，2001/2011：16），更需在扮演"解释者"方面提高能力。在传统时代，媒体人角色是信息采集者，主要工作内容是报道事实。在融合媒体时代，媒体人角色是平台搭建者，主要工作内容是聚合社会化信息。在大数据时代，媒体人角色是意义生成者，主要工作内容是阐释事件的影响。

首届数据新闻奖的一件入围作品是由英国广播公司（BBC）（2012）和毕马威会计师事务所联合制作的《预算计算器：2012年财政预算将如何影响你？》(Budget calculator: How will the Budget 2012 affect you?)。政府制作和发布财政

预算是一项专业和繁复的公共政策事件，媒体要解决的问题是如何有效地解读它对普通居民的生活影响。BBC的"计算器"简便实用（见图6-1），通过一些灵敏的指标建立起个人和公共政策之间的联系，用户只需在界面上输入一些日常个人信息（如每周购买多少啤酒、几包香烟、家有几辆汽车、月收入等），就能自动算出2012新预算会让你多付多少税，你明年的生活会比今年变得更好还是更差。

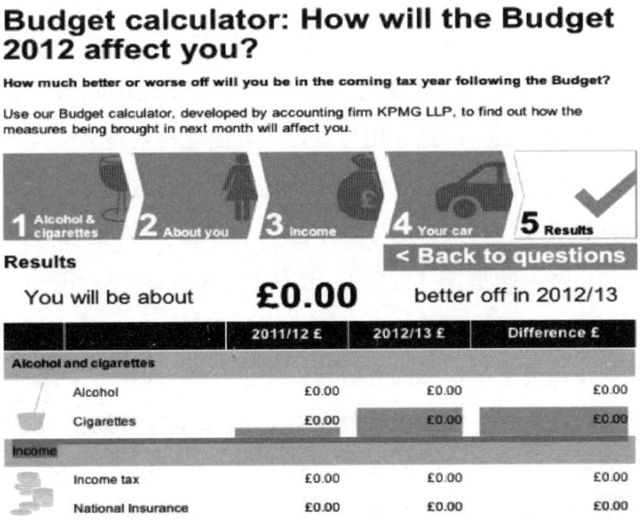

图6-1 BBC和毕马威联合制作推出数据新闻作品"预算计算器"

建立在大数据技术上的事件分析和意义解读比采访专家和凭记者个人判断更有可靠性。通过开掘数据，记者的工作建立在扎实证据的基础上，为读者提供经过科学分析的洞见，把抽象的、宏观的社会问题转化为跟普通人相关、普通人容易理解的内容，还可以分析复杂形势中事物发展的规律和趋势，给人们的决策提供预见性内容。

四、受众认知悖论与可视化新闻叙事

从受众角度看，一方面，理性判断和理性决策是社会生活的主要运行规则，对新闻业的期待和认知也是要求媒体快捷、充分地提供可信、有用的信息。然而，另一方面，如麦克卢汉提出的"媒介即讯息""媒介是人的延伸"，生活在QQ、微博、手机等新媒体全面浸染的环境中，受众的认知方式和思维方式深深地打上了新媒体烙印，"新媒体以全通道传播的方式让人们能够更加真切地感受

这个世界的方方面面，其感性判断得到了极大调动和激活，越来越多地参与到社会认知和社会决策之中"（喻国明，2012），人们的社会认知和社会决策更加感性化。大数据技术提供的可视化新闻叙事可以适应受众理性认知和感性认知整合的需求。

欧洲新闻学中心（European Journalism Centre）和开放知识基金会（Open Knowledge Foundation）共同编写的《数据新闻学手册》（*The Data Journalism Handbook*）界定了数据新闻的特点：记者和编辑利用充裕的数字信息，将传统的新闻敏感和引人入胜地讲述故事的能力相结合（Bradshaw，2012）。这意味着大数据新闻同时讲究可靠的信息和用户友好的界面，特别是适应当今影像文化对人的影响，把深入挖掘的事实用能调动人们视觉参与的方式呈现出来。

首届数据可视化类别有一项入围作品来自 BBC News（2011），项目名为"1999—2010 英国每一条道路上的每一起死亡"（Every death on every road in Great Britain 1999—2010），用全息的视觉化手段报道了英国的车祸问题。撞车频发让人们注意到在过去十年，英国有数万人死于车祸。该项目将动态图像、互动地图与新闻直播相联系，在两天中回顾了这些撞车事件。第一天 BBC 通过订制的互动地图详细地呈现了车祸时间地点的官方数据，抽取了十条头条新闻的关键数据，做成易懂的图表，并用一段两分钟的视频动画总结了 2010 年的车祸死亡人数概况。第二天是进行网络、广播、电视同步的新闻直播，BBC 的记者们 24 小时追踪伦敦的救护车，发现所有急救电话都是因为车祸。这两天的报道受到了广泛的关注，每天都有超过百万的点击率。很明显，地图和直播有效地吸引了关注，并让受众注意到车祸问题的严重性。

进入项目主页可以看到有以下几个数据视觉化部分：

（1）一段 2010 年车祸死亡人数的动画视频。

（2）一组共 8 张的图表：1999—2010 年的官方报告的车祸伤亡人数和实际估计的伤亡人数；开汽车、骑摩托、骑自行车、行人伤亡人数占总伤亡人数的百分比；行人伤亡高峰时段；骑自行车者伤亡高峰时段；司机责任；发生车祸数最高的几条高速公路；发生车祸数最高的几条干线公路；英国各地区的车祸数。

（3）一张互动地图，输入邮政编码或地区名称，可以在地图上看见该地区发生车祸的地点，点击某个地点，会出现对话框，内有该地发生车祸的时间、具体地点、伤亡人数，也即还原出"每一条道路上的每一起死亡"，用具体的车祸事件警醒居民（如图 6-2 所示）。

(4) 用延时摄影呈现的车祸分布图,越亮表示该处车祸越频发,伤亡越惨重。

(5) 对伦敦救护车 24 小时追踪的记录。

(6) 关于如何预防车祸的报道。

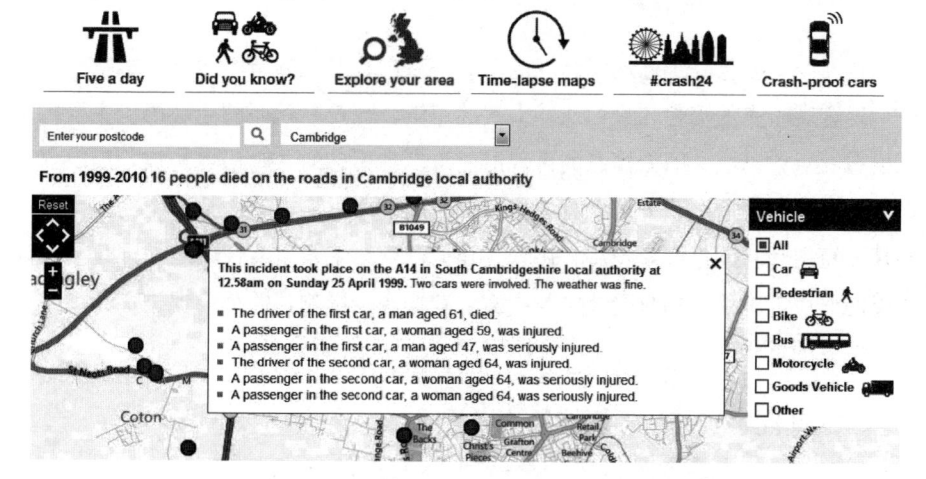

图 6-2 BBC News 用视觉化手段报道英国的车祸问题

基于大数据的新闻叙事包括文本解释数据集、影视作品、数据可视化(静态或交互)的使用,包括地图和任何其他形式的视觉方式去呈现数据,核心是把数据放入一定的情境中进行展示。其工作目的是对那些跟今天社会运行有关的复杂问题给出社会大众易于吸收的分析结果。

新闻业的发展有三个层面的动因:技术面、制度面和市场面,四十年来的市场经济已经让我国新闻媒体了解和熟悉了市场因素对业务模式和新闻理念的影响,信息公开、三贴近、走转改等新闻政策也促进媒体不断调适工作理念和方式。

目前,媒体融合带来传播平台多元化、复合化,新传播技术给新闻从业者带来了新挑战,这一挑战不仅是商业模式层面的,更在于它能激发对传统新闻理念的改造和更新。大数据新闻的首要意义不在于它是否具有合理的商业模式或者如何对未来新闻业格局进行改写,而是作为新的实践形态,促使从业者反思新闻理念。

诚然,我们不能期冀大数据新闻的实践和创新可以解决新闻业发展中的重大问题，正如数字化、媒体融合并未彻底改变新闻业的特质一样，但是技术变革带来的新闻理念更新和探讨应该逐步深入，新闻学和新闻理论研究应该重视传播技术浸淫下新闻职业理念正在发生的质变。

第二节　短视频新闻与微观语境生产

在新闻事实与其传播语境相互嵌套的关系中，短视频新闻的形态影响了新闻业呈现客观事实的流程和人们认知事实的逻辑。短视频新闻的微观语境主要由文字模态的对话语境、图像模态的再现语境与声音模态的共鸣语境构成，反映出媒体机构重视平台适配、下沉内容题材、定向用户阅听需求等一系列新的新闻生产常规。短视频新闻生产者与用户协作构建的微观语境在事实逻辑之外强化了呈现逻辑的作用，对用户的收受体验与事实认知均产生影响，并最终促进了新闻传受双方关系的重构。

一、新闻事实与传播语境的镶嵌关系

在当下中国的互联网新闻实践中，短视频新闻一般指时长不超过 5 分钟，可以利用移动智能终端编辑并在社交平台实时分享的互联网视频新闻（韩姝，阳艳娥，2021）。本书所指的短视频新闻，是传统意义上的短视频新闻报道，不包括时间较长、策划周期较长的深度报道，也不包括以媒体人的言说为主要形式的短视频新闻评论。作为多媒体技术支撑下的一种融媒体，短视频新闻融合了语音、视频、文字、音乐等内容元素，成为一种重要的新兴新闻传播形式。不断普及的数字技术和移动通信技术为短视频新闻的制作提供了工具载体，也为海量素材资源的存储与迅速传播提供了空间（靖鸣，朱彬彬，2019）。如今，短视频新闻以直观的表达形式和便捷的接触路径满足了受众在移动场景的信息需求，通过调整叙事手法、诉诸情感方式，改造了用户的媒介体验，并进而对媒介拟态环境产生广泛的影响（蓝刚，2021）。

近年来，国内学界对短视频新闻的考察集中在生产机制与媒介特性、叙事与表达和传播效果研究层面，而对人们通过短视频新闻理解事实的微观环境缺乏较为系统的梳理。本节将观照新闻本体扩展的背景下新闻事实和文本得以传播的语境，尝试总结短视频新闻的形态如何影响新闻业呈现客观事实的流程和人们认知事实的逻辑。

一直以来，媒体是社会环境的守望者，新闻是人与世界之间的中介物。新的供给主体丰富了当下新闻的构成，尽管有论者指出，在看似众声喧嚣的背后，专业媒体创作者的视听生产在社交媒体上仍然发挥着重要甚至是主导性的作用（武楠，梁君健，2020），但不可否认的是，在机构性的新闻之外，自媒体新闻成为不容忽视的力量。有学者认为，与纯粹的图像不同，短视频新闻给予了制作者更大的发挥空间（陈逸君，贺才钊，2020）。短视频在现实和虚拟的双重空间中形成并传播，因不同语境提供的丰富素材而拥有比传统媒介更丰富的信息内容来源（尹绪彪，2020）。不难发现，专业媒体创作者为解决传统新闻产品遇到的问题，适应移动终端渠道分发的需求，也在主动调试新闻生产模式，在原有的围绕还原新闻事实的职业规范和职业技术之外，加入了创造性发挥的元素。

在数字时代，新闻事实的生产和对事实的解读是并存的，事实的生成和传播呈现出嵌套式的面貌，环境和语境与事实不易区分，甚至在构成新的事实。在对具体、鲜活、复杂的新闻事件进行抽象探讨的同时，人们往往容易忽视由新闻勾连的日常生活的还原（王斌，2020）。例如，微信好友在朋友圈分享新闻时所附加的嵌套式信息会与原有的新闻文本一并置入接收者的视野中，对互联网新闻用户理解特定的新闻事实产生影响。在短视频新闻中，除了对事件进行报道的成分，还有加入的文字提示和配音配乐及加速、延缓原有视频素材等新增元素，这些构成了公众了解新闻事件的微观语境。换言之，短视频新闻同时在进行新闻生产和语境生产。在这种新闻事实与语境紧密镶嵌的关系中，要对围绕新闻事实展开的新闻活动情境，即事实的生成环境和交流语境进行必要的考察。

二、短视频新闻中的三种微观语境构成

语境即语言环境，是指语言中的词汇在整个语言体系中产生影响而使用的各种环境。语境所表现的是一种关系状态，具有即时性与现实性的特点，既反映人们彼此之间在交际活动中的相关性，又反映交际活动中包括文本在内的诸元素间的复杂关系。随着越来越多的非语言模态应用于信息交流，多模态理论认为，非语言模态也具有和语言模态一样重要的意义建构能力，融合了动画、音乐、文字等多种形式的多模态文本早已成为重要的新闻产品形态，衍生出复杂的语境。

（一）文字模态的对话语境

文字模态的内容是短视频新闻的必备要素，主要体现为以标题、字幕、定格摆置的文字新闻截图等为代表的视频内容文字，以及评论区、转发区留言等为代

表的用户评论文字。视频内容文字是短视频新闻在各个平台发布时即告定格的文字元素，尤以字幕为主：对于不存在同期声的视频段落，字幕可以标注时间、地点、人物、事件，直接承启视频的叙事架构，对影像补充说明；对于存在同期声的视频段落，字幕是对主体人物话语的文本还原，可以适应不同播放环境中用户的观看需要。用户评论文字则携带着平台社群的属性特质，成为视频制作者的单向讲述之外影响用户认知的内容元素。

不同主流媒体新闻短视频的视频内容文字已经根据平台的传播逻辑形成了各自的成熟规范。一般而言，短视频新闻的标题在形式上要与展示的界面相协调。字幕则会在视频的特定节点揭示关键信息，这往往是一则消息的基本构成要素。有了这些基本信息，受众能更快速有效地获取新闻要点。同时，画面和字幕具有一致性，字幕为画面服务，当画面不能单独传达准确信息的时候，需要字幕辅助进行解释，图文一致才能起到说明效果。有艺术特效的标题和字幕还能改变视觉效果，优化用户的观看体验。而对于随着视频传播不断丰富和展延的用户评论文字，媒体的拟人化入场已经成为迅捷处理用户反馈的常见举措。

在短视频新闻中，文字模态的内容建构起以视频制作者和用户共同参与为特征的对话语境。视频内容文字中，机构及其记者扮演隐含的言说者和传达者的角色，而用户则是叙事的接受者和跟随者，在对文字的琢磨中理解新闻事实。在短视频新闻制作者的讲述中，文字使得事件、背景、人物和视角相联通，新闻中的事实成分被按照一定顺序安置排列，成为对用户而言可感知的事件。而用户评论文字则形成了用户部分主导的微观语境，这是对传统电视新闻"媒体强势灌输—受众有限互动"模式的突破。同时，用户与制作者、用户之间的讨论依托不同平台的底层交互设计展开。在翻阅评论区成为短视频新闻用户主流使用习惯的情形下，观点的交锋带来新闻事实解释权力的分散和专业知识的祛魅，这种反方向的作用力往往较难受到媒体机构的掌控。在短视频新闻的平台化对话语境中，文字是唯一一种不同参与主体都能施加影响的内容模态，也最鲜明地体现了传受双方、受众之间的关系影响。

（二）图像模态的再现语境

与标题用文字表达来吸引受众不同，视频的封面图承担着在视觉上抓人眼球的任务。为求"看点"，封面图往往截取视频中最具冲突性、戏剧性的画面，或是视觉效果最震撼的画面，吸引用户点击的兴趣。如果没有现成的图片或是视频截图能与新闻点完美契合，则可以运用拼接等方式对封面图进行编辑加工。选取与事实相关的重要图片作为插图定格一段时长也是处理图像素材的典型手段，这种方式适用于难以获得视频素材的新闻选题，现场动态画面的缺失就要求制作者以编排丰富的静态图像作为弥补措施，通过图片拼接的方式填充视频的时间轴，同时搭配字幕或旁白进行重点说明。

对于短视频新闻的视频内容本身，创作者可以发挥职业专长设计并选择拍摄技巧，同时充分调用便于索取的一手资源。一些突发事件的核心画面，就往往来源于现场周边的目击者的拍摄与各类监控设备记录（王雅贤，2020）。类似的许多处理都围绕着再现新闻现场情状的核心诉求，例如，慢动作放大某一画面里的局部细节并反复播放，就是对核心现场视觉冲击力的充分挖掘。此外，对短视频新闻创作的职业认知也形塑了一系列关于作品完整性的底线标准，编辑通过如裁切、加速过长的图像素材的手段灵活处理素材，兼顾信息传递与图像表现。

通过这类设计，以封面图、插图为代表的静态图像和以视频段落为代表的动态图像构成了短视频新闻图像模态的平面内容。图像模态的内容所提供的是一种身临其境的现场感，为新闻内容赋予了再现语境。由于图像是最直观反映客观现实的文本形态，对图像的创造式处理也最容易对受众感知和认识外部世界产生影响。与传统电视新闻的视觉逻辑相比，短视频新闻既继承了其渐趋固化的叙事类型和通过连绵不断的视觉影像占据受众注意力的能力（常江，2017），更在此基础上推进一步。与电视新闻相比节奏更为多变的视觉语言和突破传统影视蒙太奇技巧的剪辑手法，无不传达出制作者远为自由的专业化选择与编辑行为，重新强调了新闻生产者对新闻再现社会现实的操纵，而这种操纵从动机来看是用户导向的。

（三）声音模态的共鸣语境

对于一条完整的短视频新闻来说，声音的呈现同样非常重要。短视频新闻中的"声音"一般有以下几种：同期声，背景音乐，旁白配音，特殊音效。同期声是部分有采访镜头的新闻短视频，作用类似传统电视报道中的同期声，但往往时长短促、一语中的。背景音乐是短视频渲染气氛的重要手段，能够烘托氛围、增强受众感官体验，将其带入视频描绘的意境之中。旁白配音是补充视频有效信息的重要手段之一，可以增加视频内容的丰富性，也可以对视频的内容进行解释说明，往往适用于新闻性较弱或原声素材匮乏的视频中。特殊音效则被用以提升视频的趣味性，比如在疑问、吃惊、大笑等表示情绪的片段中，配加相应音效能够起到锦上添花的作用。

如果说同期声和旁白配音通过配合视频中的文字要素，承袭了传统电视新闻报道重视事实呈现与还原的生产惯例，那么背景音乐和特殊音效这两种移动短视频最为显著的声音模态内容，则强调为受众营造一种便于情感置入的共鸣语境。一定时长的背景音乐构成了短视频新闻的环境声，铺垫了用户接受新闻信息时的情感基调。而特殊音效本身的娱乐性和感染力，则能在起承转合的具体节点引导受众情绪的起伏。作为对用户情绪具有高唤起度的模态内容，背景音乐和特殊音效已经成为短视频新闻制作者编排过程中的重要抓手，往往有固定的曲库用以检索和选择，主要的短视频平台也均配有插入背景音乐的功能辅助生产。

短视频新闻中的声音元素不同于文字元素和图像元素，其中的背景音乐和特殊音效本身并不承载任何与新闻事实有关的信息，在用户交互的过程中纯粹起到建构微观语境的作用，而同期声和旁白配音也需要与视觉元素相配合才能相对完整地复现一段新闻内容。在几十秒的碎片化阅听时间内，纷繁复杂的声源从客观上增加了用户掌握信息细节的难度，而使情绪反应替代理性反应成为许多情况下短视频新闻受众认知新闻事实的常态，这一过程中共鸣语境强有力的情绪感染效果起到不可忽视的作用。

三、短视频新闻的微观语境生产常规

短视频独特的传播语法嵌入了时下的新闻产品，通过多模态文本塑造出复杂的微观交流语境，也改变了既定的新闻生产模式。新闻常规（Journalistic Routines）是新闻从业者与新闻机构约定俗成的工作方式，是面对提高生产效率、规避潜在风险等现实需求时，由与新闻生产相关的各主体相互之间及同具体情境相协商的产物。借助这一概念，可以对短视频新闻不同于传统新闻的独特生产特征进行分析，归纳新的常规形成过程中逐渐模式化的内容生产机制。

（一）竖屏内容传播重视平台适配性

随着电视观众大规模转化为移动视频用户，人们的注意力也从大横屏转向小竖屏，连贯性、沉浸感、对话性更高的竖屏内容产品更容易获得用户的认同和共鸣（金梦玉，丁韬文，2021）。对平台适配性的重视，已经成为短视频新闻微观语境生产的新常规。在移动传播的环境中，由于短视频新闻投放的绝大多数互联网平台均以竖屏播放为主或至少支持竖屏播放，短视频新闻日益面临着横屏制作传统与竖屏传播现实的兼容问题。在竖屏传播成为主流的融媒体时代，内容制作既要考虑初始平台的适配性，也需要考虑再传播过程中的平台适配性。

短视频新闻的竖屏制作，往往要兼容核心事实与抽象信息。如果说横屏视频的优势在于对新闻事件环境的全景展现，那么竖屏短视频则侧重于局部，放大细节，凸显人物，"聚焦"是其最大特点。纵向构图使得视频叙事确立了简化背景、放大主体的一系列法则，这与受众在短时间内感知核心的需求相吻合。一方面，竖屏短视频突出人物主体，重人物、轻逻辑的特点也更容易"生产"网红，近两年主流媒体的一些知名出镜记者反映出视觉文化变动不居的审美风潮对新闻领域的潜移默化的渗透。另一方面，图文叙事以信息为基础的强烈逻辑感被淡化，能否引发用户的共情并激发互动热情成为内容的主要诉求。

目前，中国主流短视频平台均以竖屏"瀑布流"、双"瀑布流"等的界面布局作为内容推送的主要机制。与之相对应，短视频新闻也形成了"开门见山"的惯例，致力于在较短的时间内引起用户兴趣的"秒级"响应和身临其境的在场感，建构起新的"微叙事"模式（彭兰，2019）。最重要的或最先发生的场景放在前，开门见山式的表达方式更容易在平台的"速食"时代博取眼球。由于广大平台用户对新闻内容的接触是偶遇式的，他们更有可能点击"有趣"或引人注目的内容，而不是创作者自认为"重要"或"高品质"的内容，这种对用户的敏锐体察则有不容忽视的意义。

（二）内容题材下沉突破消息源常规

在经典新闻研究中，官方来源主宰新闻的消息源常规反映了新闻机构和政府机构相互需要的效率逻辑，特别是新闻机构对稳定、可靠的信息流的渴望。更官方的组织、更合法的新闻来源往往与稳定的时间节律和具有担保的可靠性挂钩。尽管互联网新闻业特别是社交媒体部分改变了这一规则，权威消息源依然被认为具有比之公民和社会机构更显著的优先地位（张志安，束开荣，2015）。常规新闻源仍然突出，与官方消息源结盟仍然是大部分新闻组织的选择，这也对具体新闻事件的传播效果产生影响。如面对具有冲突性的议题，官方信源的沉默就会导致媒体的跟进报道难以开展。

而短视频新闻这一新闻样态在诞生之初即与中国互联网短视频文化的实践模式相融合，在受众层面面对的是短视频头部平台集纳的海量草根人群，在内容层面面对的是业已成形的碎片化短视频叙事传统，而后者在视听层面甚至具有一定亚文化的表征，与以严肃新闻为主要产品的主流新闻文化产生双向的交融与渗透。同时，协商主体的扩展使得新闻价值坐标发生了迁移，需求端的变化对供给端产生影响，许多主流媒体的短视频新闻在内容题材上与传统新闻制作相比也呈现下沉趋势，迎合了短视频文化中用户对日常生活消遣的需求。此时，采纳非官方消息源在随机性与风险性之外，更意味着独家和机遇。

正是在内容题材下沉的背景下，许多短视频新闻制作者越发重视关系网络的内容源（包括画源与音源）搜集，充分发掘用户提供的"第一现场"短视频资料，确立了"UGC+PGC"相结合的视频内容生产模式，重塑了新闻生产的消息源常规。无论是硬新闻还是软新闻，受众作为事件的见证者都能够采集到大量的现场画面和原声信息，与传统社会新闻记者采访、受众口述的新闻采集方式相比能够更好地保证现场记录特别是声音信息的高度还原（张说地，2019）。同时，媒体与互联网平台开展的合作，更借助长期以来短视频文化形成的配（音）乐文化和各种音乐版权资源，为新闻产品提供了丰富的音源。

（三）定向用户阅听需求重塑价值判断常规

对于特定的新闻事实，新闻从业者会基于一定的被广泛认可的标准来判断其是否具有报道的价值，这种具有用户导向色彩的评估过程已经构成了价值判断的新闻常规（冯强，2016）。短视频新闻的传播环境使得用户的阅听需求与传统电视新闻产品大不相同，而这也重塑了短视频制作者对新闻价值的一应判断标准。相比于后者的采编和发布流程，从事实本身的维度来看，短视频新闻更加注重时新的信息增量；从传播角度来看，视觉素材的丰富程度会直接影响短视频新闻报道是否能够成形并进行传播。对这些方面的强调直接反映在微观语境的外在特征中，并通过逐渐定型的叙事逻辑为受众认知外在世界提供模板。

对于连续性报道而言，不断被挖掘出来的关于新闻事件本身的信息增量是短视频新闻报道非常重视的内容。与传统电视报道相比，短视频新闻制作周期更短，尤其是对大型连续性报道而言，短视频新闻可以做到获得信息增量后立马进行同步报道。对于具有报道价值的新闻，媒体可能会在首次报道后的短短几天内发布同一主题的短视频新闻，后续的跟踪性报道与第一篇报道相比都有一定的信息增量，但每次的信息增量又都有限。对于电视新闻报道而言，每次报道都需要足够的信息增量使报道主题明确、结构完整而不至于信息重复，而短视频新闻制作是以单一视频为轴心，对信息增量的需求则宽松许多。在绩效指标的压力下，短视频新闻制作者会时刻紧盯新闻事件的最新动态，对微弱的更新也有着强烈的需求。

同时，视觉素材的丰富与否与判断短视频新闻的新闻价值高低关系密切。在新闻采编过程中，短视频新闻编辑很可能因为事件"没画面"或者"画面不够"来决定不报道某个事件。这里的视觉素材并不只局限于能够引起受众震撼或情感共鸣的核心现场画面,更包括呈现事件相关信息、辅助报道形成的其他图像内容。不过,具有核心现场画面以及核心现场画面具有足够的震撼力能够在一定程度上弥补视觉素材不足的问题。移动互联网时代阅读的碎片化和视频语言叙事结构下画面的力量感强的特点共同促成了短视频新闻对于核心现场画面的重视,在新闻采编过程中,短视频新闻编辑往往会因为事件的"画面好"或者"画面不好"来决定是否报道某个事件,这是传统电视新闻报道不会优先考虑的。

四、微观语境对收受体验与事实认知的影响

对微观语境的重视强化了短视频新闻生产中呈现逻辑之于事实逻辑的补充地位,同时迎合了视听元素与信息元素的满足需求。用户怀着近乎猎奇的心态进入短视频平台或一般社交媒体的短视频推送渠道,既在沉浸与卷入两种不同体验的共同作用下生成一般快感,又在接受碎片化内容的过程中呈现出一系列认知事实的新特征。

(一)快感收受:用户在沉浸与卷入之间的游移

在以短视频形式呈现的新闻叙事文本之中,事实信息由作品背后的制作者传递给读者,能够体现某种整体意图。短视频新闻文本中存在的各种建构性的因素,无论是事实的还是艺术的、真实的还是虚拟的,都承接着这种意图,在不同程度上控制或者激发用户的行为。在短视频新闻的微观语境中,用户就是这样作为一种自愿参与的对象发挥作用。对特定元素的强调,如音乐、画面的构成与选择,追根溯源影响了新闻事实的采集过程。考虑事实如何表达、如何呈现会引起大家注意,就成为微观语境创作性空间的着力点所在。换言之,短视频新闻的微观语境在一定程度上是为了引发用户收受的快感所创设的。

这种快感产生的过程,可以考虑心理研究中沉浸与卷入两种不同的收受体验(Carr, Buckingham, Burn, Schott, 2006)。其中,沉浸所涵盖的是用户被浸没在特定文本中的心理感觉,以全神贯注的无意识状态弱化批判式的思考。短视频新闻从感知层面和心理层面唤起使用者的在场感,前者指的是短视频本身通过一定的技术手段垄断使用者的感觉,而后者则是在精神层面呼唤受众富有想象力的投入,毕竟短视频新闻并非单向灌输,往往存在留白和一定的交互。而另一方面,以文字模态的内容为主的信息存在递进的理解难度,带来用户的卷入。卷入不同于沉浸,是经过更多思考的参与方式,在用户面临不熟悉的新闻题材时,他们被微观语境驱使着不断重读并思考其中的信息,以认知文本蕴含的信息。

短视频新闻理想传播效果中的一部分因素需要沉浸感，比如核心场景画面、背景音乐；另外一部分则需要玩家的卷入感——比如新闻事件的转折、专有名词的解释。短视频新闻所生产的微观语境，带来的是用户在沉浸与卷入两端之间的游移，而此间的倾斜度是由生产者决定的。在外部声音（包括人声与乐声）环绕的共鸣语境中，用户主要通过文字模态的微观语境卷入制作者对外部世界的讲述中，而又通过图像模态的微观语境沉浸到创作者对外部世界的再现中。受众收受短视频新闻时获得的快感，体现出这一新兴的媒介形式对事实逻辑和呈现逻辑的双重强调，即从追求报道事件时新闻价值要素的完备到追求让受众喜欢、鼓励受众运动式的传播。

　　这种快感收受的逻辑与短视频新闻的微观语境生产常规相结合，对用户的事实认知产生影响，显著表现在特定题材有对应的内容风格，这会将受众带入具体的语境中去，接受对应"主题-情感"的叙事逻辑。根据新闻本身的题材特征，短视频新闻生产微观语境的过程中会选择特定的文字模态内容风格。例如，政治话题的视频处理有一定的仪式化特征（陈丽丹，邓海霞，2020），这方面的文本倾向于传统文字新闻的变体，如选择庄重的黑体、严肃中正的话语风格，较少体现创造性元素。而典型报道则多以关联性的新闻事件为由头，注重刻画人物形象，叙述人物故事，多以小角度切入，对宏大主题作微观处理。这方面的短视频新闻就长于以通俗、轻松、网络化的语言风格体现人文精神，挪用流行文化中的"网言网语"，字体也相对灵活多变，出现表情包、特殊符号等特效。

（二）事实认知：碎片化的核心表象

　　在新闻生产整体关系化、网络化和社交化的背景下，不同类型的新闻形态和新闻组织模式改变了人认知世界的界面，进而对受众认知社会的过程产生影响。在呈现方式上，由于具有碎片化时代独有的文化底色与文化基因，短视频新闻具有明显的场景化、情感化、生活化的特征，这和传统新闻所强调的事实信息层面的客观呈现相比是一种彻底的新闻语言上的突破（丰瑞，周蕴琦，2019）。在事实逻辑与呈现逻辑并存的情况下，对新闻真实的认知依赖时间脉络的递进，实时化的内容生产本身就会带来真相挖掘的渐进性与把关弱化。而短视频文本是独立的、碎片化的，完整的新闻认知要求受众与其他短视频文本开展互文的理解，但算法平台的"瀑布流"推送机制使得只有单一文本触及用户，可能被用户反复挪用的只是碎片化的单一作品，从而带来认识全局的障碍。

　　属性议程设置理论在媒体对议题显著性所产生的强大影响之外，也发现议程设置在公众的价值判断上具有同样强大的影响力。大众媒介既能"告诉人们想什么",也能"告诉人们怎么想",通过将客体事物诸多属性中的主导属性传达给受众,进而影响受众对事物性质的认识、判断和态度(陈强,2013)。在短视频新闻的画面处理中,一些新闻事件以自然时间顺序表现,一些以闪回的方式出现;一些事件被拉长了,而另外一些被压缩了。对事件的次序、频率与时间长度予以控制成为叙事的关键要素,快进或慢进的手法使事件从话语中凸显出来,由平铺直叙导向更强的选择性。

此外,用户的视角也很重要,如通过谁的目光看到了新闻事件,以及谁的声音将新闻中的人与事告诉我们。视角主义的哲学观点提供了"视角制造事实"的思路(刘擎,2017),这些都是短视频新闻突破传统电视新闻报道的创造空间,素材的重复与多变带来复杂的效果与影响。对于具体的个体用户而言,他们差异甚大的个体性格、现有信息接受路径中的满足感以及不同短视频平台的页面设计与内容安排模式都会使得他们借助短视频新闻认知事实的路径区域固化。个体编辑的选择与短视频新闻内容生产的常规都会影响到达用户的内容的情况,来自专业媒体的机构创作者就这样在参与文化的氛围中与为数众多的普通用户一道,开展起关于真相的话语竞赛(周睿鸣,刘于思,2017)。

五、微观语境对新闻业传受关系的重构

长期以来,编辑和用户之间的关系就是传者和受众的关系。移动互联网的传播场景有别于既往的所有媒介,为新闻内容的生产创设了全新的社会和文化语境。用户所看到的不仅是事实本身,也包括事实和事实的语境、人们对同一事实的看法。如果说微信新闻的生产展现了 UGC 的关系模式中用户和用户之间关系的重构,短视频新闻所带来的则是用户和新闻的生产者之间的关系的重构。同样的新闻素材做成不同版本的短视频新闻,不同的机构与人员会采取不同的做法,这个活动空间里镶嵌的是用户和专业生产者之间的某种事实以外的沟通空间。

(一)受众角色:从信息接受到情感介入

在现有的传播环境下,新闻生产和情感生产在共存中交叉影响,情感与事实互相包裹,构成了人们认知世界的对象(王斌,2020)。新闻曾被认为应该专注于不偏不倚地报道,将意见、态度、情绪影响降至最低,这些也是新闻专业性的要求。然而情感在公共生活中扮演着越来越重要的角色,急剧变革的新闻业也在挑战传统的客观性理念。新闻客观性理念虽然排除情感的参与,但事实上新闻无法脱离情感，新闻业无法排除情感的参与（袁光锋，2017）。借助新闻事件的主人公或其他消息源，记者通过描述他们的情感间接传达一定的态度（Wahl-Jorgensen，2013）。从这个意义上说，短视频新闻也可以纳入当事人的情感，而情感的纳入在吸引公众、唤起共鸣的过程中具有不容忽视的影响。

故而，机构创作者既在生产新闻、也在生产情感，短视频新闻的微观语境处处体现对情感因素的强调。从扣人心弦的背景音乐、精心设计的字幕文字到极具视觉冲击力的核心形象，短视频新闻的微观语境更容易让受众产生情感共振，一些小角度、暖新闻，一些可以直击受众内心柔软处的画面、事件都成为值得报道的内容。在题材选择上，除了重大紧急的突发新闻外，"暖新闻"日趋成为当下新闻类短视频的集中选题，即从整体梳理、全面报道和呈现事实，转向从小角度切入、强调新闻事件中正能量的意义或调性，则突出了新闻的情感共振。在此背景下，用户逐渐接受了短视频新闻的叙事逻辑中人物形象自然流露的情感释放，也在自身主动的情感介入中成为被媒体征用的外部资源。是否易于激起用户的情绪点，与受众产生情感共振也成为短视频新闻创作者权衡新闻价值时需要考虑的重要因素。

（二）编辑角色：从信息发布到对话维护

在短视频文化中，用户对每一条具体的短视频新闻的阅读越发趋向于一种游戏的、任意的以及漫无目的的使用经验，是在沉浸与卷入的游移中获得快感的过程。用户在故事与叙述间来去自如，寻求愉悦的、去严肃的使用感知。在创作者自己的呈现逻辑之外，如何将用户的创意表达吸纳进来，以打破专业壁垒、构成更加良性的短视频新闻场域互动生态，是值得进一步考虑的问题。或许正如亨利·詹金斯（2015/2017：183）所提出的理想图景，"人们通过社群进行参与，参与发生在社群中"——主流媒体短视频新闻的前景，应是对一味强调个人化表达的拒斥，是在"自己做"之外要"一起做"。

由此，编辑的角色也实现了信息发布者向对话维护的转移，呼应了媒体机构的职业化实践和社会大众的参与式协作之间一向存在的强大张力。短视频新闻的制作者要采纳新技术，还要形成讲故事的风格，调适平台环境中生产者-消费者的关系，而用户的参与反过来也极大地推动了媒体的短视频新闻部门作为社会时事的扩音器的角色。媒体主导生产的微观语境在构思与设计上有迹可循，一方面激发了用户深入知晓、评判媒体工作的潜能；另一方面也促使用户在分享和传播的过程中扮演了越发积极的角色。特别是，"千禧一代"获取、发布信息的习性和途径同时具有移动化和视觉化的特点，年轻人的数字新闻实践在新闻采集和把关中呈现出一系列新的媒体逻辑，进一步影响了编辑角色的判断。

最后，在忠实用户即粉丝之外，广大在线用户对短视频新闻的接触是偶遇式的。由此，在参与式的传播范式下，短视频新闻的制作者必须在各个环节与使用者"对话"。这类新闻文本中微观语境的生产就反映了创作者群体对用户采取的一种新的认知方式：从用户接受的角度出发，理解其不断流动并与情境相互建构的特征。在此基础上，短视频新闻的文本意义不再单纯以满足信息需求为依归，也成为一种自在、动情地分享"如我所见"的过程，表现出强烈的互惠性。创作者既是创作者，又是用户，与平台上的你我别无二致。

第三节 众筹新闻与协作式社会化生产

当下的新闻业正经历着多重变革。技术成为最具穿透力的动因，新媒体的发展推进了新闻形态的多样化，无人机航拍、虚拟现实（VR）等技术拓展了新闻产品中视觉内容的维度，数据新闻、游戏新闻等新颖的产品形态相继出现。基于内容数据库的关联整合新闻以及时下正热的网络直播，体现出新闻产品同时向时间线的两个方向延伸的能力，越来越多的新闻开始呈现出永远未完成的"液态"（周葆华，2013）。由点及面的管道式传播更替为用户节点间的网络式传播，在大数据及算法分发的支持下，个性化阅读成为众多新闻客户端的更新方向。

在诸多新闻呈现样态和新闻生产方式变化的背后，更为核心的是新闻生产关系的变革。在传统的封闭式、垄断式生产关系中，职业化的新闻从业者依靠新闻敏感、新闻判断乃至新闻采写能力等专业节点履行"把关人"角色，相当程度上为社会公众把握着广大事实的呈现视野，决定着公众面对变动不居的世界时"看（想）什么"和"怎么看（想）"。引入大数据、无人机、游戏等新的手段后，最根本的变化是用户力量对新闻生产核心环节的渗透，从机构型媒体对用户自制内容（UGC）的采纳到平台型媒体对用户需求的挖掘和基于用户关系的内容推送，都使得用户不仅是作为消费者体现其价值，而且在深刻地影响着"什么是新闻""如何做新闻"这类至关重要的问题，进而在重塑传统的新闻从业者的职业权威、职业边界和职业自主权，乃至挑战新闻业既有职业规范的合法性。

用户因素（内容需求、使用习惯、社会关系网络等）对新闻生产的浸润是一个多点展开的持续过程，在新闻业整体转型的背景下，这一浸润过程像一道光谱，一端是经典的新闻生产模式，内容的选择和界定依旧是专业工作者裁决的产物，只不过他们在积极调适工作方式以便更好地响应用户需求，另一端则是开放式的新闻生产模式，如众筹新闻，通过用户诉求为主导来再造新闻议题的社会能见度，两类模式中用户和职业人士对新闻生产的控制权、主导权有所不同，当下更多的新闻生产形态是在这个光谱的过渡地带。在用户与新闻从业者互动协作的场景中，新闻的定义、形态、收集/制作/分发乃至其社会功用都在发生嬗变，比如以往认为新闻是及时的、准确的、能展现事实本来面目的，而现在出现了"慢新闻""液态新闻""对话式新闻"等等，这些变化都反映了新闻生产从一个由专业机构和专业人士相对自主的工作领域向用户协商的转变，也即新闻生产从职业化、机构化、封闭式的形态转变为更为多元、开放的形态。然而，这些新的甚至是激进的新闻生产模式究竟能在多大的程度上重构新闻生产者与消费者的关系？对于这一问题，学术界争议不断。本节以众筹新闻为分析对象，从生产者及消费者的角色变化切入，讨论在这类开放式、协作式的新闻生产模式中消费者参与新闻业的限度和生产者维系自主性的维度。

一、以众筹新闻为代表的开放式新闻生产

近年来，新闻产业的一个趋势就是原有的生产体系逐渐向电子平台转移，原本依靠广告和付费订阅的收入模式逐渐失去效力，媒体机构不得不削减预算，以更少的人力和资源继续运行（Hunter，2015）。与 2000 年相比，2011 年时美国报纸编辑部的规模已缩减了 30%（Pew Research Center，2011），而截至 2012 年，美国报纸编辑部的总人数减少至 40 000 以下，与 1989 年达到的峰值 56 900 相差甚远（Pew Research Center，2013）。与此同时，不少媒体开始大力发展非报产业，如利用原有的用户群和发行网络转型本地电商，试图以此反哺新闻生产。

另一方面，电子平台的互动参与特性也使得传统的线性、封闭的新闻生产模式逐渐被打破，走向引入用户自制内容、用户自定选题的开放式生产。20 世纪 90 年代公民新闻出现以来，媒体机构对新闻生产的垄断地位开始被撼动。21 世纪社交媒体兴起后，公民参与新闻生产的门槛不断降低，在"维基经济"的影响下，出现了公民个体不再依靠大型机构的力量，而是通过相互之间的协作进行新闻报道的现象（Benkler，2006）。基于用户生产内容（UGC）的众包新闻在行业生态中发挥着愈发重要的作用，直接向公众索要资金支持的众筹新闻又将职业新闻人与公众的协作从内容层面延伸到经营层面。移动互联网时代，出现了自媒

体、微门户、个人频道等"新闻小组",这种与传媒经济学者罗伯特·G. 皮卡德（Robert G. Picard）提出的"手工模式"相类似的生产模式,在提供垂直化内容方面具有很大的潜力（陈力丹,胡杨,刘晓阳,2016）。

众筹的概念来源于众包,后者指通过协作网络获取创意、解决方案或与经济活动有关的捐助等（Howe,2006）。作为四种基本的众包类型之一,众筹即是通过协作网络进行有效的资金整合。最初,众筹主要被应用于音乐、影视、网络游戏等领域。众筹新闻作为一种新颖的新闻生产模式,既能解决新闻生产的资金来源问题,又能利用职业新闻人的专业优势保证新闻质量,因而拥有了发展契机。同时,PayPal等微支付服务系统的逐步完善也为众筹新闻的发展提供了助推力（Carvajal,García-Avilés,González,2012）。

众筹新闻的基本模式是先由记者在平台上提出提案,介绍选题、报道计划及项目预算,平台的注册用户在阅读提案后决定是否捐资,如在一定时间内筹集到目标金额,报道计划便开始执行,反之则认定筹资失败,所筹金额全数返还给捐资者。这种模式使得记者直接向公众索要资金支持,无须依靠大型公共广播公司或类似机构的制度支持（Jian,Shin,2015）。

国内关注众筹新闻的学者,几乎全部先验地认为众筹新闻这种事前捐资机制能够使新闻消费者的角色变得主动,重构生产者与消费者之间的关系,较早进行众筹新闻研究的（Tanja Aitamurto）也主张,众筹新闻实践体现了亨利·詹金斯（1992/2009）提出的"参与式文化"的概念,即在新媒介技术使普通公民能够参与媒介内容的存档、评论、挪用、转换和再传播的环境下浮现出的消费主义的新样式。然而在具体的开放式新闻生产实践中,我们可以看到,传者与受者并不是简单的减权与增权,而是在新的环境下生成了更复杂的职业角色。

二、消极的"捐赠者"与有限的消费者赋权

迈克尔·舒德森（1995/2011）曾提出美国历史上新闻业服务于民主的三种方式,其中之一即是受托人模式,众筹新闻可算作一种依托于互联网技术的受托人模式。消费者将资金当作选票,选择符合自己意愿的新闻选题,将直接生产新闻的权利让渡给具备专业技能和较高信息素养的记者（郭泽德,2014）。

毋庸置疑的是,众筹新闻的确在一定程度上运用了（Lévy Pierre）所提出的"集体智慧",使消费者的角色在新闻生产过程中具有了主动性。

首先,众筹新闻将原本掌握在编辑手中的选题权赋予了消费者。消费者个人

的捐资决定积累起来，形成了社群对报道议题的决策（Aitamurto，2011），因而在众筹新闻的生产过程中，消费者取代编辑成为首要把关人。尽管部分新闻报道后期会被传统媒体刊发，但传统媒体的编辑只能根据已经确定的选题和内容决定是否刊发，其决策权局限于新闻发布环节，被排除在新闻生产环节之外。可见，消费者至少在选题环节上被赋予主动权，成为 Toffler 所提出的"产消者"（prosumer），即生产者（producer）与消费者（consumer）的结合。

有研究进一步考察了消费者的选题偏好，结果显示：消费者更倾向于捐资对其日常生活有实际指导作用的报道计划（如有关本地基础设施建设、公共医疗等的报道计划），而非使其对世界形成更普遍认知的报道计划（Jian，Usher，2014）。在美国，本地新闻在众筹新闻中尤其受到青睐，这种现象使得生产者逐渐意识到，这类新闻才是消费者心目中真正重要的公共事务新闻。另一项针对国内众筹新闻的研究也得出了相似的结果：更贴近于前一类别的社会民生新闻的受支持率最高，而更贴近于后一类别的政治、经济、文化新闻的受支持率相对较低（丁汉青，田欣，2016）。此外，相比于经验老到的记者，经验较少（而非毫无经验）的记者的提案更容易获得支持（Jian，Shin，2015）。

其次，众筹新闻平台的部分设计也为消费者参与后续生产，如提供线索、讨论报道方向、参与编辑等提供了可能。Spot. Us 的捐资者可以参与编辑、与记者分享报道所需的背景知识、为记者提供线索以及完成诸如为报道拍摄照片的任务（Aitamurto，2011）；在新闻摄影专项众筹网站 Emphas.is 上，每一位募资成功的摄影记者都要创建一个"制作区域"，这个区域仅限捐资者进入，在区域中摄影记者可以更新项目的进展，捐资者可以对项目完成情况加以评论，使得摄影记者与捐资者开展对话得以实现（张建中，2013）。这些设计无疑为消费者提供了全程监督甚至参与新闻生产的渠道，希望借以提升新闻生产的透明性。

然而，尽管众筹新闻平台的设计赋予消费者以其在参与性文化中提出的首要诉求——媒介内容的创造与发行权，但多数捐资者并未形成卷入实际新闻报道过程的强烈意愿（Aitamurto，2011）。正如 Marianne McCarthy（2012）所主张的，捐资是公众参与新闻生产的最主要途径，而非为记者提供线索和建议，在除捐资以外的其他新闻生产环节，作为协作生产者的消费者参与程度极为有限。

参与新闻生产的可能性对于多数捐资者而言并没有过多吸引力。捐资者更多地出于利他主义而非工具主义选择支持某个项目，在他们看来，自己的捐资行为意味着与社群成员而非记者产生更为紧密的联系（Aitamurto，2011）。有研究者以 344 位众筹新闻捐资者为研究对象考察了其捐资动机,"利他主义"与"为社群做出贡献"分列第二、三位,而位列首位的是"对内容自由度的信心"(Jian, Shin, 2015),捐资者对内容自由度的期许以及对独立记者的信任在一定程度上解释了其不主动介入新闻生产的行为选择。

所以,多数捐资者在捐资之后便不关注项目进展,只待作品输出后再返回平台阅读,甚至有部分捐资者不会返回平台阅读项目成果,因为他们并非对特定的故事感兴趣,而是希望通过捐资行为为公共福祉做出贡献。

三、想象的"防火墙"与报道者自主权

在这种直接向公众索要资金支持的生产模式中,记者作为主要的新闻生产者,也面临着角色变化。

首先,所有在众筹平台上发起项目的记者均不得不直面市场,将推销者纳入自身的角色内涵中。多数传统媒体的采编事务与经营事务相互分离,记者虽然对广告商影响编辑决策的情况有所了解,但无须同编辑一样直接面对,更无须承担报道推销者的角色,而众筹新闻中由消费者实施选题权的设计使得新闻报道的合法性建立在纯粹的市场成功之上,记者须尽力扩散自己的选题,从而赢得更多捐资者的支持,使报道计划得以启动。这种角色转变对于多数记者而言是难以接受的,尤其是对于年长记者而言,Tanja Aitamurto(2011)的研究发现,相比于20~30 岁的记者,30 岁以上的记者比较抵触推销自己的众筹新闻提案,甚至有记者认为,将众筹新闻项目链接分享到 Twitter 等社交网络的行为类似于乞讨。

其次,客观报道者角色也在逐渐失去其天然合法性。客观性是新闻专业性的一大内涵,一直以来被职业新闻人恪守,然而在众筹新闻的实践中,相当一部分记者不再执着于客观报道者的角色,而是以观点式(point of view)新闻或倡导式新闻的生产者进行角色定位(Hunter, 2015)。这些记者大多不服务于传统媒体,而是将自己的作品以独立出版物的形式公之于众。观点式记者认为提出观点与准确报道并不完全矛盾,而倡导式记者对客观性的颠覆则更为彻底,他们不认为生产倡导式新闻会对捐资者造成危害,反而认为捐资者对他们不以客观为准则的报道方式有着清醒的认识,而且正是出于相似的立场才选择为其报道计划捐资(Hunter, 2015)。不过,众筹新闻也为客观报道者角色的坚守留存了空间——传统媒体的记者或撰稿人在发起众筹时坚持应不偏不倚地进行报道,并以此来彰显自身的专业权威。

尽管众筹新闻为观点式记者或倡导式记者角色的彰显提供了机会，体现出记者对于客观性的不同看法，但对报道自主权的坚守却是多数记者的共识。一项以西班牙安达卢西亚区的记者和新闻专业学生为对象的问卷调查结果显示：多数记者及新闻专业学生都对众筹新闻重构生产者与消费者的关系持怀疑态度，而对记者自主权的担忧正是填答者对众筹新闻提出质疑的一大原因（Sanchez-Gonzalez，Palomo-Torres，2014）。

记者为维护在新闻报道中的自主权，会在内容与捐资者之间设立起想象的"防火墙"。记者视"捐资者除捐资外不对新闻生产施加任何影响"为普遍准则，如果有捐资者试图影响新闻生产，记者也并不认为有义务去更改自己的报道。正如记者希望报道能免于传统媒体的干涉，他们也希望能够独立于捐资者、自主地生产新闻，为此，他们刻意与捐资者保持距离，如不去查看项目的捐资者名单、退还某个可能的利益相关者的资金等。在 Andrea Hunter（2015）的研究中，21 位受访记者中仅有一人表示在新闻生产过程中与捐资者进行过讨论。实际上，也有记者指出即便与捐资者进行互动，这种互动也并不能为新闻生产提供帮助，因为捐资者的留言充斥着观点，而新闻生产需要的是线索或事实（Aitamurto，2011）。

需要说明的是，尽管记者所设立的想象的"防火墙"会与其对捐资者的责任感之间形成张力，但这种"不能令捐资者失望"的责任感更多地转化为记者自身投入高质量新闻生产的动力，而非主动与捐资者商讨、鼓励捐资者介入其他生产流程的动力。

四、协作程度是开放式新闻生产的核心问题

综上所述可以看到，此前学术界对于众筹新闻提升消费者主动性的能力估计过于乐观，尽管众筹新闻平台的设计为消费者全程监督甚至参与新闻生产提供了可能，但消费者在募资结束后的生产环节中实际卷入度并不高，他们更倾向于将新闻生产权让渡给记者。同时，记者对报道自主权的维护与其对捐资者的责任间形成了张力，其客观报道者角色与倡导者、推销者角色间也形成了张力，这些张力均对众筹新闻的有效运行提出了挑战。从职业角色来看，记者与捐资者均未将对方视为工作伙伴（Aitamurto，2011），这与传统媒体中编辑与记者、记者与记者间的关系以及开源软件项目等众包任务中参与者之间的关系均有所不同，因而众筹新闻对生产者与消费者间关系的重构能力是较为有限的。

从目前的现实状况来看，众筹新闻的可持续性也值得考量：众筹新闻平台中

的先锋者 Spot.us 于 2015 年 2 月停止服务，首个新闻摄影专项众筹平台 Emphas.is 也由于负债超过 30 万欧元于 2013 年宣布破产。此外，中国内地的众筹新闻平台还需要适当规避触及法律、政策的红线，如众筹网的"新闻众筹"平台上线不足一个月，"新闻"类目即更名为"资讯"，后又被降级归入"其他"类目。

有学者主张，众筹新闻并非一种代用的模式（Carvajal, García-Avilés, González, 2012），基于 UGC 的众包新闻也是如此。2010 年的一项研究结果显示，仅有 9% 的北美网民参与过文字、图片或视频生产（Pew Research Center, 2010），而少数人生产的 UGC 又大多是"极端"或"无用"的内容（闫岩, 2015）。不论是众筹新闻，还是基于 UGC 的众包新闻，其本质更贴近于所谓的协作性新闻策展，即消费者发现、分享并评论具有新闻价值的信息和事件，他们宣传而非发布新闻（Bruns, 2011）。即便是消费者卷入度最高的公民新闻，也并非消费者自觉地参与新闻的过程，而是一种以技术为先导的尝试性的原始自发行为（林靖, 2009），因而并不足以成为拯救新闻业的主导模式。

近年来，新闻生产模式经历了许多变革，但能被认为是成功者的并不多，即使对于当前流行的"中央厨房"，业界和学界也对其适用范围、前提条件、实际效果等有不同看法。新闻生产模式若要持续地形成生产力，除了本身流程的可行性和合理性之外，还需要注意到新闻业变革要适应当前社会的文化症候，在用户被看作处于重要地位的当下，新闻业变革的节奏早于或者迟于用户群体的变化节奏，都可能导致转型失效。具体到国内的情形，互联网时代的公民以段子心态或偏激心态为体现的社会责任感同私人利益相互纠缠，既具建设性，又具破坏性（罗成, 2015）。公共性强的议题并不一定能唤起公众的相应重视和参与，社会利益的碎片化格局决定了新闻的判定、选择和呈现也会充满"磋商"和"争议"，因而，以"众筹"为代表的新的开放式生产模式不仅需要优化流程、获得投资、响应市场需求，更需要在职业新闻人和消费者之间建立更为平等、深入的协作模式，才能改善现有的新闻业，可持续地、实质性地提升新闻业的转型水平。

第四节　非营利新闻的模式及可持续性

近年来不仅报业和杂志业的发展速度减缓，作为主流媒介形态的电视业也开始受到冲击，这一现象除了通常人们所理解的传播渠道失灵和媒介接触层面的脱落以外，还有更深层的社会原因，诸如新闻业公共性的衰减、建制内媒体的运作模式欠缺透明性等等。简而言之，新闻业的转型并非一个单纯的经济危机问题或者一个线性的媒介形态更迭问题，而是在新的社会条件和新的技术条件下新闻业既有的理念、结构与功能在发生全面重构。因而，在做好既有新闻业自身业务模式深耕的同时，更需发掘和开拓新的新闻生产理念与供给模式，以适应未来新闻业走向社会化、多元化的大趋势。

从历史维度考量，报纸的商业化进程不仅带来了新闻传播的职业化如新闻客观性的提出和实践，还促进了新闻生产的集约化。集约化意味着需要将新闻生产视作一种常规化、模式化的组织行为，受到各种结构化力量的制约。新闻生产成为一项组织化的产物，"它是专司搜集、传播新闻的专业组织所制造出来的成果"（罗胥克，1975/2003）。然而，随着当代社会的样貌"已由过往的固态、厚重与稳定转变为液态、轻盈与多变"（华婉伶，臧国仁，2011），新闻生产正从一个相对封闭的系统向一个更加开放的系统转变，"转变的核心是去组织化"（Picard, 2014），因此，新闻业中出现了以公民新闻、众包新闻等为代表的多元形式，在既有的新闻业之外从人力资源、资金、新闻选题等多个层面提供新闻产品供给来满足社会的新需求。

从现实角度出发，传统新闻业的不景气导致严肃新闻的生产环境日渐式微，尤以2008年的金融危机为转折的关键节点。2009年，维克多·皮卡德（Victor Picard）等三位学者发布了题为《拯救新闻：全国新闻业变革策略》（Saving the News: Toward a National Journalism Strategy）（Picard, Stearns, Aaron, 2009）的报告，向政策制定者建言五种未来可行的新闻生产模式，第一种即为非营利及低度营利模式。同年11月，美国哥伦比亚大学新闻学院教授迈克尔·舒德森（Michael Schudson）与《华盛顿邮报》前执行主编小伦纳德·唐尼（Leonard Downie Jr.）联合执笔，在《哥伦比亚新闻评论》（Columbia Journalism Review）上发表了《美国新闻业的重建》（The Reconstruction of American Journalism）（Downie, Schudson, 2009）一文，描绘了六条"重建"路径，第一条就是呼吁非营利性质机构介入既有新闻业。

非营利性的新闻生产模式，可以被认为是"非营利组织"与"新闻生产"进行结合并加以改良的产物。在美国的本土语境下，非营利组织作为"第三部门"，扮演了平衡公、私两股力量的可替代性（alternative）角色。而新闻媒体作为"第四权力"，构成了与立法、行政、司法并立的一种社会力量。"第三部门"与"第四权力"两者的相同之处在于它们均是一种"制衡力量"的体现，且都不处于主流地位。但是，两者的结合或将带来一种新闻生产与社会需求对接上的"无影灯"效果。研究非营利性的新闻生产模式，并非指所有媒体都将走向这一模式，而是期待从这一模式中看到专业规范、生产机制、市场资本等结构性因素在新的环境下如何进行重组，并探索新闻业可持续发展的路径。这对于传统媒体的转型将具有启发意义。

非营利性质的新闻模式并非新现象，在美国较为熟知的有 1908 年创办的《基督教科学箴言报》(*The Christian Science Monitor*) 与 1850 年创办的《哈泼斯杂志》(*Harper's Magazine*) 等。但近年来，非营利新闻机构与项目的数量出现了一个集中式的增长。这些新兴的非营利性新闻机构的特点是大多基于网络平台发起、关注地方性的或区域的议题、注重调查性报道以及鼓励受众参与。本节将聚焦于这些非营利新闻的生产模式，从基本理念、资金来源、人员配置、新闻分发渠道、财务可持续性等方面分析其构成要素和运营机制。

一、慈善捐助模式：建制内新闻生产的移植

这一模式以 ProPublica 为代表，是指非营利性新闻机构主要依靠公益产权性质的慈善捐款进行运营，并通过组织化的专业记者力量生产新闻报道。这类非营利新闻的基本理念是通过社会资助来弥补商业媒体对公共性新闻议题报道的不足，它们的新闻生产倚重从建制内媒体 (institutional media) 出来的职业新闻工作者以及他们的新闻采编规范，只不过媒体所有权由谋求盈利的商业媒体大亨转换为意在纠偏传播失衡的基金会，因而可以看作既有新闻业的某种移植与复制。

2007 年 10 月，桑德勒基金会 (Sandler Foundation) 宣布在曼哈顿成立以调查性报道为核心的 ProPublica，同时承诺在前三年每年捐助 1 000 万美元，并在后续年份根据网站能否达成创办者的初衷来决定是否继续捐款。

事实上，创办者桑德勒夫妇更为在意的并非调查性报道本身，而是"这类报道对公共政策以及曝光下一起'安然事件'[①] 所产生的影响和改变"(Nocera, 2008)。《华尔街日报》前执行主编、后成为 ProPublica 首任主编、现任董事会执行主席的保罗·斯泰格尔 (Paul Steiger) 认为："网站的使命就在于关注强权剥削下的弱势力量，削弱强权者的势力，从而巩固公众对我们的信任。ProPublica

---

[①] 安然事件指的是 2001 年美国安然 (Enron) 公司破产案以及相关的财务舞弊丑闻。新闻媒体常把安然事件比喻成财经新闻的水门事件。

是超越党派和意识形态的，并且恪守最严格的新闻公正标准。"（Chumley，2009）

因此，ProPublica 将自身定位为"公共利益新闻网站"（Journalism in the Public Interest），与其名字"ProPublica"的拉丁语意"为了公众"一脉相承。公众参与也成为网站的特色。普通读者可以在网站向记者发问、提供线索等，甚至还能在其他社交新闻站点（比如 Reddit）找到 ProPublica 的专属频道参与互动。出于对线人的保护，ProPublica 还通过维基解密式的信息提交平台 SecureDrop 来建立记者与匿名消息源之间的密切合作。

在生产环节，50 名专业的编辑和记者组成了 ProPublica 的新闻编辑部，采取"跑口"制度重点报道医疗、财经和教育等十多个领域的调查性新闻。《纽约时报》前资深调查新闻编辑斯蒂芬·恩格尔伯格（Stephen Engelberg）和《洛杉矶时报》前老牌调查记者罗冰·菲尔兹（Robin Fields）分别担任主编与执行主编。

为了保证专业水准的持之以恒，ProPublica 还设有一个 10 人的"新闻顾问委员会"，其成员包括《纽约时报》前执行总编吉尔·亚伯拉姆森（Jill Abramson）、哈佛大学肯尼迪中心的前美国总统顾问大卫·格根（David Gergen）、《华尔街日报》前出版人高顿·格罗维茨（L. Gordon Crovitz）以及哥伦比亚新闻学院前院长汤姆·戈德斯坦（Tom Goldstein）等。

ProPublica 除了将重心放在采编上，还重视为每篇新闻报道制定个性化的传播策略。"其中一名资深人士主要负责通过标题、链接和其他策略在搜索引擎上进行推广；一名社交编辑，工作内容是为该报道选择最适合的发布平台，并寻找有影响力的人士帮助其进行传播；一名营销人员，专门通过电话或邮件联系那些可能对报道主题感兴趣的其他媒体及机构。该报道的编辑也会参与其中，确保作品的传播方式是合适的。此外，还有一名数据分析师，对传播效果进行评估。"（The New York Times，2014）

在发布环节上，ProPublica 除了将自身网站作为平台以外，还与不同知名度、不同类型、不同层次、不同价值取向的其他媒体进行合作，在六年半的时间里总共与 115 家媒体达成了联合出版的协议（ProPublica，2014），具有代表性的有《纽约时报》《华盛顿邮报》等主流大报，ABC、CNN 等各大电视网，《赫芬顿邮报》、MSNBC.com 等新闻网站，以及同样以调查性报道见长的哥伦比亚广播公司（CBS）的《60 分钟》（*60 Minutes*）和美国公共电视网（PBS）的《前线》（*FrontLine*）等。由此，ProPublica 成为一个新闻分发中心，与通讯社的运作机制相似，但不同的是这种基于"知识共享"（Creative Commons）协议的转载无须付费。

ProPublica 在 2010 年首次获得美国新闻业"普利策奖"的作品《生死抉择》(Deadly Choices at Memorial) 就曾同时刊登于 propublica.org 和《纽约时报杂志》(The New York Times Magazine)。次年，ProPublica 凭借在线专题报道《华尔街金钱机器》(The Wall Street Money Machine) 再次获得"普利策奖"，这也是网络媒体首次单独获奖。

ProPublica 很早就意识到"可持续性"发展的问题，尤其是财务的可持续运转。因此，ProPublica 在资金来源多样化和内部管理高效化方面都进行了尝试。

在网站初创阶段，资金来源主要依赖于基金会与慈善家的大额捐款，尤其是桑德勒基金会的支持。但从 2011 年开始，桑德勒基金会的资助已经不足一半，从其他途径募得的捐款首次超过桑德勒基金会。而近年来，凭借自身两度获得"普利策奖"而积累的声誉资本，以及公众逐步认识到调查性新闻报道的重要性，小额捐款基数在不断扩大。据其年报数据显示，2009 年，ProPublica 全年收入的 97% 来自 8 笔 1 000 万以上的捐款，小额捐助者仅有 100 余人。而 2014 年，单笔超过 5 万美元的大额捐助虽然还是首要收入来源，但只占年度总收入的 52%。同时，去年的小额捐助者超过 2 600 人，其捐助总额比 2013 年增长 12%。

在增加收入多样性方面，ProPublica 还在 2011 年 1 月宣布开放广告业务，尝试了接受商业广告投放以及组织线下活动等其他方式，但最终发现，历年的网页广告收入始终不足当年总收入的 2%，线下活动亦没有带来预想的效果。与之相比，ProPublica 反而更加看好通过下列方式增加收入：第一是电子出版（例如把文章出售给亚马逊的 Kindle Single 然后提成），第二是 2014 年 2 月开始在网站附属平台"数据商店"(Data Store) 中出售数据，第三是计划在适当时机推出"付费墙"来增加持续和可观的收入。

从 2009 年起，ProPublica 开始了一系列的人事调整：包括成立"商业顾问委员会"、招募发展部门的负责人、增加董事会成员等，先后吸纳了多名来自国际知名私募股权投资公司以及公关公司的高层管理人员。而以上所有举措都旨在从深层次的内部治理层面提高 ProPublica 的筹款、营销与创新能力。

二、大众筹资模式：去中心化的新闻产制

大众筹资模式指报道经费主要来源于大众的小额赞助。其基本理念是依靠用户思维来深耕细分的、碎片化的新闻市场，利用分散的用户出资去解决分散的社

会问题报道，特别强调对局部性的、地域性的、社区层面的新闻议题的覆盖，找回在商业体制下由于不能够规模化生产而被忽视的那些小众议题。相应地，采编新闻的人员以及新闻的评判标准也"去中心化"和社会化了。这一模式以 Spot. Us 为典型案例。

2008 年，创业者戴维·科恩（David Cohn）从 3 026 名候选者中脱颖而出，成为当年获得旨在鼓励媒介创新的"奈特新闻挑战奖"的 16 人之一。奈特基金会随即提供了 43 万美元的资助，作为科恩所提众筹新闻计划的种子基金。同年 10 月，Spot. Us 在旧金山正式创办。2011 年 11 月，该网站被美国第二大广播新闻节目制作方美国公共媒体电台（American Public Media）收购，整合进该机构所属的公民新闻平台"公众洞察力网络"（Public Insight Network）。2015 年 2 月，由于各种原因，Spot. Us 宣布停止服务。

Spot. Us 将自身的新闻生产定位为"社区资助式报道"（Community-funded Reporting），所有来访网站的读者和资助人都被视为是这个社区的"成员"，科恩将他们定义为"热心的公民""参与的公民"（concerned citizen/engaged citizen）。他们根据记者在网站上公布的采访计划和经费预算，为自己感兴趣的报道进行捐款或是出谋划策。一部分社区成员还可以参与报道，协助记者寻找线索、查找资料和拍摄图片等。网站强调，他们并不希望对"记者"做出定义，对"记者"的挑选"标准苛刻但非唯一性"，无论是专业记者还是公民记者，任何人只要具备一定的能力都可以参与报道，并且这种选择权完全交由市场。受众根据每位自由撰稿人自己上传的简历、代表作品等信息对"记者"的资质和能力进行自己的判断。

每一份"新闻提案"（pitch）都会经过网站编辑的初步筛选，主要标准是提案要契合某种独特需求：它与地方事务有关、其他报道不会覆盖到这样的议题（Aitamurto, 2011）。除此之外，还需满足：没有利益冲突与偏见卷入其中；原创性报道，要区别于已有的现成信息；"记者"的确有能力完成该报道；提出的是真问题、真命题；不对调查及报道的结果进行预设。

"新闻提案"中还需附上该报道的经费预算。通常，经费预算包括两部分：一部分是整个调查性报道的实际成本，另一部分是独立调查记者的劳务费用。与 ProPublica 所代表的模式相比，Spot. Us 的不同之处在于人们以某个具体的新闻报道为捐款对象，而非为整个新闻组织捐赠。为了避免捐助者可能对报道内容造成影响，Spot. Us 规定单一捐助者的捐助额不得超过总额的 20%。众筹所得用于两个途径：其中的 90% 交给负责该报道的记者，另外 10% 分配给一名编外的独立编辑。他的主要职责是在刊发前对报道中的事实以及报道立场的公正与否进行最后的把关。

在记者着手实施采访计划之时,对于新闻报道的首发权也随之开始出售。一家媒体想要获得新闻稿件的首发权通常有两种方式:第一种是在新闻稿件的雏形阶段就进行预购,则只需要支付预计经费一半的资金;第二种方式是等到成稿完成后以全价购买。稿件出售所得将返还给捐资者,用以支持新的采访计划。所有新闻报道最终都会在 Spot.Us 网站上进行刊发。

截至 2014 年,Spot.Us 的项目资助者已经超过 2.24 万名,平均每笔资助额为 23 美元,得到资助的调查性报道达到 250 多个,110 余家媒体合作伙伴包括了《纽约时报》《洛杉矶时报》《连线》等知名媒体,还有一些社区媒体、公共媒体、以特定种族群体为目标的另类媒体。

从新闻生产的流程来看,Spot.Us 的突出特征表现为"去中心化"。记者需要向公众"推销"自己的报道计划,并接受选题是否被通过、作品是否被认可的市场检验,在这一过程中,他们的角色向"创业者"(entrepreneur)趋近;而公众则通过捐款行为进行自我赋权,在选题筛选阶段和新闻生产过程中都介入力量,成为实际上的"把关人"。网站奉行透明、问责与公开(transparency, accountability, and openness)的原则,例如捐款者会定期收到自己所捐助项目进展情况的邮件,知晓捐款的具体流向等。

事实上,Spot.Us 的设想是受到了"公民新闻"运动的启发。创办人科恩曾师从于最早提出"公共新闻"理论而后又转向研究"公民新闻"的乔伊·罗森(Joy Rosen)教授,并且自己也曾经是一名公民新闻记者。科恩认为,"新闻作为一个公众参与的过程,依然是基层民主中一个强大的、必不可少的部分"(Kaye, Quinn, 2010)。在具体操作模式的选择上,他又参考了"P2P"众筹网站 Kiva 和 DonorsChoose 的"非营利"模式。新闻生产过程从相对封闭的"组织型"走向开放状态的"公民参与型",正如科恩(2008)自己所说,他的兴趣就在于探究"在传统组织型新闻生产走向死亡的前提下,新闻业的发展如何为继"。他强调,"Spot.Us 不是一个新闻机构,而是一个合作平台,自己与其他社区公民一样,为其付出努力"(Kaye, Quinn, 2010)。基于这种草根性,Spot.Us 所代表的众筹模式也被称为"奥巴马模式"(Obama Model)。

需要指出的是,并非所有的众筹网站都是非营利性质的,例如面向创意项目的众筹网站 Indiegogo 和 Kickstarter,以及针对音乐项目的融资平台 Sellaband。

三、高校附属型：产学合作的尝试路径

高校附属型强调依托于高校资源，建立非营利性新闻的生产平台和组织机构，其实质是转型中的新闻业和转型中的新闻教育的互相支持，通过代偿性地利用对方体系中自己需要的资源，以期在节省成本、提高效率层面上对接双方需求，降低处于变革环境中的创新风险。波士顿大学的新英格兰调查报道中心（New England Center for Investigative Reporting，NECIR）是运作机制相对成熟的代表。

2009年1月，新英格兰地区的资深记者乔·伯根提诺（Joe Bergantino）和玛吉·乌尔斯特（Maggie Mulvihill）以及波士顿大学传播学院院长汤姆·费德勒（Tom Fiedler）发起倡议，奈特基金会出资25万美元成立NECIR。中心目前的运营经费主要来自五个渠道：基金会资助、私人在线小额捐助、学院拨款、报道出售所得、培训项目的收入。培训项目收入在总收入结构中占绝对优势，超过50%。报道出售是仅次于培训项目的第二大收入来源，所占比例接近10%（Knight Foundation，2015）。

高校附属型的特殊性在于其运作模式实现了"产学合作"。NECIR的人员组成包括一名执行主任，一名执行主编，三名全职记者，一名培训事务的经理，一名兼职的调查性报道编辑和一名同样是兼职的发展顾问。执行主任伯根提诺拥有35年的调查性报道经验，其作品曾两度提名"艾美奖"。执行主编克莱拉·格马尼（Clara Germani）曾任职于《基督教科学箴言报》超过35年，并在爱默生新闻学院担任过教学工作。另三名全职记者也都拥有在《波士顿环球报》、公共廉政中心（Center for Public Integrity）等媒体一线长期工作的经验，主要擅长社会、财经、环境、科学技术和教育领域的报道和数据新闻的制作，个人及作品均屡次获奖。与ProPublica类似，NECIR设有一个顾问委员会，集中了商业领袖、媒体专家、业界老兵以及波士顿大学传播学院的教授，多元的团队组成覆盖了中心业务发展的各个方面。

学生可以以助理或是实习生的身份参与中心的日常事务，例如调查性报道的采写、非营利性机构的管理等，由具有丰富业界经验的导师进行手把手的指导，以提高自身的实战能力与综合素质。中心现有6名实习生。

以上是在中心内部，业界经验反哺教学实践，除此之外还有打通内外部的"产学合作"，例如NECIR就与新英格兰有线新闻台（WGBH）建立了长期的合

作关系。有线新闻台为 NECIR 负担部分的日常运营费用，为其提供办公场地，NECIR 则为其生产原创内容作为回报，并允许其使用已生产的任何内容（被其他媒体购买的除外）。此外，有线新闻台每年还与 NECIR 联合主办四个品牌活动，并提供市场推广、场地等资源支持。活动收益由 NECIR 与有线新闻台一同分享。有线新闻台还会在节目中为 NECIR 的夏季培训项目做广告。NECIR 每年从有线新闻台获得的各类支持价值近 30 万美元。

从行业的角度而言，高校附属型的非营利新闻模式首先解决了行业内部的紧急问题——调查性报道的衰落。波士顿大学传播学院院长汤姆·费德勒认为："高校能够与新闻业进行无缝对接，甚至是非常必要，这有助于拯救长久以来被商业媒体所舍弃的调查性报道。"（Houston，2010）因此，NECIR 将自己的使命确立为：保证严肃新闻和调查性新闻的生命力，以培养新一代的调查性记者为己任。其次，大学的公信力有利于为新闻生产机构争取慈善捐款，并为其申请免税政策提供制度上的便利。例如，奈特基金会就多次追加对 NECIR 的拨款，以保证其在发展上的可持续性。最后，学校为业界的人才储备提供了保障。NECIR 目前现有四个"学生项目"，针对高中生、新闻实习生以及从业人员等不同人群，为他们提供专业的培训与指导。所有培训项目的收入所得已经成为每年运营经费的首要来源。此外，学校还为新闻机构节省了资源开销。例如波士顿大学就为 NECIR 提供了办公室、电脑、打印机等办公硬件，以及数据库使用权限、筹款与营销策略的帮助等。传播学院还负担了该中心所有人员的保险费用和一小部分的工资和福利支出。

在报道影响力方面，NECIR 已经与《波士顿环球报》、新英格兰有线新闻台（WGBH）、波士顿公共广播电台（WBUR，波士顿大学所有）等 27 家媒体建立了合作关系。报道的出售价格通常在几百美元左右，最高不超过 500 美元。

此外，中心还配备一名全职的博士分析员负责测量新闻报道的影响力。媒体的引用、社论文章对该新闻报道的参考、政府官员的提及、新出台法规和受众群体的直接反馈等都成为测量的指标。分析员将相关数据录入自主研发的系统，运用量化分析的手段，呈现新闻报道在现实生活中的影响力。

非营利性新闻机构与高校的合作日益成为一种趋势。在 2009 年 9 月，Spot.Us 开始与南加利福尼亚大学新闻学院合作，将其模式扩展到洛杉矶。2010 年底，ProPublica 与纽约大学的亚瑟·卡特新闻学院建立合作关系，共同致力于解释性报道的生产。

表 6-1 将以上三种模式做了比较。

表 6-1　　　　　　　　三种模式的基本情况比较

类型	慈善捐助型（ProPublica）	大众筹资型（Spot. Us）	高校附属型（NICER）
成立时间	2007.10	2008.11	2009.1
发起人/启动资金	桑德勒夫妇/桑德勒基金会	戴维·科恩/奈特基金会	乔·伯根提诺、玛吉·乌尔斯特、汤姆·费德勒/奈特基金会
定位	公共利益新闻	社区资助式报道	严肃新闻和调查性新闻
主要资金来源	大额捐款	大众筹资	培训项目收入
捐款支持对象	整个组织	单个项目	整个组织
采编力量	新闻编辑室	自由撰稿人、公民记者	新闻编辑室、学生记者
报道范围	覆盖全国	旧金山、洛杉矶、西雅图地区	新英格兰地区
报道发布渠道	www.propublica.org；其他媒体	其他媒体；spot.us	其他媒体；nicer.org
转载费用	免费	有偿	有偿
代表性荣誉	2010：普利策调查性报道奖；2011：普利策国家报道奖	2008：奈特新闻挑战奖	2013："数据新闻奖"提名；2014：新英格兰报纸与出版协会奖
其他同类网站	Center for Public Integrity；Kaiser Health News；Voice of San Diego；Minn Post；Texas Tribune；California Watch；Investigative West 等	Emphas.is（美国）；Spotus.it（意大利）；Jaimeinfo.fr（法国）；Youcomnews.com（法国）；Gojournalism.com（加拿大）等	Investigative Reporting Program（加州大学伯克利分校）；Investigative Reporting Workshop（华盛顿美利坚大学）；Medill Watchdog（西北大学）；The Iowa Watch（艾奥瓦州立大学）；Watchdog Institute（圣地亚哥大学）；Wisconsin Center for Investigative Journalism（威斯康星大学）；Schuster Institution of Investigative Journalism（布兰迪斯大学）等

四、从技术扩散到社会创新过程的转换

人们对于非营利性新闻模式的发展前景也不无担忧,主要集中于两个方面。

首先是资金来源的目的性,即私人捐款有可能假借慈善之名设置自己的"隐含议程"(hidden agenda)(Browne,2010)。ProPublica现任董事会执行主席保罗·斯泰格尔认为,"私人捐助和新闻生产之间实际上是存在'防火墙'的"(Schilders,2008)。"董事会成员不会事先知道要报道什么,更不会主动进行干涉。哪怕编辑团队有时会邀请董事会为其出谋划策,这些点子也会通过主编或执行主编漏斗式地层层传递,确保记者不受直接影响"(Kaye,Quinn,2010)。行政及人力部主任理查德·托菲尔(Richard Tofel)则指出,"只要人们捐助的对象是整个组织,而非单个选题,编辑们依旧能够将选题的最终决定权掌握在自己手中,那么捐款人干涉新闻报道的担忧就是多余的"(Sillesen,2015)。可以看到的是,ProPublica与NECIR是针对自身的整体运作寻求资助。而在Spot.Us上公众则可以自选项目进行资助,因此网站规定每笔捐助额不得超过每个项目筹款总额的20%,这是一种预防机制的设计。

更深的忧虑是来自发展模式的可持续性。Spot.Us之所以倒闭,除了社区成员的参与程度不高、重复捐款率低等因素之外,没能寻找到可持续的商业模式是重要因素(Easton,2015)。为了增强财务的可持续性,近年来非营利部门的一个重要发展趋势就是它和商业部门合作增多,"引进商业模式成为非营利机构实现可持续发展的战略之一"(卢咏,2011)。根据奈特基金会对20家非营利性新闻机构的调查(见图6-3)(Knight Foundation,2015),线下活动、广告、赞助、稿件出售、培训和付费订阅是非营利性新闻机构收入来源的六大主要途径。除了3家机构为单一收入来源以外,其余17家机构都拥有两种或以上的收入方式。而赞助、广告和稿件出售是最为常见的三种,不过广告方面需要面对来自商业性媒体机构的有力竞争。

对非营利新闻的资金意图及可持续性的关切反映了人们对这一新的新闻理念的认知困顿,如果沿用建制内新闻业的业务流程和职业规范来看待非营利、众筹、创业新闻等新现象,必然对其发展前景会有疑惑。非营利新闻最核心的生产机制就是大幅度的社会化,它不像既有新闻业那样仅在新闻线索、新闻产品层面社会化,而是深入到运作模式和经济支撑层面,这必然会牵动人们对"所有者""控制权""代言"等传统议题的再度思考。这其实是一个问题的两面:一方面要

Earned Income as Share of Total Revenue 2013
EVENTS ADVERTISING SPONSORSHIPS SYNDICATION MEMBERSHIP TRAINING SUBSCRIBERS OTHER

Charlottesville Tomorrow
City Limits
Florida CIR
inewsource
IowaWatch
The Lens
Midwest CIR
MinnPost
New England CIR
New Haven Independent
NJ Spotlight
Oakland Local
PHL Public School Notebook
The Rapidian
The Texas Tribune
Voice of Orange County
Voice of San Diego
VT Digger
Wisconsin Watch
WyoFile

图 6-3　美国 20 家非营利性新闻机构主要收入来源构成（%）

看到"谁的新闻业"始终值得追问，新闻业扮演的社会角色中有一些恒久隽永的部分，另一方面也要看到更替控制权之后的变化是什么，这些变化有没有改善和推进新闻业服务社会的能力和效果。笔者认为非营利新闻不同于建制内新闻业的封闭式资源运作，它的发起、生产、推送有赖于各种社会支持，所以需要让渡其新闻生产中的制度化权力，开放其诸多生产环节，也就是需要高度践行新闻的透明性，否则得不到有力的支援和参与。资金来源和新闻议题的某种"偏好"乃至诉求并不见得是抵损新闻品质的，关键是这些结构性的勾连是否得以明确的、公开的展露，这种体制性层面的透明性比业务层面的透明性更值得期待。建制内新闻业也在提升其透明性，但是主要体现在业务层面，比如增加关于原始文件的链接、在网上提供更加详细的新闻修正信息、提供记者的电子邮件地址以及他们的个人履历等等，换言之，建制内媒体响应参与式、开放式的时代症候的方式依旧是仪式化的，而在新闻判断、新闻选择等编辑室核心环节上透明性难以推行，因为这涉及新闻工作的职业自主性和权威，当然难有突破。

诚然，非营利新闻也不是美好的乌托邦，它的意义在于通过其实践能看到职业边界和新闻透明性的社会协商过程，能"试错"多元的社会合作机制。从目前所观测的非营利新闻项目的发展经验来看，非营利新闻是一种有望可持续发展的模式。但在整个新闻业的生态系统中，这种模式究竟是作为零星的点缀还是具备批量可复制的价值，最终还是取决于新闻场域内外各种力量作用的结果。非营利新闻尚处于发展中,其独有价值在于:各类非营利新闻实践相当于一个真实的媒介创新"实验室",新闻生产的要素经过不同组合产生出不同的社会效果和不同的经济可持续性,这可以为转型中的新闻业提供某种反观自身理念及模式的机会,能看到建制内新闻业被移植、改造和嵌套后呈现出的多元面貌,由此加深对于新闻业社会化的理解和对既有新闻业结构性缺陷的认知,进而依据自身条件选择转型路径和进行要素优化。

当前新闻业的变革常常被纳入"技术创新"的范式加以研读和应对,近年来兴起的媒介融合风潮即是一个例证,学界和业界的关注焦点都是机构导向的,也即媒体组织如何适应新的竞争环境,如何改善业务单元、组织架构及发展战略,进而保持竞争优势。这一视角从媒体机构自身利益出发,本无可厚非,但要清醒地意识到其有天然的"盲点"。媒介机构只是构成新闻业的一种元素,随着近代职业新闻业的形成,媒体机构被建构为客观性、真实性、公共服务等理念的天然代言人和执行者,树立起了其主导地位,这是一个历史过程,有其合理性也有其阶段性。当媒介赖以生存的社会系统发生变革时,社会关系、社会结构、社会行动者都有新的面貌时,身处其中的媒介机构不能期冀只做战术调整而不重估自身的价值理念变革。

因此,当媒介创新牵涉到社会面的更多元素时,我们需要有一个整体观来审视媒介领域频频发生的、方向各异的、琳琅满目的变革现象。作为一个整体来观察媒介创新,除了其技术层面,还有理念层面和实践层面,三者互有交叉但并不等同。理念层面是由对建制内新闻业的反思和批评主导的,这与新媒体技术的兴起并非同步,在公共新闻时期就已经开始挑战和试错建制内新闻业的职业角色及行为边界。实践层面则更为复杂,由于进入媒介化社会,个体的媒介使用深度嵌入日常生活中,影响到个人社会发展、商业营销、政治参与等方方面面,经由媒介实践勾连起来的社会力量也更为丰富,主要是寻求变革的媒体机构、新兴的社会企业家、松散的用户群体三部分,非营利新闻凸显的正是社会企业家的主导地位和用户群体的主动参与,三者的互动形塑了不同的媒介创新模式。从实践层面看媒介创新,它不仅是一个技术扩散过程,更是一个社会创新过程,是对用户、渠道、内容、资金等新闻业元素之间关系纽带的重组和优化,也是整个社会的透明、民主、自组织性等时代症候在媒介领域的折射。

参考文献

比尔·科瓦齐,汤姆·罗森斯蒂尔,2011. 新闻的十大基本原则[M]. 刘海龙,连晓东．译．北京：北京大学出版社．

伯纳·罗胥克，2003．制作新闻［M］．姜雪影，译．台北：远流出版社．

常江，2017．蒙太奇、可视化与虚拟现实：新闻生产的视觉逻辑变迁［J］．新闻大学，(1)：55-61,148.

陈力丹，胡杨，刘晓阳，2016．互联网条件下"新闻"的延展［J］．新闻与写作，(5)：49-53.

陈丽丹，邓海霞，2020．移动互联网时代主流媒体新闻短视频生产策略：以《主播说联播》为例［J］．电视研究，(4)：39-42.

陈强，2013．国外属性议程设置研究进展述评［J］．国际新闻界，35(6)：47-54.

陈逸君，贺才钊，2020．媒介化新闻：形成机制、生产模式与基本特征：以"脆皮安全帽"事件为例［J］．现代传播（中国传媒大学学报），42(9)：125-131.

丁汉青，田欣，2016．影响新闻众筹项目受支持度的因素分析［J］．新闻战线，(3)：43-47.

丰瑞，周蕴琦，2019．新闻类短视频对新闻生产机制的创新与变革［J］．新闻与写作，(12)：45-48.

冯强，2016．我国食品安全议题的新闻生产常规及规制因素分析：基于对14名媒体人的深度访谈［J］．湖北社会科学，(8)：191-198.

郭泽德，2014．众筹新闻：从"组织化"到"社会化"的新闻生产模式创新［J］．中国出版，(7)：50-53.

韩姝，阳艳娥，2021．政务新闻的短视频化特性与发展：以央视新闻中心官方微博"央视新闻"为例［J］．传媒，(10)：60-62.

亨利·詹金斯，2009．昆汀·塔伦蒂诺的星球大战［M］//陶东风．粉丝文化读本．北京：北京大学出版社．

亨利·詹金斯，伊藤瑞子，丹娜·博伊德，2017．参与的胜利：网络时代的参与文化［M］．高芳芳等，译．杭州：浙江大学出版社．

华婉伶，臧国仁，2011．液态新闻：新一代记者与当前媒介境况：以Zygmunt Bauman"液态现代性"概念为理论基础［J］．传播研究与实践（台北），1(1)：205-237.

金梦玉，丁韬文，2021．"短视频+新闻评论"的创作路径、发展瓶颈与未来探索［J］．中国编辑，(6)：64-69.

靖鸣，朱彬彬，2019．我国新闻类短视频发展现状及未来展望［J］．中国广播电视学刊，(4)：27-30.

蓝刚，2021．新闻短视频的传播价值及对传统媒体的影响［J］．编辑之友，(2)：59-63.

林靖, 2009. 质疑"公民新闻"[J]. 国际新闻界, (6): 124-128.

刘擎, 2017. 共享视角的瓦解与后真相政治的困境[J]. 探索与争鸣, (4): 24-26.

卢咏, 2011. 第三力量:美国非营利机构与民间外交[M]. 北京:社会科学文献出版社.

罗成, 2015. 走向"公民感通"的精神伦理:移动互联网文化症候的"雾霾讨论"[J]. 探索与争鸣, (12): 76-80.

迈克尔·舒德森, 2011. 新闻的力量[M]. 刘艺娉, 译. 北京:华夏出版社.

彭兰, 2019. 短视频:视频生产力的"转基因"与再培育[J]. 新闻界, (1): 34-43.

王斌, 2020. 互联网新闻学:一种对新闻学知识体系的反思[J]. 编辑之友, (8): 63-74.

王雅贤, 2020. 新闻短视频的基本要素和制作要点[J]. 新闻与写作, (1): 103-106.

武楠, 梁君健, 2020. 短视频时代主流媒体的新闻生产变革与视听形态特征:以新冠肺炎疫情期间"央视新闻"快手短视频为例[J]. 当代传播, (3): 58-62.

闫岩, 2015. 公民新闻:参与的幻象[J]. 新闻与写作, (6): 57-62.

尹绪彪, 2020. 沉浸式短视频传播的语境体系构建[J]. 出版广角, (7): 74-76.

喻国明, 2012. 社会化媒体崛起背景下政府角色的转型及行动逻辑[J]. 新闻记者, (4): 3-8.

袁光锋, 2017. 情感何以亲近新闻业:情感与新闻客观性关系新论[J]. 现代传播(中国传媒大学学报), 39 (10): 57-63, 69.

张建中, 2013. 众筹新闻:网络时代美国新闻业的创新及启示[J]. 现代传播(中国传媒大学学报), 35 (3): 105-108.

张说地, 2019. 短视频对新闻传播领域的影响探析[J]. 中国广播电视学刊, (8): 9-11.

张志安, 束开荣, 2015. 新媒体与新闻生产研究:语境、范式与问题[J]. 新闻记者, (12): 29-37.

周葆华, 2013. 从"后台"到"前台":新媒体技术环境下新闻业的"可视化"[J]. 传播与社会学刊(香港), (25): 35-71.

周睿鸣, 刘于思, 2017. 客观事实已经无效了吗?:"后真相"语境下事实查验的发展、效果与未来[J]. 新闻记者, (1): 36-44.

AITAMURTO T, 2011. The impact of crowdfunding on journalism: Case study of Spot. Us, a platform for community-funded reporting [J]. Journalism practice, 5 (4):

429-445.

BBC. Budget calculator: How will the Budget 2012 affect you? [EB/OL]. (2012-03-21) [2019-01-19]. http://www.bbc.co.uk/news/business-17442946.

BBC. Every death on every road in Great Britain 1999—2010 [EB/OL]. (2011-11-02) [2019-01-19]. http://www.bbc.co.uk/news/uk-15975720.

BENKLER Y, 2006. The wealth of networks: How social production transforms markets and freedom [M]. Yale University Press.

BRADSHAW P. What Is Data Journalism? [EB/OL]. [2019-01-19]. http://datajournalismhandbook.org/1.0/en/introduction_0.html.

BROWNE H, 2010. Foundation-funded journalism: Reasons to be wary of charitable support [J]. Journalism Studies, 11 (6): 889-903.

BRUNS A 2011. Gatekeeping, gatewatching, real-time feedback: new challenges for journalism [J]. Brazilian Journalism Research, 7 (2): 117-136.

CARR D, BUCKINGHAM D, BURN A, SCHOTT G, 2006. Computer games: Text, narrative and play [M]. US: Polity.

CARVAJAL M, GARCÍA-AVILÉS J A, GONZÁLEZ JL, 2012. Crowdfunding and non-profit media: The emergence of new models for public interest journalism [J]. Journalism practice, 6 (5-6): 638-647.

CHUMLEY C K. ProPublica: Investigative Journalism or Liberal Spin? [EB/OL]. [2019-01-19]. http://www.phoenix.edu/about_us/media-center/fact-checker/2009/12/propublica-investigative-journalism-or-liberal-spin.html.

COHN D. Creating a New Platform to Support Reporting [EB/OL]. [2019-01-19]. http://niemanreports.org/articles/creating-a-new-platform-to-support-reporting/.

DOWNIE L, SCHUDSON M. The Reconstruction of American Journalism. [R/OL]. [2019-01-19]. http://www.cjr.org/reconstruction/the_reconstruction_of_american.php.

EASTON J. Spot. us is going away, but its legacy inspires new chapters of crowdfunding playbook. [EB/OL]. (2015-02-11) [2019-01-19]. https://www.publicinsightnetwork.org/2015/02/11/spot-us-is-going-away-but-its-legacy-inspires-new-chapters-of-crowdfunding-playbook/.

HOUSTON B. The Future of Investigative Journalism [EB/OL]. [2019-01-19]. http://www.media.illinois.edu/knight/future-of-investigative-reporting.

HOWE J, 2006. The rise of crowdsourcing [J]. Wired magazine, 14 (6): 1-4.

HUNTER A，2015. Crowdfunding independent and freelance journalism：Negotiating journalistic norms of autonomy and objectivity [J]. New Media & Society，17（2）：272－288.

JIAN L，SHIN J，2015. Motivations behind donors' contributions to crowdfunded journalism [J]. Mass Communication and Society，18（2）：165－185.

JIAN L，USHER N，2014. Crowd-funded journalism [J]. Journal of Computer-Mediated Communication，19（2）：155－170.

KAYE J，QUINN S，2010. Funding journalism in the digital age：Business models，strategies，issues and trends [M]. Peter Lang.

Knight Foundation. Gaining Ground：How Nonprofit News Ventures Seek Sustainability [EB/OL]. [2019－01－19]. http：//www. knightfoundation. org/featuresnonprofitnews-2015/.

MCCARTHY M，2012. Journalism that facilitates public discourse and engagement：an examination of case studies on crowd funded reporting [D]. California State University，Northridge.

NOCERA J. Self-Made Philanthropists [EB/OL].（2008－03－09）[2019－01－19]. http：//www. nytimes. com/2008/03/09/magazine/09Sandlers-t. html？pagewanted＝all&_r＝2&.

Pew Research Center. The state of the news media：An annual report on American journalism [EB/OL]（2011－04－25）[2019－01－19]. http：//stateofthemedia. org/2011/overview-2/.

Pew Research Center. Understanding the Participatory News Consumer [EB/OL].（2010－03－01）[2019－01－19]. http：//www. pewinternet. org/2010/03/01/understanding-the-participatory-news-consumer/.

Pew Research Center. The state of the news media：An annual report on American journalism [EB/OL].（2013－03－18）[2019－01－19]. http：//www. stateofthemedia. org/2013/overview-5/key-findings/.

PICARD R G，2014. Twilight or new dawn of journalism？Evidence from the changing news ecosystem [J]. Journalism Practice，8（5）：488－498.

PICKARD V，STEARNS J，ARON C. Saving the News：Toward a National Journalism Strategy [EB/OL]. [2019－01－19]. http：//www. freepress. net/sites/default/files/fp-legacy/saving_the_news. pdf.

ProPublica. ProPublica 2014 Annual Report [R/OL]. [2019－01－19]. http：//

s3. amazonaws. com/propublica/assets/about/propublica-2014-annual-report. pdf?_ga = 1. 3530608. 1352844604. 1433591979.

SANCHEZ-GONZALEZ M, PALOMO-TORRES M B, 2014. Knowledge and Assessment of Crowdfunding in Communication: The View of Journalists and Future Journalists= Conocimiento y valoración del "crowdfunding" en comunicación: La visión de profesionales y futuros periodistas [J]. Comunicar, 22 (43): 101-110.

SCHILDERS H. Non-Profit Journalism: Is Philanthropy the Answer? [EB/OL]. [2019-01-19]. http://pulitzercenter.org/sites/default/files/helene%20article.pdf.

SILLESEN L B. Who benefits from an increase in philanthropic money to journalism? [EB/OL]. (2015-03-10) [2019-01-19]. http://www.cjr.org/analysis/who_benefits_from_an_increase_in_philanthropic_money_to_journalism.php.

The Guardian. Behind the rumors: how we built our Twitter riots interactive [EB/OL]. (2011-12-08) [2019-01-19]. http://www.guardian.co.uk/uk/interactive/2011/dec/07/london-riots-twitter.

The New York Times. The New York Times 2014 Innovation Report [R/OL]. (2014-03-24) [2019-01-19]. http://zh.scribd.com/doc/224608514/The-Full-New-York-Times-Innovation-Report#.

WAHL-JORGENSEN K, 2013. The strategic ritual of emotionality: A case study of Pulitzer Prize-winning articles [J]. Journalism, 14 (1): 129-145.

第七章 互联网时代的新闻运行体系

本书前述各章论述了互联网时代新闻业一些基础议题发生的变化，从更为整体的视角来看，技术因素只是较为显在的线索，它不可能单线程地发挥作用，技术正与政策、市场、用户、媒体等多方主体互相深入影响。可以说当前阶段的新闻业不单纯是在经历媒介技术的洗礼，更是在经历从要素到结构的变化、从局部到系统的变化，因此我们的分析视角也要有所更新和拓展，原来经典新闻学时代，我们是以职业化新闻机构与新闻人为主要关注对象的，本章尝试从生态的、系统的立场考察互联网时代新闻业的变化，聚焦当前两个关注度较高的议题，一是分析新闻算法作为新的行动者对新闻运行体系的撬动；二是从中国式现代化语境下审视主流媒体建设的理念更新。

需要注意的是，互联网时代的新闻业与经典新闻学中指称的新闻业既有断裂的一面，又有连续的一面。我们需要对互联网与新闻业的关系做出客观而适切的判断，在理论分析和实证分析的基础上，寻找互联网时代的新闻业与互联网之前的新闻业的内在关联与演变规律，着力于构建能够统摄二者的更具整合性的理论概念和分析框架，从而使学理逻辑与实践逻辑、历史逻辑有更好的对话。

第一节 新闻算法生态的治理理念与路径

以算法为代表的数字技术正在全方位融入中国社会现代化进程中。习近平总书记在 2021 年世界互联网大会乌镇峰会致信中指出：数字技术正以新理念、新业态、新模式全面融入人类经济、政治、文化、社会、生态文明建设各领域和全过程，给人类生产生活带来广泛而深刻的影响。数字技术的核心是算法（algorithm），即计算机中旨在解决一系列问题的明确指令（Levitin，2012/2015：2）。算法的发展改变了社会要素流动的模式，革新了多元主体的互动方式，从而建构起全新的生态体系，需新的治理体系加以规范。因此，2021 年 9 月 17 日，国家互联网信息办公室、中央宣传部等九部委制定了《关于加强互联网信息服务算法综合治理的指导意见》，提出要"利用三年左右时间，逐步建立治理机制健全、监管体系完善、算法生态规范的算法安全综合治理格局"。2022年3月1日，《互联网信息服务算法推荐管理规定》正式实施。

从网络生态的视域来认识和分析一系列算法时代的新问题新现象，是近年来我国互联网治理中逐步清晰的治理理念。2017年10月，党的十九大报告在牢牢掌握意识形态工作领导权中提出"加强互联网内容建设，建立网络综合治理体系，营造清朗的网络空间"。2019年7月，中央全面深化改革委员会第九次会议审议通过了《关于加快建立网络综合治理体系的意见》，提出要建立涵盖领导管理、正能量传播、内容管控、社会协同、网络法治、技术治网等各方面的网络综合治理体系，全方位提升网络综合治理能力。2019年10月，党的十九届四中全会强调要"建立健全网络综合治理体系""全面提高网络治理能力"，以此来完善坚持正确导向的舆论引导工作机制，进而推进国家治理体系和治理能力现代化。2022年10月，党的二十大报告明确指出："加强全媒体传播体系建设，塑造主流舆论新格局，健全网络综合治理体系，推动形成良好网络生态"，并将其提到"建设具有强大凝聚力和引领力的社会主义意识形态"的高度加以部署。这一系列政策规定的相继出台反映出我国对加强算法生态治理的重视，为新闻算法治理的方向和路径做出了顶层设计。这一视域转换既是实践导向的，也有其学术指向。算法及其赖以运行的数据和平台是新闻传播行业的新"行动者"，它们一方面连通了原来相对隔离的传播者、用户、渠道、内容等要素，成为传播关系构建的重要方式，引发了关系思维和关系性知识的生产（王斌，吴倩，2021）。同时，基于算法引发的新闻分发特征以及由此带来的认知偏向及其社会认同影响也不同于传统的媒体——公众间议程设置模式，因而具有新的社会治理范式潜质。

新闻算法是新闻生产方为用户提供个性化新闻产品所设计的计算机指令，主要根据用户行为、情境、新闻内容和社会网络四个维度对用户偏好进行分析和预测（孟祥武等，2016）。较之于自然语言，以编程语言为基础建构的算法生态从底层逻辑上改变了知识生产和流动的方式，从而影响了新闻业对公众舆论的引导能力（曹开研，2021）。新闻算法生态的健康发展直接影响着新闻业对社会意识形态的引导力和影响力。《关于加强互联网信息服务算法综合治理的指导意见》提出要营建良性的算法生态，这就包括了"算法导向正确、正能量充沛，算法应用公平公正、公开透明，算法发展安全可控、自主创新"。对互联网新闻的研究指出，"当下新闻教育面对的一个基本现实是，新闻学的社会需求广泛强劲和学科智识供给不足形成了较大的张力"（王斌，2020）。因此，立足社会实践，完善新闻算法生态治理的需求，本节从新闻算法生态的价值导向树立、核心机制优化和治理体系营建三个层面探讨新闻算法治理的生态思维及其路径。

一、新闻算法生态的价值导向：重塑平台新闻业公信力

算法的价值导向要求在算法应用上需弘扬社会主义核心价值观，提高算法传播正能量的精准性和有效性。2021年9月17日，国家互联网信息办公室等九部委发布了《关于加强互联网信息服务算法综合治理的指导意见》，指出需"防止利用算法干扰社会舆论、打压竞争对手、侵害网民权益等行为，防范算法滥用带来意识形态、经济发展和社会管理等方面的风险隐患"。具体到新闻业，坚持新闻算法的价值导向是加强平台新闻业公信力的重要前提。平台新闻业是数字技术发展的产物，其以新闻算法为基础联结多元主体和要素，主要形式包括社交媒体平台的新闻板块和专业新闻机构建立的数字平台。作为具有强公共性的内容产品，公众对平台新闻业的信任程度极大影响了新闻算法对正确的政治方向、舆论导向和价值取向的引导能力。因此，平台新闻业对公众的引导力与平台新闻业的公信力密切相关。

在新闻算法发展的初期，平台新闻业曾经拥有较高的公信力，这是由于公众认为预先设计的算法较之于人类判断具有更强的客观中立性（Gillespie，2014）。比如，一项2012年的研究认为，新闻算法能更少地受政治等权力干预的影响，从而更中立、全面地呈现新闻（Hurley, Tewksbury，2012）。然而，随着对算法了解的深入，算法所引发的平台新闻业"劣币驱逐良币"的现象凸显，公众逐渐意识到既有社会结构在算法主导的平台新闻业中被复制和强化（仇筠茜，陈昌凤，2018；喻国明等，2018）。算法中立性神话的祛魅带来了平台新闻业的公信力危机。随着公众对新兴算法技术的乐观态度逐渐冷却和回归理性，重塑平台新闻的公信力仍需回归新闻业本身，关键仍在于坚持和发展新闻的专业精神。

从政党报业时期新闻"客观性"要求的提出，到商业报业时期哈钦斯《一个自由而负责任的新闻界》的发表，专业化新闻业在新闻业与政治、经济、文化等子场域相互"嵌入"与"脱嵌"的双重运动中不断演变、更新，规定着新闻业的边界（王斌，翁宇君，2016）。新闻分发算法的发展极大地提升了平台新闻舆论的传播力。具体来看，基于已公开的机器学习模型和指标，新闻分发算法大多通过对用户偏好的量化计算展开新闻分发，存在一定的偏向性（孙光浩等，2017）。

新闻算法相关的机器学习模型主要包括浅层学习模型和深层学习模型，其中，常用的浅层学习模型包括逻辑回归模型，被广泛运用于包括 Google Adwards、百度凤巢在内的众多数字搜索推广系统的点击率评估；而深层学习模型则通过模拟人脑神经网络来分析预测用户行为，主要包括梯度提升决策树、因子分解机等（余凯等，2013）。由此可见，在新闻算法生态中，用户导向的新闻算法设计将对新闻事件的选择权从专业新闻从业者手中移交到了公众手中，而目前平台新闻算法对事件信息的筛选及分发在很大程度上无法达到传统新闻业的客观性要求，即平衡地呈现各方观点（Aitamurto, 2018）。

在这样的背景下，"透明性"（transparency）成为平台新闻业加强自身专业合理性和保持自身场域边界的重要标准。新闻透明性要求新闻相关主体开放新闻生产、分发的流程，这是促进有效新闻对话的保障。相关实证研究指出，新闻透明性可促进公众对新闻的信任、提升公众对新闻的参与程度（Curry, Stroud, 2021；Peifer, Meisinger, 2021）。透明性意味着公开性，它要求新闻业通过公开新闻生产流程的方式展开内外部监督（Karlsson, 2010）。大多数学者认为，相较于"松散、模糊、弹性和多义"的传统新闻专业性的客观性要求，透明性要求则更为具体，能得到更好的贯彻，在平台新闻业实践中具有较大的可实现性（夏倩芳、王艳，2016）。对于平台新闻业而言，透明性既是重塑公信力的机遇，也是发展新闻专业性的挑战。透明性带来的机遇在于，透明化新闻生产流程的推进有望降低政治经济权力对新闻业的束缚，同时提高公众的信息鉴别素养，提升新闻产品的质量（Camaj, 2016）。而透明性带来的挑战则在于，新闻从业者在新闻采集、新闻把关上的自由度被降低，对于长时间拥有较大议程设置权力的传统新闻业而言，透明性要求意味着新闻业需要更多地考虑受众需求、受到受众注意力的牵制，从而模糊了新闻业与其他传播行业的边界（Kunelius, Reunanen, 2016）。研究者指出，平台新闻业应逐步向呈现多元化努力，使公众能基于充足的信息进行独立的事实判断（Deuze, 2016）。而新近的实证研究成果同样表明，透明性是提升新闻业公信力的有效路径（Uth et al., 2021）。

聚焦于中国语境，新闻公信力与国家意识形态工作的展开关联紧密，关系到国家政治安全（温志彦、谢婷，2021）。考虑到促进和规范新闻算法的公开透明是提升平台新闻业公信力的关键，重塑我国平台新闻业公信力对坚持主流价值和积极传播正能量均有重要意义。

二、新闻算法生态的核心机制：促进平台分发公开透明

在《关于加强互联网信息服务算法综合治理的指导意见》中，"推动算法公开透明"被视为促进算法生态规范发展的重要一环。目前，新闻算法被广泛应用于新闻内容分发中，对新闻业的议程设置能力和舆论影响力产生着深远影响。因此，推进新闻算法的公开透明首先应着眼于规范新闻分发算法的发展。从新闻平台系统设计的视角，国外学者将平台新闻算法的透明性分为了数据（data）透明、模型（model）透明、推理（interference）透明和界面（interface）透明四个部分，从系统设计的视角对平台新闻分发系统透明展开了总结分析（Koliska & Diakopoulos, 2018）。该视角侧重从程序设计的视角对新闻算法加以分析，削弱了对新闻业自身运行的影响分析。

从新闻流程来看，新闻生产部分作为传统新闻研究较为关注的研究领域，学界对其透明性的讨论已形成一定的研究成果（郭恩强、梁杰兵，2021）。然而，时下新闻分发经历了从大众传播（mass communication）模式向大众-人际传播（mass-interpersonal communication）模式的变革（Neubaum, Krämer, 2017）。新闻阅听人的主观能动性以及平台技术公司的商业性均增加了新闻算法分发环节的治理难度。从媒介逻辑到平台逻辑的转换，关键之处正在于算法带来的可编程性对于新闻信息可见度的影响，平台运用算法对多种内容、产品、服务进行接口设置，使得信息、资金、关系在开放性原则导流下迅速交织叠加，新闻算法和分发平台从一种传播介质发展成为具有超级规模和独特影响力的传播生态体系。因此，为更为清晰地呈现算法权力在新闻分发流程中对新闻业的影响，本书基于平台新闻的分发流程，将平台新闻的分发系统分为用户数据收集、用户偏好分析、推荐结果呈现和效果评价四个部分，逐一分析各部分在算法公开透明化进程中所面对的问题和挑战。

（一）数据收集：纠偏被动的新闻个性化消费

当前，用户需求是展开平台新闻分发算法设计的起点。在新闻算法生态中，新闻专业判断的焦点从"什么值得关注"转化为"这个人想要什么"（马特·卡尔森，2018/2017）。用户数据库的搭建为构建新闻分发系统的基础，理想化的新闻分发系统可基于用户选择结构形成数据库，从而对用户偏好进行准确预测和分析。然而，目前用户对个性化新闻定制服务的使用并不积极，大部分受众对新闻的消费仍处于消极接受的阶段（Thurman, Schifferes, 2012）。基于六个国家的

传统及互联网新闻用户的实证研究指出，虽然各国新闻用户接收信息的碎片化程度存在差异，但总体上而言，不同新闻用户群体之间的新闻需求差异并不显著（Fletcher，Nielsen，2017）。

用户数据库是新闻分发系统的基础，若用户对新闻的个性化定制功能的使用并不积极，新闻分发系统为何能呈现出"千人千面"的新闻推荐结果（王茜，2017）？为弥补用户主动的个性化新闻定制的不足，大部分新闻分发系统结合了被动的个性化定制方式，即社会网络协同过滤（social collaborative filtering）方式。社会网络协同过滤方式是根据用户在社交媒体平台上的关注、好友互动、评论、转发等行为进行用户行为模拟和预测的一种信息过滤方式。一方面，这种被动个性化定制方式的可扩展性较差，对用户好友的定义也并不明确，因而并不能准确地对用户偏好做出判断和预测（Thurman，Schifferes，2012；孟祥武等，2016）；另一方面，社会网络协同过滤方式基于用户的社会关系网络进行数据收集和新闻分发，本质上复制了用户既有的社会地位，强化了社会权力对社会个体的驯化作用。

事实上，当下大多数新闻平台所使用的新闻分发算法最早应用于商业领域。对平台新闻分发系统的设计者而言，广告竞价系统、搜索引擎排序算法的数据库搭建方式是否能直接照搬于平台新闻的分发系统本身就值得深思。对新闻分发算法的设计应结合新闻业特性，充分考虑其公共性和对社会意识形态的影响力，而不应被政治及商业权力所绑架。

（二）偏好分析：打破封闭的指标设计过程

目前，新闻算法生态的发展程度主要受算法相关理论的影响。其中，对用户新闻偏好的分析主要基于深度学习理论。随着深度学习理论的发展，机器学习向更好地拟合、预测人类行为的方向努力。诚然，学界对于机器学习原理的探讨和相关模型的建立是较为客观中立的，但大部分研究均是在相对理想化的实验室情境下构建的。因此，在实际运用中，平台技术公司需对理论模型进行重新组合，并赋予各指标不同的权重。该过程中系统设计者的主观影响不可避免。因此，对新闻算法透明性的研究指出，除了基本的算法原理，应对新闻算法模型中数据的质量（包括准确性、时间、样本规模、完整性）、数据定义、数据来源、模型权重、人为因素对模型变量的影响以及算法的效度信度等做出更明确的披露（Koliska，Diakopoulos，2018）。

在模型组合设计及指标权重赋予的过程中，政治经济等相关变量被加入分发系统算法。以今日头条为例，其在 2018 年 1 月公布的算法原理中指出用户、环境、内容是算法在用户偏好分析中所使用的主要指标（思颖，2018），该指标与机器学习理论的推荐算法指标是一致的。然而，基于 77 名今日头条用户的新闻推送结果的实证分析指出（王茜，2017），除了用户、场景（即环境）、内容这三个已公开指标，今日算法还添加了平台优先级指标，基于此，其自媒体"头条号"的非新闻资讯得以优先分发给平台用户。平台优先级指标的存在反映了实践中商业利益对算法导向的影响。人为因素对算法偏好分析的干预并非今日头条独有，在全球范围内平台算法的歧视现象屡见不鲜：2019 年，美国西北大学的研究团队指出 Facebook 的广告分发算法存在明显的人种和性别歧视，算法在设计过程中被指歧视性预设不同人种的消费水平，认为白种人会更偏爱买房广告而黑人则更为偏爱房屋租赁广告（Hao，2019）；2021 年，Instagram 被一名孕妇指控涉嫌歧视性封禁其记录孕期生活、鼓励女性乐观生活的个人账号（Amin，2021）。大部分情况下，技术公司仅向公众披露学界已公开的算法原理及基本模型，并未公布其具体的指标权重和变量设计。因此，平台新闻业需审慎对待算法对新闻用户的偏好分析方式，应适当公开其偏好分析算法以接受社会监督。

（三）结果排序：判别新闻过滤中的权力偏向

即使基于相对客观和准确的用户偏好分析，新闻分发系统仍然无法完全中立客观地呈现新闻分发结果，因此透明化新闻算法生态的价值导向对更好地理解和监督平台新闻业对社会意识形态的影响至关重要。通过参与式新闻生产，数字新闻提供者以看似更自由包容的方式进行更为精确、细致的新闻过滤，新闻机构的"把关人"角色被技术公司取缔，新闻过滤以一种更为流动、聚合的方式在平台新闻业展开（Coddington，Holton，2014；白红义，2018）。2021 年，面对性别歧视性争议，Instagram 所属公司 Meta 的发言人承认平台算法在自动识别并删除可能的违规内容的过程中存在着错误识别的可能性（Amin，2021）。因此，目前大部分技术公司采取"算法＋人"的方式进行结果排序。今日头条在 2018 年 1 月公布的推荐系统原理中指出，在进行新闻推荐算法之前会对广告及特质内容、低俗低质内容、低级别内容账号进行相应的频控和降级处理，对重要新闻进行置顶及加权处理（思颖，2018）。这种人为干预一定程度上弥补了现阶段人工智能化技术的不足，弱化了理论上的"信息茧房"效应，但也给技术公司干预新闻分发结果提供了更多可能。

从本质上说，算法是人信息处理能力的延伸，新闻分发系统算法是传统新闻分发流程在数字时代的延伸，因而新闻分发系统算法与传统新闻生产的新闻选择在本质上是一致的。算法由人所设计，其目标由人所提出，因而，人的意志在算法中依然得到了延续，算法自然难以实现价值中立。近年来不断涌现的算法偏见案例表明，新闻算法滥用会对新闻分发结果的排序造成极大干预，对社会意识形态和经济发展造成不良影响。2012年，Google被指控种族歧视，将黑人姓名与负面信息关联（弗兰克·帕斯奎尔，2015/2015：96-97）；2015年，汽车制造商大众公司被指控通过算法作弊以掩盖其在一氧化氮排放测试中结果超标的事实（猎云网，2017）；2017年，Google被指控对哈佛大学、麻省理工学院、牛津大学等著名高校和研究机构进行资金资助以获得对其市场行为有利的研究成果，这些研究成果被用于多起对Google搜索推荐结果不中立、搜索过程侵犯用户隐私的诉讼中，并帮助Google逃避市场监管（高石，2017）；2020年，Twitter和Zoom被指控其内容发布功能的图像裁剪算法多次自动过滤黑人人像并集中呈现白人图像（Hern，2020）。由此可见，平台新闻结果排序中的"算法偏见"问题不容忽视。

（四）效果评估：提升新闻算法的可问责性

随着近年来新闻算法透明化进程的推进，越来越多涉及新闻业务的平台开始打开其算法黑箱。具体来看，对新闻分发系统的效果评估主要包括两个部分：其一为分发系统设计者对新闻分发系统算法的效果评估，其二为社会对新闻分发算法的监督。

从分发系统设计者的新闻算法评估来看，2022年1月28日，国家互联网信息办公室印发《互联网信息服务深度合成管理规定（征求意见稿）》，指出"深度合成服务提供者应当加强深度合成技术管理，定期审核、评估、验证算法机制机理"。以今日头条为例，其新闻分发算法的评估系统主要包括数据实验室的统计分析和人工抽样的评估分析两大部分，旨在通过推荐系统评估对用户体验进行优化（思颖，2018）。从本质而言，技术公司作为目前平台新闻业的主导力量在企业定位上并未将自己视为新闻业从业者，今日头条虽积极响应"算法透明化"的社会呼吁但其官方定位依然为"一款基于数据挖掘的推荐引擎产品，它为用户推荐有价值的、个性化的信息"。作为一个互联网信息提供商，技术公司难以将新闻专业性的要求贯彻到新闻平台的运营中，因而难以获得社会公众的长期信任。

从社会对新闻分发算法的效果评估来看，相关机构正在不断加强社会对新闻分发系统算法的监督。2022年3月1日，互联网信息服务算法备案系统正式上线运行，这是我国对推进算法生态治理的重要探索。算法备案是进行有效算法监督的第一步，在此基础上社会才能进一步对平台算法施以相应的监督检查与风险评估。需要指出的是，考虑新闻内容的时效性和复杂性，新闻算法的监督更为不易，难以依靠单一组织施以高效及时的监督。同时，算法内容的技术壁垒也加大了算法生态的治理难度。有研究者认为，由于算法监督需要基于一定的专业知识基础，地方性法院难以对覆盖全国的算法加以整体干预（胡凌，2017）。因此，对新闻算法生态的监督和评估需依靠更为多元的社会力量。

三、新闻算法生态的体系建设：构建共同规范与平衡多元利益

2021年12月由中央网络安全和信息化委员会印发的《"十四五"国家信息化规划》指出，需"建立健全规范有序的数字化发展治理体系"，"推动建立公正、合理、透明的治理体系和规则体系，携手构建网络空间命运共同体"。其中，命运共同体表明算法生态中涉及的主体具有多元性和复杂性，因而治理体系在规范发展的同时需不忘平衡各方利益，以对话协商的方式共同推进算法生态治理。聚焦于新闻算法生态，规范新闻算法发展需新闻业、平台技术公司、政府、公众、相关专业人士等的共同努力。我们认为，为构建新闻算法规范与平衡多方利益，应从新闻算法生态的主体开放、可解释性及利益平衡三个方面推进新闻算法治理体系的建设。

（一）新闻算法生态的主体开放

基于对新闻算法的数据收集和偏好分析的探析，我们发现，在算法技术主体与公众的紧密互动中，新闻专业性的缺位导致了新闻个性化阅听及推荐行为的商业化。从新闻专业性的视角来看，新闻透明性的主体则更为宽泛，包括新闻记者、算法技术主体、公众等参与新闻对话的多元主体（吴静，陈堂发，2021）。因此，规范新闻算法生态首先需将与平台新闻分发利益相关的各方均纳入治理体系中，从而形成一个多方参与的治理体系。特别的是，提倡新闻算法的公开透明首先应开放新闻算法生态的主体进入门槛，将更多元的主体纳入新闻专业性的讨论中来。

在新闻算法生态的发展过程中，平台技术公司与专业新闻机构的动态制约关系最为突出和重要。

一方面，技术公司是将新闻业嵌入于其他权力场域的中介，基于技术子场域，经济权力、政治权力等权力场域对新闻业形成牵引。互联网技术的技术逻辑

较之于报纸、广播、电视等传统大众传播技术有较大不同，其所蕴含的去中心化、即时性等逻辑冲击着传统新闻机构，使得新闻业在过去的十余年时间内被深深嵌入于技术子场域中，主观能动性被大大削弱。为接纳更多元的平台新闻主体，专业新闻机构首先需掌握好互联网技术的传播规律，需加强新闻人才团队建设。特别的是，新闻专业教育应加大对新闻透明性要求的教育，以更好地融入新闻算法生态。针对英国、德国、意大利等六国的数字新闻教育的实证研究指出，目前数字新闻教育对透明性、新闻监督制度和新闻道德等相关重要问题较为忽视，而在目前的数字新闻实践中，这些问题是至关重要的（Splendore et al.，2015）。

需要指出的是，在与多元主体互动的过程中，新闻机构不应失去对自身专业性的坚守。具体来看，新闻机构应以新闻专业性为基础充分利用数字平台展开行业自律，并集结新闻用户展开行业监督。对新闻记者社交媒体使用习惯的研究同样指出，Twitter等个人社交媒体的诞生为专业新闻记者权衡权力压力和新闻透明化诉求提供了新的有效工具，能够进一步促进新闻业的透明化进程（Revers，2014）。而事实核查类新闻监督论坛的搭建有助于推进对平台新闻行业的监督。以澳大利亚新闻监督论坛KOBUK和德国新闻监督论坛BILDblog为例，二者均致力于对媒体新闻进行监督，并通过用户参与的方式对虚假新闻、歧视性新闻进行整理曝光，内容涵盖媒体新闻版面布局、媒体政治经济批判等。该类新闻监督论坛的搭建难度在于论坛自身可信度的提升。相关研究指出，为提升新闻核查论坛的公信力，新闻论坛本身也应相应提升其事实核查过程中的透明化程度（Brandtzaeg，Følstad，2017）。因此，无论是新闻分发机构还是新闻监督机构，公信力和透明化程度都是紧密关联的。

另一方面，技术公司也是向新闻业嵌入的行动主体，为赢取更多的新闻产品用户、扩大数字平台用户规模，技术公司需遵守新闻专业性的要求。在包括Facebook"偏见门"等平台新闻算法丑闻的前提下，技术公司若不建立有效的共同监督路径，则其主导的新闻平台将难以重树社会公信力。为明确新闻专业性，平台新闻业应进一步建立自身规范、法规准则，明确新闻专业性在新闻算法生态中的定义和要求。目前，我国主要的新闻行业自律条例《中国新闻工作者职业道德准则》尚未对新闻透明性做出要求，平台新闻行业的自律意识较为薄弱。规范的确立需要新闻机构、政府及相关部门的共同努力。以监督博客为主的新闻监督已成为互联网时代重要的监督渠道，培养用户黏性和持续活跃度是这些新闻监督网络平台生产的重要挑战,同时,对这些论坛用户的版权保护和避免诽谤、造谣诉讼的法律保护仍处于缺位状态(Bichler et al.,2013)。因此,基于用户力量集结而成的新闻监督平台不仅需要用户新闻监督意识的培养,更需要相应政策支持和法律条款的保障。类似的,在呼吁算法透明化的同时也应加强算法版权的法律保护,技术公司和新闻机构虽是平台新闻业两大参与主体,但重树平台新闻业需社会各方的共同努力。

(二)新闻算法生态的可解释性

近年来,以算法为基础的新闻结果排序的权力问题已得到社会各方的关注。2022年3月1日施行的《互联网信息服务算法推荐管理规定》要求:所有"具有舆论属性或者社会动员能力的算法推荐服务提供者"需依照规定进行算法备案,应以"显著方式告知用户其提供算法推荐服务的情况,并以适当方式公示算法推荐服务的基本原理、目的意图和主要运行机制等"。其中"显著方式"和"适当方式公示"说明了新闻算法的可解释性(explainability)对提高新闻算法透明性、提升其公众信任度的重要价值。需要明确的是,算法语言对于非专业人士具有较高的技术壁垒,因而源代码的公开很难直接提升社会多方主体对新闻算法生态发展的监督、规范的力度。相应的,对新闻透明性的相关研究指出,如果对公开后的平台新闻生产流程停留在"seeing without knowing"(看到了却不了解)的状态,则算法透明性促进平台新闻相关主体间协商的效果将极为有限(Ananny,Crawford,2016;Christensen,Cheney,2015)。因此,算法新闻透明性不是一个简单的信息披露的问题。如果公开后的新闻算法不具备可解释性,那么透明化进程并不能有效规范新闻算法导向、提升平台新闻业的公信力。

具体来看,透明性意味着公开性,它要求新闻业通过公开新闻生产流程的方式展开内外部监督。目前,学界和业界关于"是否应该透明"的问题已达成一定共识,但在实现"何种程度的透明"方面仍未达成一致意见(张超,2020)。研究指出,平台新闻透明性主要有两种类别,包括披露式透明性(disclosure transparency)和参与式透明性(participatory transparency)两种形式(Karlsson,2010)。其中,披露式透明性强调向公众沟通新闻生产信息,而参与式透明性则通过增强新闻互动性以将公众纳入新闻生产流程中(Karlsson,2010)。因而,对新闻透明性的讨论不能仅仅依赖、停留于新闻从业者一方,需考虑到更多元主体对新闻透明性的阐释。否则,新闻透明性对新闻对话实践的促进作用将极为有限(Karlsson,2010)。

然而，在规范新闻算法生态发展的努力中，公众作为新闻算法生态中最庞大的一个群体对新闻算法的认知和监督意识均较为薄弱。换言之，大量缺乏对新闻算法辩证性认知的公众被自然地被纳入和生存于新闻算法生态中，从而加大了新闻算法的解释难度。对公众的新闻阅读研究指出，公众对透明性的定义仍停留于较浅层次——研究发现公众能够较好地判断一篇新闻是否具备较高的客观性并对具有高客观性的新闻内容给予更高的信任，但对于具有更高透明性的新闻却尚未给予较高的信任度（Tandoc，Thomas，2017）。该研究反映了公众对新闻生产透明性认识的缺失，也说明了透明性需要的不仅仅是新闻机构单方面的信息公开，更需要相应引导提升公众的新闻算法素养。

（三）新闻算法生态的利益平衡

作为一个新的生态系统，多元主体之间的动态平衡是引导和促进新闻算法生态持续发展的重要动力。因此，增加新闻算法的可问责性旨在寻求各方的有效对话，而非徒增针锋相对的无效对抗。由此，新闻算法生态的发展需充分考虑到商业算法保护、公众可读性和新闻专业性等多方利益的平衡。2022年1月19日，国家发展改革委等部门《关于推动平台经济规范健康持续发展的若干意见》中明确指出：平台需在"严格保护算法等商业秘密的前提下，支持第三方机构开展算法评估，引导平台企业提升算法透明度与可解释性，促进算法公平"。即，在推进新闻算法透明化的同时，也需加强算法知识产权的法律保护。考虑到新闻算法的复杂性，对算法知识产权和新闻价值要求的双边权衡需包括法学、新闻学和计算机科学在内的跨学科学者和业界专家的多方协作。因此，在新闻算法生态中，算法技术主体与新闻从业者、公众的关系应是对话而非对抗的（毛湛文，孙曌闻，2020）。

习近平总书记在《求是》杂志2022年第2期发表的《不断做强做优做大我国数字经济》中指出：推动数字经济健康发展，要坚持促进发展和监管规范两手抓、两手都要硬，在发展中规范、在规范中发展。结合既有实践，大多数技术公司基于商业利益倾向于不公开具体的新闻算法内容，对于这些技术公司而言，公开算法意味着商业主体将利用算法原理进行更有效的搜索引擎优化，从而增大技术公司算法结果的排序难度和成本（弗兰克·帕斯奎尔，2015/2015：92-94）。此外，新的技术研发常常需要耗费大量的资金。由阿里巴巴集团于2020年披露的数据显示，近年来阿里巴巴在技术研发中的投入超过1 000亿元（中国经济网，2020）；同年，腾讯宣布投入的新基建技术研发的资金达5 000亿元（任芷霓，2020）。因此，《关于加强互联网信息服务算法综合治理的指导意见》提出要"提高算法自主可控能力，加强知识产权保护，提高自研算法产品的推广和使用，增强算法核心竞争力"。由此可见，在规范新闻算法生态的同时，需不忘平衡和鼓励平台新闻相关企业的自主创新意识。

因此，规范化地发展新闻算法生态是一个相互对话、共同协商、互动博弈的过程。在此过程中，行业自律的作用需得到更多的重视。2021年11月19日，由中国网络社会组织联合会，联合人民网、新华网、央视网、阿里巴巴、腾讯、百度、京东等105家会员单位及相关企业发起的《互联网信息服务算法应用自律公约》在首届中国网络文明大会数据与算法论坛上发布（中国网络社会组织联合会，2021）。在基于公共利益规范平台新闻业的同时，需倾听平台企业的声音，将它们也纳入规范发展的议题协商中，从而促进多方利益的动态平衡，促进我国新闻算法生态的创新发展。

四、新闻算法生态治理的政策启示

新闻算法生态治理多从当前广泛引发关注的认知茧房、虚假信息、舆论极化等新媒体现象入手，但其对于新闻业和社会治理的撬动作用体现在更为深远的层面。本书在探讨这一议题出现的社会背景和解决方案时，更关注其所带来的一系列相关议题对当下新闻业的启发。

第一，在治理条件上，对于新闻算法的知识产权和平台公司的商业利益等问题需要建立从企业创新到社会创新的评估标准。新闻业生态系统涉及多方主体，平台作为掌控信息传播最后一公里的关键一方，对其利益表达救济和平衡是生态治理的题中应有之义。然而，平台算法透明原则的践行往往止步于其涉及该类主体的知识产权和商业利益。当平台成为新型基础设施以后，其通过数据化占据了对整体性社会行动的捕捉，并据此设计商业产品和服务，这些数据化的商业模式既具有企业创新性质，也具有社会创新性质，需要对其公共性部分和外部性效应做出合理的界定与区分，才能有效展开新闻算法的生态治理。

第二，在治理范畴上，需要统筹传统的新闻政策、媒体规制与新闻算法生态治理之间的衔接融通。我国的新闻政策有其内在逻辑和具体操作要点，长期以来已经形成稳定的运行制度，但其核心诉求是基于传播内容而建立的，发端和成熟于印刷媒介和视听媒介的环境中，对于新媒体形态下用户新闻接触和权益的考量还不充分。新闻算法治理是面向互联网场景的传播规制，但其核心诉求尚不明晰，在一些热点事件中我们看到的主要判别尺度还是内容红线和法律底线，如何将智能传播时代的新要素纳入传统的媒介政策体系中，打破两个场域的"分治"格局，是新闻算法治理提出的更为根本性的问题。

第三，在治理理念上，对于智能时代的新闻业问题需要从一事一议的运动型治理转为以结构性调整为宗旨的生态型治理。虚假新闻、网络霸凌、网络谣言、网络暴力等问题之所以像狗皮膏药一样在数字环境中屡禁不止，与目前的运动型治理理念难以动摇问题的基底有关。典型案例发生以后往往启动专项行动治理，这种基于一事一议形成的治理举措对于特定问题的裁定所依据的法理、事理、情理都是有明确标准的，也是有明确指向的。但是在数字环境下，新闻业的场景得以空前的贯通和嵌套，同类问题在多种场景下显示出具体差异和背景同构，也显示出对同类问题的不同处理方式和处理重点所蕴含的治理体系的内在矛盾。生态型治理更为看重问题产生的结构性条件，是将个人隐私、市场权利、垄断地位等规制目标中的常用的单因素放在动机与义务、财产权益与人格权益、商业利益与公共利益、平台逻辑与公用事业逻辑、外在监管与自我调整等多重因素架构下予以考量的，并评估特定治理举措对数字新闻业不同主体的差异化影响，由此才能提高新闻算法的治理效能。

第二节 中国式现代化与新型主流媒体建设

党的二十大报告指出，"从现在起，中国共产党的中心任务就是团结带领全国各族人民全面建成社会主义现代化强国、实现第二个百年奋斗目标，以中国式现代化全面推进中华民族伟大复兴"。中国式现代化命题的提出和实践是中国特色社会主义的道路自信、制度自信、理论自信和文化自信的集中体现（刘伟，2023）。新闻传播作为社会主义文化的重要组成部分，其在党和国家事业发展全局中的作用日益重要。结合党的二十大精神可以清晰看出主流媒体发展之于中国特色社会主义事业具有战略意义，其体现在国家治理、国家安全、社会文明等多个方面（胡正荣，李荃，2022）。"加强全媒体传播体系建设，塑造主流舆论新格局"是党的二十大对主流媒体提出的具体要求。

新型主流媒体在中国式现代化语境下的主要任务是通过重构信息秩序更为高效地为社会治理赋能。对于主流媒体而言，重构信息秩序与参与社会治理均以国家社会的健康运行为目标，两者具有很强的关联性。其一，当前社会亟须搭建以主流媒体为"压舱石"的良性信息秩序。由于互联网环境下主流媒体音量不足及其偶尔的失语缺位，传统的以主流媒体为主导的信息秩序逐步瓦解，信息失序开始出现。这体现为社会多元主体在互联网场域同时发声，自媒体、平台媒体抢占了主流媒体的注意力资源，并且由于此类社会化媒体生产的内容重情感而轻事实，这不仅使得反转新闻频发，还使得读者时常处于情感唤起的非理性状态，阻碍了社会的沟通对话。其二，主流媒体的性质决定了其肩负着参与社会治理的职责。主流媒体是国有资产，由国家出资并且国家在现代化历程中一直给予其政策红利与稀缺资源（郭全中，2021）。主流媒体的属性是其"基因"，决定了它具有执行党的意志、推动国家发展进步的先赋性使命。当前，我国面临着新的社会环境与新的挑战——互联网的开放性不仅提升了民众的社会参与意识，也造成了社会矛盾的跨域传导频发、社会情绪的传递共振增强。主流媒体的性质决定了其理应成为社会问题的解决者，其需要始终面向重大实践问题，以人民为中心，以服务于党和国家为己任（蔡雯，2023）。

为深入贯彻落实党的二十大精神，主流媒体需要在新征程中加快向新型主流媒体转型，通过在理论内涵、内容传播、功能定位方面的现代化，实现以重构信息秩序参与社会治理，落实新时代所赋予的职责使命。

一、理论内涵现代化：新型主流媒体的基本遵循

理论内涵现代化是指对于主流媒体的理解需要以时代特征为基底，提升对于主流媒体的认知层次。这也即新型主流媒体的特征所在，其不仅仅契合新社会环境下公众的信息需求、适应国内外新技术条件与传播环境，更为重要的是，新型主流媒体能够在社会多元价值观中，通过给予主流内容更高的可见度，彰显与引领主流价值，使国家所倡导的主流价值观真正成为民众心中的主流价值观。这表面上是主流媒体对于信息秩序的重建，深层实则是通过新闻报道实现社会整合、参与社会治理。

（一）新型主流媒体的基本特点

"新型"体现为主流媒体在社会利益分化的背景下，其新闻内容能够覆盖最为广泛的人民群众并被他们所认可。对于主流媒体的理解可以分为两种：一是主流媒体是精英媒体，它与娱乐媒体相对，其主要功能是为其他媒体设定新闻框架，影响社会舆论；二是从新闻专业性的视角出发，认为主流媒体是与"小报"相对应的、具有影响力的严肃媒体（朱江丽、蒋旭峰，2017）。在中国社会语境

下,主流媒体代表主流意识形态、关注社会发展的主流问题、面向社会主流人群、传播重要公共信息(蔡雯,2020)。判断主流媒体的核心标准不是具体的媒介载体和传播形式,而是该媒体传播的内容是否符合主流社会文化,受众是否覆盖范围最广的大众(喻国明,2021)。概言之,"新型"是为"主流"服务的,新型主流媒体最终需要落脚到引领主流思想、引导主流舆论方面。

"新型"体现为主流媒体在技术快速迭代的背景下,其内容传播契合新技术特征与新媒体场域的特点。对于"新型"的强调体现在技术和理念的更新以及由此引发的新闻实践的变革上。当前主流媒体向移动端转型,《人民日报》、新华社等主流媒体纷纷创办了微博、微信、客户端,正在实现新型主流媒体所强调的全时段、全方位、全媒体、全覆盖的主要目标(李良荣,袁鸣徽,2018)。除此之外,抖音、快手、小红书、哔哩哔哩等新兴媒体构成了人们认识世界的中介化渠道,发挥了较强的建构社会认知的作用,此类新平台需要主流媒体向新型主流媒体转型时充分关注并加以利用。

(二)新型主流媒体的时代使命

中国式现代化的宏伟蓝图为我国新型主流媒体实现其社会职能创造了历史性机遇。新型主流媒体在发挥报道新闻事实、客观记录历史等基本功能的基础上,尤其注重深化个体与社会的连接、深度参与社会治理。

首先,新型主流媒体是有温度的,更加关注社会转型中的普通个体,具有提供深层社会关怀的作用。新型主流媒体更加强调新闻活动以人为本,关注具体的人的生存状况和境遇,尤其是面对普通民众,能够从群体自身的特征与利益诉求出发,回应其核心关切并发挥情感抚慰的功能,提高新闻报道与社会人心的契合度。例如在2020年新冠疫情暴发初期,《人民日报》客户端与新世相、快手联合推出视频《凌晨4点的武汉》。该视频集中体现了特殊时期之下形形色色的普通民众的差异化生活,使人们看到具象的个体乃至自己的影子。短片对于民众真实内心世界的洞察与把握、对于社会温情的提炼与呈现是引发网民共鸣、提升社会穿透力、凝聚社会人心的关键所在。

其次,新型主流媒体是建设性的,发挥着引导社会舆论、凝聚社会共识、参与社会治理的作用。当前主流媒体的话语权减弱,其在网络中的话语空间被蓬勃发展的自媒体挤占。然而,有些自媒体出于最大限度地收割流量与流量变现的目的,常常在互联网中"带节奏",主动制造社会分歧。此类自媒体以模版化和框架化的报道强化了既有的社会矛盾,忽视了媒体应该具备的促进社会意见沟通、维护社会公共话语秩序、推动社会和谐发展的职责。在这一背景下，媒体需要以主流价值为依据，提供超越争论方并能被大多数人接受的新闻报道，不断拓宽意见表达的宽度，兼容多元观点。这也正是党和国家对于新型主流媒体的期待，即新型主流媒体作为参与社会治理的主体，能够在推动公众理性对话、消除社会隔阂、实现社会整合方面发挥积极作用。

二、内容传播现代化：新型主流媒体的实践指向

在中国式现代化进程中，新型主流媒体通过重构信息秩序参与社会治理的首要环节与直接抓手是提升内容传播能力。当前主流媒体的传播力受阻，传播范围被其他传播主体分割，尤其是自媒体掌握了用户心态，挤占了内容传播的很多资源，使主流媒体在相当程度上处于劣势之中。这一局面亟须得到扭转。新型主流媒体在内容传播方面要重建信息秩序就应该更加适应当前平台化社会，融合媒介逻辑与平台逻辑。具体方案是锚定主流内容，在新闻报道中宣扬主流思想与主流意识形态，内容深刻、见解独到；与此同时，其新闻内容能够契合用户喜好、适应技术发展、匹配平台特性，从而最大限度地释放传播效能。

（一）主流内容与用户需求相适应

新型主流媒体对于社会主流意识形态与价值观的传播，最终需要通过用户对其接受程度进行评估，因此用户的浏览特点、用户对于新闻内容的喜好需求应当被给予重视并进行全面分析，进而在此基础上有针对性地调整优化媒体内容。

其一，优化主流内容，促进主流内容有效到达。也即，调配主流报道与用户偏爱内容的比例，构建"营养均衡"的"新闻菜单"。传统意义上，主流媒体生产的新闻内容多与国内国际政治、外交、经济、军事、科技、社会发展等硬新闻相关，相对而言，它们与公众的日常生活距离较远，内容吸引力有限，而普通用户关注的娱乐八卦、奇闻趣事、生活服务信息大多不在主流媒体的报道范围内。在当前社交媒体的环境下，新型主流媒体开始主动在多平台拓宽主流内容的边界，如在微信公众号中报道生活趣闻、发布励志类内容，在微博中有选择性地报道娱乐新闻。此类相对而言的软新闻为主流媒体吸引了一部分新粉丝，而这些起初只是对软新闻感兴趣的用户，由此也开始接受与软新闻混合在一起的硬新闻内容。新型主流媒体将不同类型的内容以特定比例"投喂"给用户，不仅满足了用户对于内容的偏好，也让用户在不知不觉中参与到公共生活中来。

其二，调整传播策略，扩大主流内容的传播范围。也即，通过策略性的编辑

与包装技巧吸引用户点击，提升主流内容的流量表现，占领传播高地。在实践中，新型主流媒体通过分析高流量的新闻作品，总结了相关规律，掌握了"流量密码"，如在新闻内容中诉诸情感，在新闻标题中使用第二人称、疑问句式等。同时在新媒体端，新型主流媒体在紧跟热点的基础上，采用贴近用户的话语风格与表达方式，通过使用网络热词获得用户的青睐，进而提升了内容的传播力。

但需要注意的是，虽然用户偏好与用户需求可以通过流量指标得以量化体现，但新型主流媒体应该避免过度重视流量数据。对阅读量、转发量、点赞量、评论量等数据的过度追求容易使媒体陷入与商业自媒体的恶性竞争，丧失建设新型主流媒体的初心。在现实中，流量本身也并非评判新型主流媒体传播力、影响力、引导力、公信力的决定性要素。因此传播主流思想的高质量内容不应被简单地框定在流量数据的评价体系中，新型主流媒体在实现中国式现代化的过程中更不应该过分迎合用户与流量。

（二）主流内容与技术发展相契合

紧紧抓住数字时代变迁的脉搏，中国的现代化进程进入了高速发展时期。在新闻传播领域，新媒体技术虽然对主流媒体的内容传播构成了挑战，但新的传播技术同样可以被新型主流媒体合理利用进而破除传播困局。实现这一目标的前提性基础是，新型主流媒体既应避免过分强调内容为王而故步自封，也应避免陷于对技术为王的过度崇拜，而是理应实现二者的深度交融。

首先，新型主流媒体应充分利用外部技术条件，生产创意性新闻产品，拓宽主流内容的形态。在项目制的生产方式下，新型主流媒体因循技术创新规律与新闻传播规律，通过充分调动媒体外部的技术资源，上线H5、新闻小游戏等产品，将主流意识形态融于创新化的内容表达中。项目团队通过场景设计、声音效果、动画、AI换脸等，充分调动用户的视觉、听觉、触觉等综合感官，使用户在高沉浸感中滑动并点击手机屏幕。此类产品突破了传统意义上关于新闻的定义，其不是对于新近发生的事实的报道，而是通过强调趣味性和参与性，激活用户的情感体验，在"寓教于乐"中实现传播主流思想的目的。

其次，新型主流媒体应组建内部技术团队，搭建自主的技术平台。近年来，新型主流媒体通过投入大量资金、招聘相关技术人才来弥补传统媒体与互联网公司相比之下的技术短板。在前端技术产品方面，新型主流媒体研发党媒算法，搭建了算法新闻分发与人工编辑分发并重，并且集新闻、政务、服务等多功能于一体的内容传播平台。在后端技术服务方面，新型主流媒体成立了研究部门，开发了数据分析系统，通过收集用户在互联网中的数字痕迹，分析用户画像、新闻消费习惯、内容偏好等，充分释放用户数据的价值，为媒体业务部门提供内容反馈与决策支撑，更有效地提升主流内容在新媒体环境下的传播力。

（三）主流内容与平台特征相匹配

互联网新技术赋能传媒业，新兴传播主体的崛起在一定程度上导致了传统主流媒体的传播力被分散和弱化。由于公众的注意力是有限的，主流媒体之间以及主流媒体与平台媒体、社会化媒体之间均面临着对用户注意力的竞争，这是建设新型主流媒体必须面对的新传播格局。

为了提升主流内容的有效到达率，新型主流媒体首先需要分析各大互联网平台的特点，进而针对性地采用传播策略。具体来说，当前主流媒体除了在舆论场上充分利用原有渠道发布信息、引导舆论之外，绝大多数主流媒体还以灵活的形式和丰富的内容进驻各类平台媒体。面对多元平台，新型主流媒体的内容生产要与平台特点相适应，这体现在充分考虑不同平台的用户结构与内容特点，采用与具体传播平台相适应的呈现方式与话语方式，培养主流媒体在不同平台的意见领袖等，从而提高主流思想在不同平台的接受度，更有效地直击社会人心，实现舆论引导。

针对不同平台媒体而展开的差异化新闻实践典型地体现在微博与微信中。微博是信息的集散地，它是基于弱关系建立的社交媒体，这一关系导致了信息的流动。微信是基于强关系建立的社交媒体，社交好友之间彼此熟悉、联系密切，这一关系导致了信任的流动，因而人们在微信中更相信好友分享的内容。对于新型主流媒体来说，建设微博端重在增强信息的"破圈"效应，让短小精悍的消息和评论触达广泛的社会人群；建设微信端重在增强用户黏性和情感共振，让主流媒体的内容和语态更有亲和力。总之，新型主流媒体在进行新媒体布局时，应当充分认识到不同新媒体终端的传播机制和文化调性，把核心内容与传播介质的特性紧密结合，这样才能有效扩充主流媒体的覆盖范围，切实提升主流内容的传播效果。

三、功能定位现代化：新型主流媒体建设的价值旨归

新闻舆论作为社会主义文化内容，是中国式现代化的重要建设力量（周勇、吴晓虹，2022）。功能定位现代化是指新型主流媒体通过重构信息秩序实现了良好的社会治理效果。其具体表现为：新型主流媒体实现与公众的强效连接，通过

新闻内容引领公众认知，进而深层次地影响公众的价值观念与公共表达，壮大主流舆论。当然，社会多元是常态，社会分歧也不可避免，这也凸显了新信息秩序的价值所在——能够在多元与分歧中促进社会共识的达成，使民众对于社会发展具有共同的期待与愿景，扩大主流价值的影响力版图。

（一）以提升媒体公信力引领公众认知

媒体信任作为社会信任的重要组成部分，是化解社会矛盾冲突、促进社会和谐稳定的重要因素。然而，当前我国进入了低信任社会的阶段。在转型社会中，社会争议性事件及其引发的网络舆情对政府公信力造成挑战，政府信任危机开始显现；同时，随着社会流动加剧，传统社会中以家人和熟人为核心的人际信任机制被打破，人们出于个体生存发展的原因，更加难以相信他人。除此之外，现代社会越来越复杂，公众的思想认知在传统与现代、中国与西方的价值观念碰撞中趋于多元化和流动化，政府对于公众认知的直接引领存在困难，此时需要借助具有公信力的主流媒体加以干预、纠正与引导。概言之，现代社会的有序运转有赖于新的信任机制的建立，媒体公信力即为构建现代社会信任体系的有效资源。

在新时代、新发展阶段的语境中，新型主流媒体应当成为社会信任重建的主渠道。这一目标得以实现的前提性基础是，主流媒体及其生产的内容能够在复杂舆论环境下赢得公众的信任，但现实是，当前主流媒体的公信力却有所消解。

就外部原因而言，公众信任产生的前提是他们能够经常接触到主流媒体生产的新闻内容，但在如今的互联网环境下，传统主流媒体作为单一信息渠道的地位被打破，主流媒体、平台媒体、社会化媒体共同发声并充当内容的提供者。在高度自由的选择性接触之下，主流媒体的内容甚至无法触达普通用户，媒体公信力也即无从谈起。近年来，主流媒体积极入驻各类互联网平台，使主流内容能够触达各个平台中的用户。不仅如此，主流媒体通过话语以及借助政治力量使平台媒体落实传统媒体的意志，使主流内容获得了更多曝光资源，这为提升媒体公信力创造了客观条件（王斌，张雪，2022）。

就内部原因而言，新闻内容质量显著影响媒体公信力。新型主流媒体引领公众认知的作用发挥，关键在于以提升内容质量为抓手，获得公众的信任。

其一，新型主流媒体需要强化把关功能，最大限度地还原事件真相。如今新闻生产节奏加快，编辑记者需要适应瀑布流式的新闻发布方式，维持新闻平台24小时的内容更新，留给新闻采编以及事实核查的时间比较有限。这造成的影响是，迫于时效性的要求，新闻从业者有时为了抢"首发"来不及核实消息源，导致事实性错误频出。新闻失实一旦产生，假新闻就会通过社交媒体广泛传播，即使迅速进行辟谣，其产生的恶劣影响也难以弥补，这将极大地消耗公众对于主流媒体的信任。

其二，提升主流媒体公信力需要避免对于重大问题的失语。新型主流媒体需要直面时代和社会的核心问题，发布正确权威的信息，及时向社会大众通报相关事件的处理进度，提供符合社会公共利益的智慧。然而现实中，面对一些关键的、敏感的问题，一些主流媒体恐于发声，不敢及时回应，舆论监督缺位。失语在某种程度上是主流媒体置自身于舆论和公众的对立面，透支了人们对传统媒体公信力的期待，导致人们不愿意再相信相关媒体平台发布的所有新闻信息。不仅如此，媒体失语导致了事实性信息缺位，使谣言以及情绪性的言论先入为主，在一定程度上为舆论发酵和情绪泛滥留出了空间。因此，当社会争议事件或者危机事件发生时，新型主流媒体理应避免因沉默而丧失舆论引导的大好契机。一方面，新型主流媒体要于事实之维还原真相，补救利益，另一方面也要于价值之维恢复信任，重构情感、态度等价值意义，最终发挥媒体信任对社会信任建设的压舱石作用（胡百精，2018）。

当然，这并非要求新型主流媒体追求对意见市场的绝对垄断，如果这样其公信力难免大打折扣，更为重要的是，一个健康的社会需要多元的声音。因此对于特定社会问题，不同的媒体在遵循报道规范的基础上可以采用不同的报道角度和落点，如此能够实现多元事实与观点的交互印证，在社会舆论场上形成"无影灯"的效果，立体化地呈现一个新闻事件的不同面向和相关意见，从而争取社会大多数公众的认同。

（二）以突破圈层化传播壮大主流舆论

当前我国处于"圈层化"社会中。在社会转型期，我国各种社会力量纷纷出现，社会阶层逐步分化，人们的价值观念也发生了裂变；并且，随着公众更加个体化、原子化，人们更多从自己的切身利益出发思考问题，寻找与自身需求贴合的群体，这无疑加速了社会圈层的形成。由此，人们从圈子中获得信息、讨论社会事件、构建关系、寻求社会归属，最终同一圈层内部的思想观念也展现出较高的同质性，但是人们对圈层之外的事件或者与圈子相异的观点，则表现出漠不关心或者排斥的态度。对于个人而言，圈层化极其容易造成公众认知窄化和观点极化；对于社会而言，由于不同圈层的利益诉求与价值观念千差万别，这种信息环境极大地冲击了舆论的聚合作用与引导统领作用。

因此，新型主流媒体应当注重根据用户圈层化的特点采取针对性措施。一方面，在圈层内传播方面，新型主流媒体应该根据不同圈层的特点针对性地选择意见领袖、及时回应不同圈层受众的诉求，进而提高主流媒体在不同圈层的"音量"，提升主流价值观念在各个圈层内的接受度，以此促进良性社会舆论的形成，践行媒体对社会和谐发展应尽的公共责任；另一方面，在跨圈层传播方面，新型主流媒体需要从大众传播向分众传播发展，实现圈层与圈层之间的对话以及进行"破圈化"整合。不论公众处于何种圈层，他们均有共同关注的现实问题，新型主流媒体需要做的即是锚定此类议题的同时发挥权威性优势，提供具有官方背景、内容准确、独特、可信度高的权威信息。在报道此类议题的过程中，新型主流媒体需要破除舒适的意见小环境，促使公众到更大的社会平台进行对话沟通，通过不同圈子之间的信息流动和意见互动，迫使圈层内的成员开阔视野，听到不同声音，进而实现圈层和圈层之间的互动和认同（郑满宁，李彪，2022）。由此，通过"破圈"重塑信息秩序、叠加社会共识、整合社会公众、构建社会价值共同体等作用也将被释放出来。

新型主流媒体在"破圈"时，需要警惕智能化技术对圈层化现象的加剧。其一，算法新闻分发强化了人们对于新闻的偏好，使人们沉浸在自己喜欢与熟悉的孤岛化的小圈子中，这在一定程度上将主流媒体的新闻内容阻挡在外。其二，社交机器人作为智能化技术的另一个代表，其扮演了网络水军的角色，制造了一种"伪环境"，影响了人们对于媒体环境和网络舆论的感知，使真正主流内容的影响力被社交机器人"稀释"。

四、结语

伴随着中国式现代化的不断推进，如何实现国家的高效治理仍在不断探索中。在新闻传播领域，中国式现代化宏伟蓝图深刻引领并驱动着新型主流媒体的创新发展。新型主流媒体在锚定主流内容的前提基础上，重视用户需求、技术更新与平台特性，通过合理吸纳新理念、新技术、新平台，有力地介入了互联网场域，落实全媒体传播体系全程、全息、全员、全效的特点，重构了信息秩序，引领了公众认知与主流舆论，促进了社会善治的实现。新型主流媒体作为传播体系现代化中的核心主体，时刻保持与时代发展同步，通过对接国家重大战略服务于上层建筑与顶层设计，践行其在中国式现代化征程中的职责使命。

参考文献

白红义，2018. 重构传播的权力：平台新闻业的崛起、挑战与省思 [J]. 南京社会科学，(2)：95-104.

蔡雯，2020. 媒体融合进程中的"连接"与"开放"：兼论新型主流媒体建设的难点突破 [J]. 国际新闻界，(10)：6-17.

蔡雯，2023. 主流媒体引领中国式新闻传播现代化的实践探索 [J]. 编辑之友，2023(1)：14-20.

曹开研，2021. 构建良好算法生态，加强主流价值引导 [J]. 青年记者，(21)：14-15.

仇筠茜，陈昌凤，2018. 黑箱：人工智能技术与新闻生产格局嬗变 [J]. 新闻界，(1)：28-34.

弗兰克·帕斯奎尔，2015/2015. 黑箱社会：控制金钱和信息的数据法则 [M]. 赵亚男，译. 北京：中信出版集团.

高石. 谷歌深陷"学术献金"丑闻（国际视点）[EB/OL].（2017-07-18）[2023-02-06]. http://world.people.com.cn/n1/2017/0718/c1002-29410686.html.

郭恩强，梁杰兵，2019. 区块链对新闻生产的重构：以"透明性"为中心的研究 [J]. 新闻大学，(2)：33-42，118-119.

郭全中，2021. 国有媒体的资源性发展与转型研究 [J]. 现代传播（中国传媒大学学报），2021(5)：1-6.

胡百精，2018. 危机传播管理对话范式（上）：模型建构 [J]. 当代传播，(1)：26-31.

胡凌，2017. 人工智能的法律想象 [J]. 文化纵横，(2)：108-116.

胡正荣，李荃，2022. 把握历史新机遇，擘画融合新图景：从党的二十大精神看我国主流媒体的未来 [J]. 编辑之友，(12)：36-42.

LEVITIN A，2012/2015. 算法设计与分析基础 [M]. 潘彦，译. 北京：清华大学出版社.

李良荣，袁鸣徽，2018. 锻造中国新型主流媒体 [J]. 新闻大学，(5)：1-6，145.

猎云网. 这些年坑爹的算法都是这样套路我们的！AI 时代，如何才能不被算法忽悠？[EB/OL].（2017-07-21）[2023-02-06]. http://lieyunpro.com/archives/340405.

刘伟，2023. 中国式现代化的本质特征与内在逻辑 [J]. 中国人民大学学报，(1)：1-18.

马特·卡尔森，2018/2017. 自动化判断？算法判断新闻知识与新闻专业主义 [J]. 张建中，译. 新闻记者，(3)：83-96.

毛湛文，孙曌闻，2020. 从"算法神话"到"算法调节"：新闻透明性原则在算法分发平台的实践限度研究［J］. 国际新闻界，(7)：6-25.

孟祥武，陈诚，张玉洁，2016. 移动新闻推荐技术及其应用研究综述［J］. 计算机学报，(5)：685-703.

任芷霓. 腾讯云首次公布 AI 新基建架构　千亿投资将布局哪些赛道？［EB/OL］.（2020-05-28）［2023-02-06］. http：//www.nbd.com.cn/articles/2020-05-28/1439510.html.

思颖. 今日头条推荐算法原理首公开，头条首席算法架构师带来详细解读［EB/OL］.（2018-01-18）［2023-02-06］. https：//www.leiphone.com/news/201801/XlIxFZ5W3j8MvaEL.html.

孙光浩，刘丹青，李梦云，2017. 个性化推荐算法综述［J］. 软件，(7)：70-78.

王斌，2020. 互联网新闻学：一种对新闻学知识体系的反思［J］. 编辑之友，(8)：63-74.

王斌，胡杨，2021. 新闻透明性的理念、内涵与限度：对社交时代媒体转型路径的一种考察［J］. 江淮论坛，(02)：161-166.

王斌，翁宇君，2016. 中国新闻改革中的"嵌入"与"脱嵌"关系［J］. 山西大学学报（哲学社会科学版），(6)：36-42.

王斌，吴倩，2021. 构建关系型知识：互联网环境下新闻学理论路径的新探索［J］. 国际新闻界，(8)：54-72.

王斌，张雪，2022. 双向融合：互联网环境下平台媒体与传统媒体的关系建构［J］. 中国编辑，(4)：24-28,35.

王茜，2017. 打开算法分发的"黑箱"：基于今日头条新闻推送的量化研究［J］. 新闻记者，(9)：7-14.

温志彦，谢婷，2021. 中国特色网络治理体系的发展脉络：从理念到实践［J］. 中共四川省委党校学报，(1)：74-80.

吴静，陈堂发，2021. 新闻透明性：内涵、逻辑与价值反思［J］. 新闻大学，(4)：28-41,120.

夏倩芳，王艳，2016. 从"客观性"到"透明性"：新闻专业权威演进的历史与逻辑［J］. 南京社会科学，(7)：97-109.

余凯，贾磊，陈雨强，徐伟，2013. 深度学习的昨天、今天和明天［J］. 计算机研究与发展，(9)：1799-1804.

喻国明，2021. 新型主流媒体：不做平台型媒体做什么？：关于媒体融合实践中一个

顶级问题的探讨 [J]. 编辑之友, (5): 5-11.

喻国明, 杨莹莹, 闫巧妹, 2018. 算法即权力: 算法范式在新闻传播中的权力革命 [J]. 编辑之友, (5): 5-12.

张超, 2020. "后台"前置: 新闻透明性的兴起、争议及其"适度"标准 [J]. 国际新闻界, (8): 88-109.

郑满宁, 李彪, 2022. 舆情治理视域下社交网络中的信息茧房现象与破茧之道 [J]. 西南民族大学学报 (人文社会科学版), (4): 140-144.

中国经济网. 阿里巴巴首次披露技术研发投入: 每年超千亿! [EB/OL]. (2020-09-30) [2023-02-06]. http://www.ce.cn/xwzx/gnsz/gdxw/202009/30/t20200930_35847046.shtml.

中国网络社会组织联合会. 中网联联合105家单位共同发起《互联网信息服务算法应用自律公约》[EB/OL]. (2021-11-22) [2023-02-06]. http://www.cfis.cn/2021-11/22/c_1128134337.htm.

周勇, 吴晓虹, 2022. 奋进新时代 推进新闻舆论工作开新局 [J]. 中国编辑, (11): 22-27.

朱江丽, 蒋旭峰, 2017. 从"主流媒体"到"新型主流媒体": 中国特色社会主义新闻观的嬗变与突破 [J]. 新闻界, (8): 38-45.

AITAMURTO T, 2018. Normative paradoxes in 360°journalism: Contested accuracy and objectivity [J]. New Media & Society, 21 (1): 3-19.

AMIN F. 2021. The Growing Criticism over Instagram's Algorithm Bias, City News [EB/OL]. https://toronto.citynews.ca/2021/04/05/the-growing-criticism-over-instagrams-algorithm-bias/.

ANANNY M, CRAWFORD K, 2016. Seeing without knowing: Limitations of the transparency ideal and its application to algorithmic accountability [J]. New Media & Society, 20 (3): 973-989.

BICHLER K, KARMASIN M, KRAUS D, 2013. Pro-active media accountability? An Austrian perspective [J]. Central European Journal of Communication, (1): 5-15.

BRANDTZAEG P B, FØLSTAD A, 2017. Trust and distrust in online fact-checking services [J]. Communications of the ACM, 60 (9): 65-71.

CAMAJ L, 2016. Blurring the boundaries between journalism and activism: A transparency agenda-building case study from Bulgaria [J]. Journalism, 19 (7): 994-1010.

CHRISTENSEN L T, CHENEY G, 2015. Peering into Transparency: Challenging Ideals, Proxies, and Organizational Practices [J]. Communication Theory (1050—3293),

25 (1): 70-90.

CODDINGTON M, HOLTON A E, 2014. When the gates swing open: Examining network gatekeeping in a social media setting [J]. Mass Communication and Society, 17 (2): 236-257.

CURRY A L, STROUD N J, 2021. The effects of journalistic transparency on credibility assessments and engagement intentions [J]. Journalism, 22 (4): 901-918.

PEIFER J T, MEISINGER J, 2021. The Value of Explaining the Process: How Journalistic Transparency and Perceptions of News Media Importance Can (Sometimes) Foster Message Credibility and Engagement Intentions [J]. Journalism & Mass Communication Quarterly, 98 (3): 828-853.

DEUZE M, 2016. What is journalism?: Professional identity and ideology of journalists reconsidered [J]. Journalism, 6 (4): 442-464.

FLETCHER R, NIELSEN R K, 2017. Are news audiences increasingly fragmented? A cross-national comparative analysis of cross-platform news audience fragmentation and duplication [J]. Journal of Communication, 67 (4): 476-498.

GILLESPIE T, 2014. The Relevance of Algorithms [M] //Media Technologies. Cambridge: MIT Press.

HAO K. Facebook's ad-serving algorithm discriminates by gender and race [EB/OL]. (2019-04-05) [2023-02-06]. https://www.technologyreview.com/2019/04/05/1175/facebook-algorithm-discriminates-ai-bias/.

HERN A. Twitter apologises for "racist" image-cropping algorithm. [EB/OL]. (2020-09-21) [2023-02-06]. https://www.theguardian.com/technology/2020/sep/21/twitter-apologises-for-racist-image-cropping-algorithm.

HURLEY R J, TEWKSBURY D, 2012. News aggregation and content differences in online cancer news [J]. Journal of Broadcasting & Electronic Media, 56 (1): 132-149.

KARLSSON M, 2010. Rituals of transparency [J]. Journalism Studies, 11 (4): 535-545.

KARLSSON M, 2020. Dispersing the opacity of transparency in journalism on the appeal of different forms of transparency to the general public [J]. Journalism Studies, 21 (13): 1795-1814.

KOLISKA M, DIAKOPOULOS N, 2018. Disclose, Decode, and Demystify: An empirical guide to algorithmic transparency [M]. In The Routledge Handbook of Developments in Digital Journalism Studies: 251-264.

KUNELIUS R, REUNANEN E, 2016. Changing power of journalism: The two phases of mediatization [J]. Communication Theory (1050—3293), 26 (4): 369–388.

NEUBAUM G, KRÄMER N C, 2017. Opinion Climates in Social Media: Blending Mass and Interpersonal Communication [J]. Human Communication Research, 43 (4): 464–476.

REVERS M, 2014. The Twitterization of News Making: Transparency and Journalistic Professionalism [J]. Journal of Communication, 64 (5): 806–826.

SPLENDORE S, SALVO P D, Eberwein T, Groenhart H, Kus M, Porlezza C, 2015. Educational Strategies in Data Journalism: A Comparative Study of Six European Countries [J]. Journalism, 17 (1): 138–152.

TANDOC E C J, THOMAS R J, 2017. Readers Value Objectivity over Transparency [J]. Newspaper Research Journal, 38 (1): 32–45.

THURMAN N, SCHIFFERES S, 2012. The Future of Personalization at News Websites [J]. Journalism Studies, 13 (5–6): 775–790.

UTH B, BADURA L, BLÖBAUM B, 2021. Perceptions of Trustworthiness and Risk: How Transparency Can Influence Trust in Journalism [M] //In B. Blöbaum (Ed.), Trust and Communication: Findings and Implications of Trust Research. Springer International Publishing: 61–81.

后 记

本书所做的工作无非有二：一是反思了新闻学的经典命题在互联网时代的价值，探讨了其理论原委、当前困境和在未来的适用性；二是描摹了新技术环境下一些关键问题在我国新闻传播实际中的具体表现，在考察经验事实的基础上提出新的分析和认识。这两方面互相推动，成为我近些年教学科研的主要工作：带着实践中的疑惑去思考新闻学理论与知识的盲区，在寻求新闻学转型突破的过程中反观新闻业的变革进程。以目前的进展看，这两方面都还有很多工作要做，新闻学的知识体系更新是一项很重要又有很大难度的系统工程。我的精力和能力都很有限，本书只是分享了一些初步成果，意在对互联网时代新闻学可能的面貌做一个尝试性、框架性的阐述，其中有诸多不成熟之处，敬请方家指正。但是我愿意继续前行，在未来的一段时间里继续在这项工作上投入和努力。回顾这一段探索旅程，两个直接动力是支撑我写作这本书的初心。

一是个人的教学经历使然。多年以前就听我的老师们那一代人说新闻理论不好教，学生也觉得新闻理论不好学或是没意思，等到我教这个课以后才深知其中的不易。具体的困难有很多，原因也有很多，我觉得最关键的一条就是新闻学知识体系没有与时俱进。新闻学的知识内核缺乏必要的学术史与知识论意义上的反思，也缺乏依据现时代新闻传播现实进行的内容与话语的迭代，在师生印象中逐步成为过于抽象和静态的知识信条，因而对现实生活的解释力捉襟见肘，难以吸引学生去听去学去研究。从教师的本职和本分来说，很难接受以其昏昏使人昭昭地去给学生介绍某个领域。我希望在自己的课堂上，学生对新闻学知识面貌的认知能有所改观，上完这门课不会觉得是浪费时间。这就不能等待别人做好饭菜再去"拿来主义"，更不能"捡到篮里都是菜"，随意找些碎片化的材料对付教学。由此，我开始下决心系统地更新教学内容，围绕着新闻学基本问题和基本框架逐步研习前沿文献，实地做调研、收集经验材料，写论文、做课题、参加会议研讨和交流，在充实新闻学学术的前提下提升课程的精实度和挑战度。坚持多年下来，可以说本科层次的学科基础课"新闻理论"和研究生层次的文献研讨课"新闻理论研究"现在都有了可喜的变化，我从学生上课的专注程度以及结课时的反馈中感受到了知识更新对教与学的双重激活。时代在前进，理论、方法和实践都在快速发展，为了提供更好的智识教育，让同学们站在更好的基础上前行，我就还得持续做好学术研究来反哺教育教学。其实我对好几个研究领域都感兴趣，如媒介社会学、媒介创新、传播与空间等，也都有一定基础可以深入，但与其他话题不同的是，互联网新闻学是教学科研紧密结合的结果，也可以说是一个"青椒"为了站好讲台被逼出来的副产品。

二是我被师长们传承的责任感所激励。人大新闻学院一直有理论研究的传统，从"10"后到"80"后，我们学院的新闻理论方向有一个时长跨度比较完整的教师光谱。甘惜分、何梓华、成美等老一辈教师筚路蓝缕，奠定了我国新闻理论的基础框架，童兵、郑保卫、陈力丹、喻国明、杨保军等一批知名学者都直接从事新闻理论的教学与研究，并结合自身特色和所处历史时期开拓了由此延伸的诸多新领域。我从本科阶段起即在课堂、讲座、课题、会议等场合持续地感受到他们的学术热忱和责任感。特别是我导师的导师，百岁老人甘惜分教授，每次拜访他都会问我最新的学界情况，还有我在国外的见闻。他时常提到"知识不老化、思维不僵化、文风不套化"的座右铭，他那种乐于接受新事物、勇于革新自我的品格令我由衷地敬佩。尽管今天的师生们未必都了解学术前辈的具体著述和观点，以及他们当年做研究的艰苦历程，但一代又一代的人大新闻学者都以敢为人先和实事求是的精神，质询不同时代的理论问题，做出了卓有影响的贡献。一代人有一代人的使命，作为中青年研究者，我们要做的可能不是躺在前人工作的基础上做评论家，简单地唱赞歌或发牢骚，而是承继他们勤恳敬业的精神和关怀现实的态度，从自己所处的现时代出发推陈出新，把新技术、新观念、新社会发展阶段与原有经典问题进行对接、对话和拓展。近年来新闻传播学蓬勃发展，有很多新鲜有趣的话题，我个人的研究兴趣也比较多元，时常忍不住想去做一些新的领域的研究，但是在一所有传统、有传承的新闻学院学习工作多年后，想问题做事情总会自然而然地想起身边的师长们。他们关注的新闻学中的很多重要问题，在今天依然没有过时，依然值得去思考和回答。他们锐意进取的学术风格更是宝贵的精神财富。在这种氛围的感召下，我希望能把个人的兴趣、能力和集体的事业需要结合起来。可能一些老师同学会觉得新闻学内容无趣、理论方法不够前沿、学习和研究这些东西对未来发展没太多帮助等等，我觉得越是有这样的认识存在，越应该发扬前辈学人直面现实、迎难而上、力争突破的传统，因此，讲好新闻理论课、做好新闻研究就成了我接手新闻理论课程十年来难以回避的一种学术选择。

目前呈现的这本小书比较简略，不过回顾起来准备和完成它的过程，我投入的精力和时间远远超出原先的预期。新闻学的本科教材相对浅显，有些主题的知识密度和逻辑化程度也相对较弱，刚开始我是通过针对特定主题查找学术论文和案例的方式备课讲课，后来愈发觉得局部打补丁不是个办法，需要整体性梳理知识线索并重新搭建知识框架，于是系统地收集和分析国内外的主要教材、专著和学术期刊。2013年，我改造了本科授课大纲，融入了新闻生产、新闻透明、新闻分发等以前在新闻理论课涉及较少的内容，并结合实证研究发现和业界情况进行讲授；在硕士课堂全部采用文献研讨的方式，一学期深耕十几个话题，带领同学研读六十多篇精选的文献。同时，我也开始了对互联网新闻业的研究，关注的现象从2012年国际上首届数据新闻奖作品一直到2021年的短视频新闻产品，关注的理论问题从新闻生产常规、新闻从业者角色、新闻受众参与等到媒介体制乃至新闻学科和新闻学知识体系，不知不觉已经持续了十年。其间还夹杂了几项支撑性工作：整理文献，把国际上几个主要刊物的论文题录摘要全部下载和分类；筹办会议，举办了"旧知识与新问题——互联网新闻学及其可能性"等研讨会；调研走访，赴国内和美国多家传媒与新媒体机构了解情况、采集资料；申报课题，先后获批学校社科、北京社科、国家社科等基金项目。

当我真实地开展起这项工作时，才真切地体会到在学科基础领域的教学科研面前，个人精力犹如杯水车薪，要想获得哪怕一些微小的进展也需要付出相当大的努力。互联网新闻学这个话题牵涉到学科发展创新和知识体系更迭，需要同时具有较好的宏观视野和落实、推进具体任务的能力，于我而言，这两方面都力有所不逮。例如，在总括性的学科层面，我对于新闻研究的本体论做了一些工作，但是对于认识论、方法论的深入探讨才刚起步；在分支性的议题层面，我对新闻价值新要素（可分享性）、新闻职业新理念（透明性）、新闻消费新模式（偶遇式接触）等在中国情境下的呈现，做了初步的实证研究，还没来得及整理研究发现和发表论文。事实上，在个人和家庭都最艰苦的2019年，我一度想放弃这个写作计划，因为研究进展不理想，身体和精神也难以支撑。正是靠着方方面面的理解、支持和鼓励，这份阶段性探索的小小成果才得以成型并出版。

感谢我受教、成长、工作的人大新闻学院，这里经过数十年来几代人沉淀所形成的精气神，总是能在我忐忑、焦灼和无力的时候提供某种神奇的抚慰，让我再次出发。在学科评估、双一流建设、国际化发展等诸多教育评鉴压力下，学院始终把基础史论创新放在重要位置，多位同事孜孜不倦地从事基础问题研究，而且在新闻传播理论、方法、实务的教研上融通互鉴，2017年在我提出互联网新闻学教研这个工作设想后，胡百精、周勇两位领导就一直关注和大力支持，多位同事也对我的探索给予真诚鼓励和建言。所有这些让我觉得吾道不孤，可以有长远考虑地做事情，可以让人超越眼前的烦扰而在快节奏的工作中多一份心安，这种状态正如我微信签名的那句话："不要害怕枯燥的长途飞行。"

感谢从事互联网新闻学、数字新闻学、新闻创新、媒体转型等相关领域的同行，大家共同的志趣形成了一个无形的知识共同体，我在学习和交流中获得了新知以及友谊。本书中的一些章节曾在《国际新闻界》、《编辑之友》、《新闻记者》、《新闻与写作》、《新华文摘》、人大复印报刊资料等学术期刊发表或转载，衷心感谢刊物编辑们的肯定和支持。我也要感谢中国人民大学相关部门通过自主知识体系创新科研团队、专业核心课建设（"123金课计划"）、研究生示范课程建设等项目为本著作的研究和撰写所提供的支持。感谢人大出版社徐莉老师、潘宇老师长期以来对我科研工作的关心和对本书选题的关注，感谢周莹编辑为本书出版提供的细致而专业的帮助。

这本小书是我从事新闻理论教学与研究工作的阶段性梳理和总结，反映了我对教学内容和研究课题的探索，也是我和我的学生们教学相长、协作奋进的一份珍贵记录。细数一下，先后有刘诗瑶、刘柏煊、李力可、李唯嘉、胡杨、李岸东、陈怡含、温雨昕、顾天成、冯添、吴倩、李宛真、程思琪、郭扬、张雪、王聿昊、田自豪、李曜宇等同学加入我的互联网新闻学研究中。和大家在课堂热烈讨论文献、在课后反复修改文章思路和文字的画面，已经成为我教师生活中的难忘记忆。如今他们或者继续深造或者奋战在各条工作战线，毕业后还会给我"吐槽"工作生活中的糟心事儿或分享喜悦的经历，我们的情谊因新闻理论而结缘并绵延。

　　高校教学科研是典型的"影子"工作，生活时间永远大量地被工作时间侵蚀，别人说我们一周才上几个半天的课，只有我们心里知道这个职业从来不下班，一年365天无休，只要醒着的时候脑子都在工作。做大学教师十多年，最愧疚的就是陪伴家人太少。年迈的父母身体欠佳还要帮我照看孩子、料理家务，劳心劳力，无私奉献，只为减轻我的多线程中年压力。妻儿的陪伴让我从繁重的工作中得以不时抽脱，看看这个世界的简单和美好。家人，永远是我勇敢前行的坚实后盾。没有他们的理解和支持，这本小书的完成及其背后的多年准备也就无从谈起。

王斌

2022年5月11日完成于北京

2023年6月26日修订于海拉尔

图书在版编目（CIP）数据

互联网新闻学：基本范畴与中国情境 / 王斌著 . -- 北京：中国人民大学出版社，2023.9
（新闻传播学文库）
ISBN 978-7-300-32092-2

Ⅰ.①互… Ⅱ.①王… Ⅲ.①互联网络－新闻学－传播学－研究－中国 Ⅳ.①G219.2②TP393.4

中国国家版本馆 CIP 数据核字（2023）第 155599 号

新闻传播学文库
互联网新闻学
基本范畴与中国情境
王　斌　著
Hulianwang Xinwenxue

出版发行	中国人民大学出版社			
社　　址	北京中关村大街 31 号		邮政编码	100080
电　　话	010 - 62511242（总编室）		010 - 62511770（质管部）	
	010 - 82501766（邮购部）		010 - 62514148（门市部）	
	010 - 62515195（发行公司）		010 - 62515275（盗版举报）	
网　　址	http://www.crup.com.cn			
经　　销	新华书店			
印　　刷	天津中印联印务有限公司			
开　　本	720 mm×1000 mm　1/16		版　次	2023 年 9 月第 1 版
印　　张	16.5 插页 2		印　次	2023 年 9 月第 1 次印刷
字　　数	282 000		定　价	69.80 元

版权所有　侵权必究　　印装差错　负责调换